Quellen zur Geschichte Thüringens

Kultur in Thüringen 1772–1819

Quellen zur Geschichte Thüringens

»Über allen Gipfeln ...«
Kultur in Thüringen 1772–1819

Naturwissenschaftlich-ökonomische Kultur
Geisteswissenschaftlich-philosophische Kultur
Journal-Kultur

Herausgegeben
von
Thomas Neumann

Titelfoto:
Die Abbildung zeigt den einheimischen Kuckuck (cuculus canorus) und findet sich in Johann Matthäus Bechstein: Gemeinnützige Naturgeschichte Deutschlands nach allen drey Reichen. Ein Handbuch zur deutlichern und vollständigern Selbstbelehrung besonders für Forstmänner, Jugendlehrer und Ökonomen. Bd. 2. Leipzig 1791, Tafel XVIII.

Landeszentrale für politische Bildung Thüringen
Bergstraße 4, 99092 Erfurt
1999
ISBN 3-931426-32-7

Inhaltsverzeichnis

EINFÜHRUNG

Legitimation der Textauswahl
Thüringen als ein kulturelles Zentrum des deutschen Sprachraums 9
Der räumliche und zeitliche Rahmen 11
Der vorausgesetzte Kulturbegriff: ›Kultur‹ als Poetik der Geschichte 12
Die Prinzipien der Textauswahl und Textwiedergabe .. 14

NATURWISSENSCHAFTLICH-ÖKONOMISCHE KULTUR

Astronomie
48. Franz Xaver von Zach: Die neue herzogliche Sternwarte in Gotha 17

Geologie
49. Johann Wolfgang Goethe: Granit II 25

Bergbau
50. Johann Wolfgang Goethe: Rede bei Eröffnung des neuen Bergbaues zu Ilmenau 29
51. Johann Peter Eckermann: Gespräche mit Goethe in den letzten Jahren seines Lebens 33

Forstwirtschaft
52. Heinrich Cotta: Aus meinem Leben 35

Betriebs- und Volkswirtschaft
53. Friedrich Justin Bertuch: Über die Wichtigkeit der Landes-Industrie-Institute 42
54. Unumstößlicher Beweis, dass die Diebe sehr nützliche Leute im Staate sind 55

Ornithologie
55. Johann Matthäus Bechstein: Die achte Gattung. Der Kuckuk. Cuculus 58

Naturgeschichte
56. Lorenz Oken: Über den Wert der Naturgeschichte .. 67

Naturphilosophie
57. Friedrich Wilhelm Joseph Schelling: Von der Weltseele 73
58. Johann Wilhelm Ritter: Fragmente aus dem Nachlasse eines jungen Physikers 78

Farbenlehre
59. JohannWolfgang Goethe: Farbenlehre 80

Medizin
60. Christoph Wilhelm Hufeland: Nötige Erinnerung an die Bäder 87

Rechtswissenschaft
61. Jakob Friedrich Fries: Philosophische Rechtslehre .. 95

GEISTESWISSENSCHAFTLICH-PHILOSOPHISCHE KULTUR

Aufklärung
62. Karl Leonhard Reinhold: Briefe über die Kantische Philosophie 104
63. Friedrich Justin Bertuch: Vorschlag das Mode-Wort, Aufklärung, abzuschaffen 106

Humanität und Klassizität
64. Karl Philipp Moritz: Das in sich selbst Vollendete .. 110
65. Johann Gottfried Herder: Briefe zur Beförderung der Humanität 116
66. Friedrich Schiller: An *** 125
67. Wilhelm von Humboldt: Über den Charakter der Griechen 126

Geschichte
68. Friedrich Schiller an Christian Gottfried Körner. Jena, 28. Mai 1789 129
69. Friedrich Schiller: Was heißt und zu welchem Ende studiert man Universalgeschichte? 133

Inhaltsverzeichnis

70. Heinrich Luden: Einige Worte über das Studium der vaterländischen Geschichte 138

Frau-Sein
71. Johann Gottlieb Fichte: Grundriss des Familienrechts 142
72. Friedrich Schlegel: Über die Diotima 146
73. Friedrich Schiller: Würde der Frauen 147
74. August Wilhelm Schlegel: Schillers Lob der Frauen. Parodie 152

Bildende Kunst
75. Karl Ludwig Fernow: Über das Kunstschöne 153
76. Johann Wolfgang Goethe: Antik und modern 158

Um Gott und Welt
77. Johann Gottlieb Fichte: Über den Grund unsers Glaubens an eine göttliche Welt-Regierung 166
78. Friedrich Wilhelm Joseph Schelling: Bruno 171
79. Arthur Schopenhauer: Die Welt als Wille und Vorstellung 176

JOURNAL-KULTUR

Christoph Martin Wielands ›Teutscher Merkur‹
80. Christoph Martin Wieland: Vorrede des Herausgebers 180

Christian Gotthilf Salzmanns ›Bote aus Thüringen‹
81. Die Geschichte der Schildbürger 188

Friedrich Schillers ›Horen‹
82. Friedrich Schiller: Literarische Anzeigen 195

Friedrich Justin Bertuchs Kulturjournal ›London und Paris‹
83. Plan und Ankündigung 201

Die Welt der Sagen und Legenden.
Christian August Vulpius' ›Curiositäten‹-Zeitschrift
84. Christian August Vulpius: Frau Venus und ihr Hof im Venusberge 209

Eine Auswahl politischer Zeitschriften Thüringens
85. Heinrich Luden: Nemesis. Ankündigung und Plan .. 219
86. Ludwig Friedrich August Wieland: Was heißt Volk und wer ist Volksfreund? 225
87. Oppositions-Blatt. Vorwort der Redacteurs 228
88. Schluß des Oppositionsblatts. Abschiedsworte an das Publikum 230

Erläuterungen 232

Weiterführende Literatur 239

Register 250

Abbildungsverzeichnis und Druckgenehmigungen 253

EINFÜHRUNG

Legitimation der Textauswahl

Thüringen als ein kulturelles Zentrum des deutschen Sprachraums

Um die Wende vom 18. zum 19. Jahrhundert dürfen die fürstlichen oder (reichs-) städtischen Territorien auf dem Gebiet des heutigen Freistaates Thüringen (Sachsen-Weimar-Eisenach, Sachsen-Gotha-Altenburg, Sachsen-Meiningen, Sachsen-Hildburghausen, Mühlhausen, Nordhausen, Erfurt u. a.)[1] zu den kulturell ambitioniertesten Gebieten des damaligen deutschen Sprachraumes gerechnet werden.

Besagte Position verdankte die thüringische Region nicht nur der allseits bekannten Anwesenheit international renommierter Dichter am ›Weimarer Musenhof‹ der Herzogin-Mutter Anna Amalia und des Herzogs Karl August von Sachsen-Weimar-Eisenach: Christoph Martin Wieland (seit 1772), Johann Wolfgang Goethe (seit 1775), Johann Gottfried Herder (seit 1776), Friedrich Schiller (endgültig seit 1787) oder Jean Paul Friedrich Richter (1798 – 1800) lebten dort oder hielten sich doch längere Zeit in Weimar auf. Auch die aufstrebende Landesuniversität in Jena bildete mindestens zwischen den Jahren 1785 (Begründung der ›Allgemeinen Literatur-Zeitung‹) und 1819 (Auflösung der Ur-Burschenschaft, Abwanderung bekannter Professoren) einen überregionalen Anziehungspunkt für bildungsbeflissene Studenten wie Friedrich Hölderlin (1794/95), Wilhelm von Humboldt (1794 – 1797) oder Clemens Brentano (1798 – 1801) und progressive Professoren vom Profile eines Karl Leonhard Reinhold (1787 – 1794), Johann Gottlieb Fichte (1794 – 1799), Friedrich Wilhelm Joseph Schelling (1798 – 1803), Christoph Wilhelm Hufeland (1793 – 1801), Lorenz Oken (1807 – 1819), Jakob Friedrich Fries (1802 – 1805; 1816 – 1819) oder Heinrich Luden (ab 1806).

Außerdem fanden zukunftsweisende Bestrebungen reformpädagogischer Provenienz ihren Ursprung etwa in Schnepfenthal um Christian Gotthilf Salzmann (seit 1784), in Keilhau unter Friedrich Fröbel (1817 – 1831) oder in Sachsen-Hildburghausen durch Karl Ludwig Nonne (seit 1810). Ein reges Theaterleben der Residenzstädte Weimar, Lauchstädt und Gotha (um Konrad Ekhof und Johann Wolfgang Goethe) sowie naturwissenschaftlich-ökonomische Innovationen traten hinzu (Astronomie, Forst- und Betriebswirtschaft, Ornithologie u. a.). Gemeinhin bemühten sich selbst die einzelnen Landesregierungen um fortschrittliche Rahmenbedingungen: Von der napoleonischen Gebietsorganisation dem Königreich Westfalen zugeschlagen, kamen nordwestliche Gebiete Thüringens (Eichsfeld, Mühlhausen, Nordhausen u. a.) wenigstens vorübergehend in den Genuß der Aufhebung aller Leibeigenschaft; Herzog Georg I. von Sachsen-Meiningen wiederum hatte bereits 1793 ein volkserzieherisch orientiertes Regierungsprogramm im Sinne des aufgeklärten Absolutismus verkündet. Sachsen-Weimar-Eisenachs landständische Verfassung von 1816 schließlich galt nicht zuletzt aufgrund der garantierten Pressefreiheit deutschlandweit für vorbildlich; vor allem ihretwegen erlebte Thüringen im Anschluß an die napoleonische Ära einen neuen Aufschwung der Buch- und Journal-Kultur. Freilich lieferte eine verhängnisvolle Weimarer Pressefehde um den angeblichen ›Vaterlandsverrat‹ des Unterhaltungsschriftstellers August von Kotzebue (1818) nicht nur den Anlaß für dessen spätere Ermordung (1819); vielmehr beriefen sich die 1819 bundesweit verfügten ›Karlsbader Beschlüsse‹ gerade in ihrer Begründung auf die mörderischen Folgen thüringischer ›Pressefrechheit‹.

Wiewohl durch Herzog Karl August von Sachsen-Weimar-Eisenach nur widerwillig umgesetzt, bereiteten die radikale Einschränkung der Pressefreiheit, das Verbot der liberal gesinnten Burschenschaft und Strafmaßnahmen gegen sympathisierende Jenaer Universitäts-Professoren der kulturellen Vorreiter-Rolle Thüringens mit dem Jahre 1819 ein vorläufiges Ende. Der Anwesenheit des entrückt vereinsamenden Johann Wolfgang Goethe zum Trotz verlagerten sich die kulturellen Schwerpunkte nach Berlin, Wien und München.

Einführung

Der räumliche und zeitliche Rahmen

Die beschriebenen Eckdaten thüringischer Kulturhegemonie um 1800[2] definieren den räumlichen und zeitlichen Rahmen des dreiteiligen Quellenbandes zur Geschichte Thüringens mit dem Titel:»*Über allen Gipfeln ...*«. *Kultur in Thüringen 1772–1819.* Dabei orientiert sich die untere Zeitgrenze (1772) am Datum der Ankunft des, als Erzieher für den 15-jährigen Erbprinzen Karl August verpflichteten, Dichters Christoph Martin Wieland in Weimar. Unbeschadet der Tatsache, daß C. M. Wieland mit dem Regierungsantritt Karl Augusts von Sachsen-Weimar-Eisenach (1775), der Ankunft Johann Wolfgang Goethes (1775) und dem Ruf Johann Gottfried Herders (1776) zunehmend in den Hintergrund gedrängt wurde, lenkte er – damals neben Friedrich Gottlieb Klopstock (1724 – 1803) immerhin der angesehenste Autor des deutschen Sprachraums – mit der Gründung seiner vielgelesenen Zeitschrift ›Der Teutsche Merkur‹ (1773 – 1810) die Aufmerksamkeit einer kulturell interessierten Öffentlichkeit erstmals nachhaltig auf Thüringen. Häufig unterschätzt, schuf gerade C. M. Wieland die überregional wirksamen Rezeptionsvoraussetzungen thüringischer Kultur um 1800.

Ähnlich der unteren Zeitgrenze bestimmte auch die Wahl der oberen Zeitgrenze (1819) eine Konvergenz politischer und kultureller Ereignisse. Tatsächlich beendete das Jahr 1819 politische Hoffnungen des aufstrebenden Bürgertums auf eine Liberalisierung der Verhältnisse ebenso wie die Vorreiter-Rolle Thüringens in kultureller Hinsicht: Namhafte Autoren waren verstorben, andere verließen das Land bei erzwungener Einführung der Pressezensur; die Jenaer Landesuniversität wiederum erlebte nach Aufhebung der Burschenschaft und Maßregelung sympathisierender Professoren einen erheblichen Aderlaß, selbst abgelegene Erziehungsinstitute – wie etwa das des Reformpädagogen Friedrich Fröbel in Keilhau (bei Rudolstadt) – gerieten unter politischen Druck. Progressive Kreise verlegten ihre Wirkungsstätten deshalb in die privat wie politisch weniger transparenten Gefilde der Großstädte Berlin, Wien und München. Goethes Anwesenheit in Weimar (bis 1832) und dessen

Aufstieg zur touristischen Sehenswürdigkeit vermochten daran nichts wesentliches zu ändern: Thüringen begann mit dem Jahr 1819 seine kulturelle Spitzenposition im deutschen Sprachraum mehr und mehr einzubüßen.

In räumlicher Hinsicht schließlich leiteten die Grenzen des jetzigen Freistaates Thüringen Quellen- und Textauswahl. Anders formuliert: Dem Quellenkorpus integriert wurden nur solche Texte, deren Verfasser innerhalb der Grenzen des jetzigen Freistaates Thüringen geboren oder aber zur Abfassungszeit einer (als Ganzes oder in Auszügen) aufgenommenen Schrift in Thüringen ansässig waren. Außerdem wurde auf eine möglichst repräsentative Berücksichtigung aller thüringischen Teilregionen besonderer Wert gelegt: Zur Sprache gelangen deshalb gerade auch Autorinnen und Autoren jenseits der unbestreitbaren Kultur-Zentren Weimar und Jena (Rudolf Zacharias Becker, Johann Ernst Daniel Bornschein, Christian Gotthilf Salzmann, Karoline von Wolzogen, Heinrich August Müller, Karl Ludwig Nonne, Karl Hohnbaum, Friedrich Fröbel, Franz Xaver Zach, Johann Matthäus Bechstein, Heinrich Cotta, Gottlob Heinrich Heinse, Johann Heinrich Christoph Nonne). An diesem räumlichen Auswahlkriterium läßt sich selbst der Titel des dreiteiligen Quellenbandes zur Geschichte Thüringens messen. Er zitiert aus jenem bekannten Gedicht Johann Wolfgang Goethes, das dieser 1783 in den Fensterrahmen des kleinen Berghäuschens auf dem Kickelhahn geritzt hatte: »*Über allen Gipfeln ist Ruh, / In allen Wipfeln spürest du / Kaum einen Hauch; / Es schweigen die Vöglein im Walde, / Warte nur, balde / Ruhest du auch.*« Ein Bericht über Goethes letzten Besuch auf dem Kickelhahn (von Johann H. C. Mahr) beschließt denn auch die Anthologie.[3]

Der vorausgesetzte Kulturbegriff: ›Kultur‹ als Poetik der Geschichte

Problematischer als die räumliche und zeitliche Abgrenzung aufgenommener Quellentexte gerät deren verantwortete Beziehung auf einen, in welcher Form auch immer, vorausgesetzten Kultur-Begriff. Einig ist sich die Forschung dabei lediglich in der Abwehr des feuilletonistischen, nicht selten zur völligen Verflüchtigung neigenden Begriffsverständnisses. Absolut zutreffend konstatiert Jürgen John deshalb bezüglich der thüringischen Regionalgeschichte: »*Hier öffnet sich gerade für Thüringen ein weites Untersuchungsfeld, das auch eines weiten, freilich nicht inflationär zu gebrauchenden ›Kultur‹-Begriffes bedarf.*«[4] Eine genauere Bestimmung dieses ›weiten‹ Kultur-Begriffes versucht Jürgen John freilich nicht.

Demgegenüber setzen die vorliegenden Quellenbände bezüglich des vorausgesetzten Kultur-Verständnisses auf eine semiotische Bestimmung des Kultur-Begriffes im Horizont diskurstheoretischer Überlegungen.[5] Danach erscheint ›Kultur‹ auf verantwortete Weise heute weder instrumentell, etwa als Erlernung und Bewahrung eines gewissen Traditionsbestandes (Arnold Gehlen u. a.), noch substantiell, etwa als menschliches Bildungsexistential (Claude Lévi-Strauss u. a.), bestimmbar. Von seiner Kommunikationsfunktion her definiert, konstituiert ›Kultur‹ vielmehr ein ›Universum symbolischen Handelns‹ (Clifford Geertz) bzw. einen ›sozialen Wissensvorrat‹ (Ronald Hitzler), dessen Leistung in der Schaffung von ›Weltdeutungs-Mustern‹ besteht (Klaus P. Hansen), welche – in Diskursfeldern organisiert – ihrerseits die Identitätsbildung der am Kommunikationsprozeß beteiligten Individuen, Gruppen oder Gesellschaften gestatten. »*Einerseits wird Kultur von den Einzelindividuen geschaffen, andererseits schafft sie deren Identität. Der Mensch ist somit Subjekt wie Objekt der Kultur.*«[6] Sie gerät zur ›Poetik der Geschichte‹ (Moritz Baßler).

Angewandt auf die thüringische Kultur um 1800 entbirgt ein solches Kultur-Konzept die Existenz verschiedenster Diskursfelder, deren ›sozialer Wissensvorrat‹ seine prägende Wirkung auf das ›Universum symbolischen Handelns‹ innerhalb wie – in begrenzterem Umfang – auch außerhalb des deutschen Sprachraumes ausübt. Oder anders gesagt: Mit je unterschiedlicher Resonanz wirken bestimmte Diskursfelder thüringischer Kultur um 1800 auf die historische Entwicklung als ein ausgesprochenes Ferment. Wenigstens vorübergehend gibt ›Kultur in Thüringen 1772 – 1819‹ der Geschichte mögliche Deutungsmuster (›Poetiken‹) vor. Im einzelnen eignet diese Funktion den Diskursfeldern: *Politische Kultur – Gesellschaftskultur – Pädagogische Kultur – Naturwissenschaftlich-ökonomische Kultur – Geisteswissenschaftlich-philosophische Kultur – Journal-Kultur – Theaterkultur – Literarische Kultur.* Dementsprechend bestimmen sie die Gliederung der vorliegenden Quellenbände.

Die Prinzipien der Textauswahl und Textwiedergabe

Die ausgewählten Quellentexte finden sich den genannten *Diskursfeldern* (Politische Kultur, Gesellschaftskultur, Pädagogische Kultur, Naturwissenschaftlich-ökonomische Kultur, Geisteswissenschaftlich-philosophische Kultur, Journal-Kultur, Theaterkultur, Literarische Kultur) zugeordnet.[7]

Darüber hinaus reflektieren die ausgewählten Quellentexte den jeweiligen *Diskursverlauf* innerhalb des einschlägigen Zeitraums (1772 – 1819) ebenso wie sie – über AutorInnen- oder Themenkontinuität – Querverbindungen zwischen den einzelnen Diskursfeldern offenlegen möchten. Infolgedessen dokumentiert nicht nur ein eigener Abschnitt zentrale Publikationen der verhängnisvollen Kontroverse um den angeblichen ›Vaterlandsverrat‹ August von Kotzebues *(Diskursfeld ›Politische Kultur‹)*; auf das betreffende Problem verweist auch ein Brief Karl Hohnbaums an Karl Barth *(Diskursfeld ›Pädagogische Kultur‹)*. Politische Intentionen und schriftstellerische Leistung der beteiligten Autoren belegen zudem abgedruckte Textproben *(Diskursfelder ›Journal-Kultur‹; ›Literarische Kultur‹)*. Ähnlich ist es um das bedeutende, aber nicht immer unumstrittene Lebenswerk Johann Wolfgang Goethes bestellt *(Diskursfelder ›Gesellschaftskultur‹, ›Naturwissenschaftlich-ökonomische Kultur‹, ›Geisteswissenschaftlich-philosophische Kultur‹, ›Theaterkultur‹, ›Literarische Kultur‹)*. Ferner kommt die schwierige Lage weiblicher Autorinnen und ihre unterschiedlich ausgeprägte (Schreib-) Utopie in chronologisch orientierten Längs- und thematisch ausgerichteten Querschnitten wiederholt zur

Sprache *(Diskursfelder ›Gesellschaftskultur‹, ›Pädagogische Kultur‹, ›Geisteswissenschaftlich-philosophische Kultur‹, ›Theaterkultur‹, ›Literarische Kultur‹)*. Entsprechende Querverweise in den vorausgeschickten Einführungen erlauben daher auch eine werkgeschichtliche Lektüre der drei Quellenbände.
Die Auswahl der Einzeltexte erfolgt nach dem *Prinzip der kleinen, in sich geschlossenen Form*; unselbständige Passagen aus längeren Einzelwerken wurden nur in Ausnahmefällen aufgenommen.
Die beschriebenen Auswahlkriterien prägen auch das Bild der *Textwiedergabe*: Dem Layout der Reihe entsprechend gehen dem numerierten Einzeltext kurze Einführungen zu seinem kontextuellen Zusammenhang voraus, die Quellenangabe beschließt ihn. Dem Abdruck selbst wurde dabei stets der rezeptionssteuernde Erstdruck zugrundegelegt; infolge unerheblicher, gelegentlich sogar anziehend wirkender Unterschiede zu modernen Schreibweisen konnten die Quellentexte in ihrem historischen Lautstand belassen werden. Für den Fall postum veröffentlichter Schriften wurde auf kritische Ausgaben zurückgegriffen.
Wort- und Sacherklärungen sowie die Übersetzung fremdsprachiger Textzitate fanden Eingang in die beigegebenen *Erläuterungen*, sofern sie nicht den üblichen Nachschlagewerken in Buch- (Duden Fremdwörterbuch. 6. Auflage; Brockhaus Enzyklopädie in 24 Bänden. 19./20. Auflage) oder elektronischer Form (Microsoft LexiRom Edition 2000; Microsoft Encarta Enzyklopädie 99) entnommen werden können. Aktuelle Angaben über *Weiterführende Literatur* erlauben die rasche Vertiefung der angeschnittenen Themen.
Mit Johann Gottfried Herder (1744 – 1803) aber teilen die vorgelegten Quellenbände zur ›Kultur in Thüringen 1772 – 1819‹ eine Überzeugung: *»Sie unterrichten den Verstand, sie bessern das Herz, sie sind und gewähren wirkliche Studia humanitatis.«* *(Text 41)*

Weimar,
im Goethe-Jahr 1999
Der Herausgeber

Anmerkungen

1. Vgl. zur politischen Geschichte des fraglichen Zeitraums vor allem Hans Patze u. a.: Geschichte Thüringens. Bd. 5/1/2: Die Zeit Carl Augusts von Weimar 1775-1828 (Mitteldeutsche Forschungen 48). Köln u.a. 1984. Dem Zusammenspiel kultureller und regionalgeschichtlicher Aspekte widmet sich besonders Jürgen John (Hg.): Kleinstaaten und Kultur in Thüringen vom 16. bis 20. Jahrhundert. Weimar u.a. 1994; im dortigen Einleitungs-Essay Jürgen Johns (ebd., S. XIII-LXI) findet sich auch einschlägige Literatur neueren Datums verzeichnet.
2. Zur Vielfalt kultureller Bestrebungen in Thüringen siehe v.a. Hermann Heckmann: Thüringen. Historische Landeskunde Mitteldeutschlands. 3. Aufl. Würzburg 1991; Heinrich Pleticha: Kulturlandschaft Thüringen. Freiburg u.a. 1991. Weniger ergiebig erscheint dagegen Detlef Ignasiak (Hg.): Beiträge zur Geschichte der Literatur in Thüringen. Rudolstadt u. a. 1995. Die spezifische Situation Weimars beleuchten ferner Ilse-Marie Barth: Literarisches Weimar. Kultur, Literatur, Sozialstruktur im 16.-20. Jahrhundert. Stuttgart 1971; Karl-Heinz Hahn (Hg.): Goethe in Weimar. Ein Kapitel deutscher Kulturgeschichte. Leipzig 1986; Gero von Wilpert: Goethe-Lexikon. Stuttgart 1998.
3. Vgl. Johann Heinrich Christian Mahr: Goethes letzter Aufenthalt in Ilmenau. In: Weimarer Sonntagsblatt Nr. 29 vom 15. Juli (1855), S. 123 f. [Text 135].
4. Jürgen John: Kleinstaaten und Kultur oder: der thüringische Weg in die Moderne. In: Ders. (Hg.): Kleinstaaten und Kultur in Thüringen vom 16. bis 20. Jahrhundert. Weimar u. a. 1994, S. XIII-LXI (hier: S. XVIII).
5. Vgl. zu dem im Folgenden dargestellten Kultur-Begriff bes. Aleida Assmann: Zum Problem der Identität aus kulturwissenschaftlicher Sicht. In: Rolf Lindner (Hg.): Die Wiederkehr des Regionalen. Über neue Formen kultureller Identität. Frankfurt/M. 1994, S. 13-35; Moritz Baßler: Einleitung: New Historicism. Literaturgeschichte als Poetik der Kultur. In: Ders. (Hg.): New Historicism. Literaturgeschichte als Poetik der Kultur. Frankfurt/M. 1995, S. 7-28; Helmut Brackert u. a.: Kultur. Bestimmungen im 20. Jahrhundert. Frankfurt/M. 1990; Clifford Geertz: Dichte Beschreibung. Beiträge zum Verstehen kultureller Systeme. Frankfurt/M. 1983; Klaus P. Hansen: Kultur und Kulturwissenschaft. Eine Einführung. Tübingen 1995; Ronald Hitzler: Sinnwelten. Ein Beitrag zum Verstehen von Kultur. Opladen 1988; Ulrich Raulff: Von der Kulturgeschichte zur Geschichtskultur. Eine wissenschaftsgeschichtliche Skizze. In: Klaus P. Hansen (Hg.): Kulturbegriff und Methode. Der stille Paradigmenwechsel in den Geisteswissenschaften. Tübingen 1993, S. 133-148.
6. Klaus P. Hansen: Kultur und Kulturwissenschaft. Eine Einführung. Tübingen 1995, S. 213.
7. Unter dem Stichwort ›Politische Kultur‹ ist darauf geachtet, daß Überschneidungen mit der von Jürgen John edierten Sammlung ›Quellen zur Geschichte Thüringens von der Reformation bis 1918‹ (Erfurt 1995) möglichst vermieden wurden.

NATURWISSENSCHAFTLICH-ÖKONOMISCHE KULTUR

Astronomie

Gegen Ende des 18. Jahrhunderts nahm die naturwissenschaftlich-ökonomische Kultur einen erheblichen Aufschwung. Auch hier zählten die Territorien auf dem Gebiet des heutigen Freistaates Thüringen zu den innovativsten Regionen: Überall verdrängten Anfänge modern-analytischer Wissenschaft die bislang geübte Naturkunde. In besonderer Weise machte dabei der Astronom Franz Xaver von Zach (1754 – 1832) auf sich aufmerksam. Finanziell rückhaltlos gefördert durch Herzog Ernst II. Ludwig von Sachsen-Gotha-Altenburg (1745 – 1804; Herzog seit 1772) erbaute Franz Xaver von Zach auf dem Seeberg bei Gotha nicht nur eine der modernsten Sternwarten seiner Zeit (Text 48); er machte sie durch seine Wirksamkeit auch zur führenden astronomischen Einrichtung neben Greenwich und Paris: Von hier aus initiierte Franz Xaver von Zach den ersten europäischen Astronomen-Kongreß (Gotha 1798), von hier aus begründete er die ersten Fachzeitschriften (›Allgemeine geographische Ephemeriden‹ u. a.), von hier aus verbreiteten sich seine exakten Methoden astronomisch-geographischer Lagebestimmung in der gesamten Fachwelt.

48. Franz Xaver von Zach: Die neue herzogliche Sternwarte in Gotha

Nachdem ich gleich bey meiner Ankunft im Junio 1786, die Gegend in und um Gotha in Augenschein genommen hatte, so konnte ich für die Stellung der zu erbauenden Sternwarte, keinen schicklichern Ort finden, als auf der vordern Kuppe des vor der Stadt gelegenen sogenannten *Seebergs*. Die Unbequemlichkeiten, die jeder von einer Stadt etwas abgelegener Ort nach sich zieht, dürfen hier gar in keine Gegenbetrachtung kommen, da es hier auf die Erbauung einer grossen vollkommnen und stattlichen Sternwarte ankam, bey der nichts, was der neueste Zustand der praktischen Astronomie erforderte, verabsäumt werden sollte; ich musste hier um so mehr behutsam, und mit Überlegung zu Werke gehn, da es die erste Anlage war, bey der wir freye Hand hatten, und durch keine Umstände gebunden waren, ich wollte mir daher auch nicht die geringste Verabsäumniss, und Nichtnutzung aller der Vortheile zu Schulden kommen lassen, die zur Bequemlichkeit, zur Solidität, und zur vollkommensten Erzielung des vorgesetzten Endzweckes eines solchen kostbaren Gebäudes, nur im geringsten etwas beitragen konnten. Da nun Se.[ine] Durchl.[aucht] ferner entschlossen hatten, mir eine bequeme Wohnung nebst Stallung dichte an die Sternwarte bauen zu lassen, so verschwanden auch von dieser Seite alle Schwierigkeiten; die Situation von Gotha ist diese: das fürstliche Schloss Friedenstein, liegt am südlichen Ende der Stadt auf einer Anhöhe, die die ganze Gegend dominirt; in Südosten erhebt sich der isolirte *Seeberg*, dessen Rücken sich nach Osten verlängert, und mehrere Kuppen bildet, davon der letzte etwas höher ist, als der, wo die Sternwarte stehet, der ganze östliche Horizont ist frey, wie auch der von Norden, auf dessen Grenzen wir bei heitern Sommertagen die Spitze des berühmten *Brokken* erblicken. Von Süden bis nach Nordwesten erstrecket sich die Kette von Bergen des Thüringer Waldes, eine für das hiesige Clima und für astronomische Bedürfnisse äusserst nachtheilige Nachbarschaft; in dieser Reihe von Gebürgen befindet sich der *Schneekopf*, und der *Inselsberg*, zwey der höchsten Berge in Thüringen; doch nehmen diese Berge nicht mehr als einen Raum von 2 Graden am Horizonte weg. Vor der Stadt in Nordwesten, erhebt sich ein zweyter Berg, der *Krahnberg* genannt: auf denselben hätte die Sternwarte eben so gut, als auf dem *Seeberg* erbauet werden können; allein dieser liegt der Stadt näher, hat reine Wasserquellen unten am Berge, und liegt einem grossen Dorfe *Siebleben* genannt, sehr nahe; übrigens trägt dieses Gebäude an diesem Ort, mehr zur Verschönerung und Verzierung der Gegend um Gotha bey, zumalen da von dem hintern Schlossthor eine Chaussé mit Bäumen bepflanzt dahin führen wird. Ew. [Ehrwürden] — sehen aus dieser Localität, wie schwer jeder anderer Punkt für den Platz einer Sternwarte ausfindig zu machen wäre, dann allenthalben wäre das Schloss mit seinen zween grossen Thürmen, oder einer von den beiden nahe gelegenen Bergen, der neuen Sternwarte zur Brille da gestanden, hätte ich mich gegen Osten gewendet, so hätte mir der Seeberg den südlichen Horizonte maskirt: mehr gegen Westen hätte es der *Krahnberg* gethan; nach Süden und Norden konnte ich mich noch weniger wenden. In beiden Fällen, hätte ich gar auf eines der vornehmsten astronomischen Werkzeuge, nemlich auf das Passageinstrument[1] Verzicht thun müssen; dass ich aber für dieses Instrument, einen von Süden bis Norden ununterbrochenen Mittagskreis[2] erhalte, ist eine, nach meinen Gutdünken, unbedingte und absolute Erforderniss, und den Vortheil, die Culmination der Sterne, unter und über dem Pol, zur Berichtigung des Instruments und wegen noch anderer Vortheile, beobachten zu können, hätte ich um alles in der Welt nicht aufgegeben, und mir dereinst dieses Versehen zur Last kommen lassen. Die Sternwarte auf dem Schloss selbst anzulegen, das wünschten Se. Durchlaucht. freilich zu Ihrer Bequemlichkeit: allein Dieselben ergaben sich bald den Gründen, die ich Ihnen vorzutragen die Gnade hatte, wie dass grosse und fixe Instrumente, auf einem so hohen Gebäude wie das Schloss, seine veste und beständige Lage erhalten können. Se. Durchlaucht. haben sich nachhero sowohl auf der *hohen* Sternwarte in Hyeres[3], als auch hier auf unsre Intrims-Sternwarte* von dem Spiel und der Beweglichkeit hoher Thürme und Gebäude überzeigt. Die Grösse dieser Bewegungen, und so gar ihre Perioden, die oft grosse Sonnenhitzen oder grosse Kälten zu Argumenten haben, scheint allen denen übertrieben zu seyn, die solches nicht selbst zu beobachten Gelegenheit gehabt haben, und die nur Differenzbeobachtungen in gerader Aufsteigung und Abweichung, und nicht *absolute* Meridianbestimmungen machen.

Diese Gründe sind es, die mich unwiederbringlich bewogen haben, den *Seeberg* für die Stelle der zu erbauenden Sternwarte vorzuschlagen, und von welcher Idee ich auch nie abgegangen bin, dieser Ort zeichnet sich auch so vorzüglich zu diesen Behuf aus, dass, als ich die Gegend von Gotha zum erstenmal ansich-

---

* Die 84 Schuhe[5] vom Grunde des Hauptgebäudes erhoben ist.

tig wurde, mein Augenmerk sogleich in dieser Absicht auf bemeldeten Fleck geheftet war; dass aber bey dieser Auswahl mit keiner Übereilung zu Werke gegangen worden, erhellet daraus: dass da die Provencer Reise von Ihro Durchlauchten vorkam, auf der ich Dieselben zu begleiten die hohe Gnade hatte, dieser Vorschlag ein ganzes Jahr zu reifen Zeit hatte. Erst nach unsrer Zurückkunft aus Frankreich, gegen Ende des Julii 1787, entwarf ich den Riss zur Sternwarte, dabey ich mich hauptsächlich an das Muster der Ratcliffschen Sternwarte zu Oxford gehalten habe, dessen innere und äussere Bequemlichkeiten mir sehr bekannt sind, da ich oft und sehr viele angenehme Tage bey meinen verehrungswürdigsten Freund, Doctor Hornsby[4], daselbst zugebracht habe; Ihro Durchlauchten dem die Einrichtung der Englischen schönen Sternwarten selbst bekannt und gegenwärtig waren, da Sie dieselben erst das Jahr vorhero selbst besucht hatten, konnten nun meinen Plan selbst beurtheilen, und nach einigen kleinen architectonischen Abänderungen, wurde er allergnädigst genehmigt, und sofort zur Ausstekkung auf dem Terrain geschritten. Zu diesem Ende verfügten wir uns den 8ten September 1787 auf dem *Seeberg*, um die erste Haupt- und Grundlinie zur neuen Sternwarte zu ziehen: es war uns nemlich um die Ausstekkung einer wahren Mittagslinie zu thun; Se. Durchl. nahmen dahero mit ihrem Chronometer[6] und einen 9 zölligen Sextanten 15 correspondirende Sonnenhöhen: ich nahm deren mit der englischen Seeuhr[6] und meinen 5 zölligen Sextanten[7] 24 an der Zahl, sie stimmten alle auf die Sekunde; gegen Mittag kehrte ich nach der Stadt und beobachtete den Mittag auf der Sternwarte auf dem Schloss am Passageninstrument. Immediat[8] nach der Beobachtung, gab ich Se. Durchl. dem Herzog, der auf dem Seeberg zurück geblieben war, das mit ihm verabredete Zeichen, um die auf dem Observatorio befindliche Penduluhr mit der auf den Berg zurückgebliebenen Seeuhr und dem Chronometer zu vergleichen. Se. D. hatten ein Teleskop nach der Treppe der Sternwarte gerichtet, und beobachteten nach den beiden Zeitmessern meine Signale. 20 wiederholte Versuche, gaben jeder die Vergleichung der Zeit bis auf die Sekunde; diese Beobachtungen gaben nach allen Reductionen den Meridianunterschied zwischen den Seeberg und der Gothaer Schlosssternwarte 7",0⁹ in Zeit Seeberg östlicher, hiemit hätten wir nun ein für allemal die Seeberger wahre Zeit, die nun zu allen Zeiten, mittelst der bekannt gewordenen Meridiandifferenz aus der Gothaer Sternwarte geholt, und mit der Seeuhr oder Chronometer nach den Seeberg gebracht werden konnte. Den 10ten September Tages darauf, beschlossen wir die Mittagslinie zu ziehen; zu diesem Geschäft wurden folgende Vorrichtungen angeordnet: in der Richtung der Mittagslinie, wurden so weit, als es die Breite der Kuppe des Berges erlaubte, hohe und breite Sandsteine an beiden Enden der auszustekkenden Mittagslinie in die Erde bevestiget, desgleichen zwey andere solche Steine zu rechten Winkeln mit beiden ersteren; auf dem nördlichen Stein, wurde der 18 zöllige Sissonische Quadrant[10] sehr genau callirt[11], sodann das bewegliche Teleskop auf die Höhe der zu culminirenden Sonne[12] gestellt, und nach der nun bekannten Seeberger Zeit die wahre Zeit der Culmination der Sonne berechnet, die auf den östlichen und westlichen Sonnenrand reducirt wurden. Mittelst der grossen Azimutalschraube[13] wurde die Berührung des westlichen Sonnenrandes vom mittlern Faden im Quadranten bis auf den in Vorausberechneten Augenblick der Culmination erhalten. Der Quadrant blieb alsdann unbewegt und unverrückt stehen. Der folgende östliche Rand wurde sodann beobachtet, und stimmte mit dem berechneten überein, und versicherte dadurch die richtige Stellung des Teleskops in der wahren Mittagsfläche; zum Überfluss wurden noch lange Penduln[14] aufgehangen und ihre Schatten im Moment der Mediation[15] bemerket: diese gaben alle sehr genaue Parallelen, allein der Hauptmeridian war der, den ich durch den Quadranten erhielt, denn nachdem ich mich von der richtigen Verticalbewegung des Teleskops versichert hatte, so wurde der andere Endpunkt der Mittagslinie durch das Teleskop auf den gegenüberstehenden Stein bemerkt, durch beide Endpunkte wurde eine starkgespannte Schnur gezogen, und sogleich kleine Pflöcke in dieser Richtung im Terrain selbst eingeschlagen; nun war es ein leichtes mit dem horizontal gestellten Quadranten die Perpendiculäre auf die Mittagslinie auszustellen, und auf die vorerwähnte ost und westlich eingegrabene Steine anzumerken. Steinhauer haueten alsdann auf diesen Steinen die angemerkten Richtungen mit Linien, mit einer scharfen Kante ein; im Terrain selbst wurden nach diesen Richtungen zwey kleine sich kreuzende Gräben aufgeschürft; ich nivellirte bey dieser Gelegenheit den ungleichen Terrain, und in den folgenden Tagen wurde mit der Planirung sogleich der Anfang zum Bau gemacht. Da die gute Jahreszeit so ziemlich vorbey war, so wurden dieses Jahr nichts, als alle Fundamente, die auf den Felsen des Berges selbst ruhen, ausgemauert; das folgende Frühjahr wurde, sobald es die Witterung erlaubte, in den Bau fortgeschritten, eine kurze lateinische Inschrift auf einer Compositionsplatte gestochen, die Risse der Sternwarte in einer blechernen Büchse, nebst einigen neuen Silber- und Goldmünzen, vom Gepräge des jetzt regierenden Herzogs, dem Erbauer der Sternwarte und unsterblichen Stifter einer beständigen astronomischen Anstalt in Gotha, wurden mit in die Grundsteine gelegt. Da nun die Hauptmauern aufgeführt werden sollten, so wurde den 30sten April 1788, abermals eine Mittagslinie, auf die Fundamente selbst, gezogen, damit die Seitenwände des ganzen Gebäudes, auf das allergenaueste orientirt seyn mögen. Bey dieser Gelegenheit, wurde zum zweitenmal der Unterschied der Meridiane bestimmt, und mittelst 12 von Se. Durchl. den Herzog, und 12 von mir genommenen correspondirenden Sonnenhöhen abermals auf 7",02 sowohl durch den Timekeeper[16], als den Chronometer bestimmt. Den 26sten September wurde dieselbe Operation zum drittenmal wiederholt, und die Durchschnitte sowol fürs Passageninstrument, als auch für beide Mauerquadranten verzeichnet; der Längenunterschied ergab sich diesmal 7",5. – Das Gebäude selbst bestehet aus einem länglichten Rechteck, das einen nördlichen und südlichen Haupteingang hat; dieser scheidet es in zwey Theile, davon jeder wieder in zwey Theile abgetheilt ist; in dem einen kommt das Durchgangsinstrument von 8 Schuhen, mit der dazu gehörigen Penduluhr; in die zweite Abtheilung werden der südliche und nordliche Mauerquadrant placirt; in die dritte kommt der Zenith Sector. Da ich geflissentlich nirgend, wo ich die Instrumente zu stehen habe, Feuerungen oder Kamine habe anbringen wollen, so dient die 4te Abtheilung zur Stube, in der man zur Winterszeit sich erholen kann, ohne erst nöthig zu haben ins Wohngebäude zurückzukehren. Aus dieser Eckstube, führet eine kleine Thür unmittelbar in mein Wohngebäude, das den östlichen Flügel zur Sternwarte ausmacht und daran angebauet ist; den westlichen Flügel, nehmen Stallung, Schuppen, und Wohnung für Stallbediente ein. Auf der Mitte der Sternwarte, erhebt sich über den starkgewölbten Eingang, ein kleiner Thurm mit einem runden beweglichen Kuppeldach, in denselben kommt ein beweglicher ganzer 8 schuhiger Zirkel[17]; in einer kleinen Entfernung von der Sternwarte, wird ein ganz freyes rundes Gebäude, mit einem beweglichen Dach aufgeführt, das einen grossen fixen Equatorialsektor beherbergen wird; dieses ist kürzlich die Anlage und Einrichtung unsrer neuen Sternwarte, die durchaus von den schönsten gehauenen Quadersteinen aufgeführt ist. Von den Verzierungen und den Bequemlichkeiten meines Wohngebäudes rede ich nicht; erste ist ganz einfach und ohne Pretension[18]; fürs letztere bin ich der Sorgfalt und Grosmuth meines Durchlauchtigsten Gönners[19], unbeschränkten Dank schuldig; seine mir bekannten Gesinnungen, verbieten mir, hier davon mehr zu sagen: nur muss ich noch anmerken, dass dabey auch auf einen Platz für eine ausgesuchte astronomische Bibliotheque angetragen worden, und davon unsere kleine dermalige Interimssternwarte, zum Theil schon im Besitz ist. – Mein zweites Hauptaugenmerk, nächst der Orientirung, waren die Grundlagen für die Instrumente; vors erste sind sie ganz vom Gebäude selbst isolirt, ruhen unmittelbar auf den Felsen; die Steine dazu sind vom hiesigen Granit und mit Steinkitte zusammengefügt. Die zwey Säulen zum Passageninstrument, wie auch die freystehende Wände für die Mauerquadranten, werden aus zween Stücken zusammengesetzt, ein Stück allein von 11 Fuss in der Länge, 5 in der Breite, $2\,^1/_2$ in der Dicke, betrug ein Gewicht von 194 Zentner 70 Pfund. Alle Penduluhren kommen ebenfalls an solche freystehende Pfeiler, und die Gewichte der Uhren werden über Rollen hinter diese Pfeiler geführt, und nicht vor der Pendulstange vorbeygelassen, weil wie bekannt die Uhren eine Verspätung erleiden, wenn das Gewicht der Linse gegen über zu stehen kommt; man hat diesen zwar durch Glasfenster abzuhelfen gesucht, allein obige Art ist aus mehreren andern Ursachen viel sicherer. Der Fussboden ist ein Fauxplancher[20], das Dach flach, Terrasse zugleich, um detachirte[21] Beobachtungen im freien darauf machen zu können und mit Kupfer bedeckt. Gegenwärtig, da ich dieses schreibe (den 22sten Merz 1789) sind die beiden Flügelgebäude unter Dach, und die Sternwarte bis aufs Dach und der kleinen Kuppel fertig, diese werden den Sommer ganz fertig werden.

Die Lage und Aussicht dieser Sternwarte ist die schönste und unumschränkteste; ich sehe über den *Krahnberg* und den hohen Thürmen des Schlosses hinweg, keine von den Sternwarten, die ich auf meinen Reisen in Engeland, Frankreich, Italien und Deutschland gesehen habe, und die zu ebener Erde gebauet wären, hat diesen freien Horizont, diese freye Luft, entfernt von allen den Luftzügen, Schornsteinen und Dunstkreisen, in die alle Städte gehüllt sind; freilich wird Wind und Wetter, und der rauhe Boreas[22] sein Regiment da doppelt fühlen lassen; allein dafür sind die Gebäude solide und der grosse Thüringer Wald vor der Thür. –

Franz Xaver von Zach: Vorläufige Beschreibung der Anlage und des Baues der neuen herzoglichen Sternwarte in Gotha. In: Astronomisches Jahrbuch für das Jahr 1792. Berlin 1789, S. 164–170.

Geologie

Johann Wolfgang Goethes (1749 – 1832) geologische Interessen nährten sich aus vielfältigen Naturbeobachtungen, die er während seiner zahlreichen Reisen regelmäßig anstellte (Thüringen, Harz, Alpen, Böhmen u. a.). Dabei trennt Goethes Erklärungsversuche allerdings eine naturphilosophische Grundstimmung von exakter Wissenschaft, was der gelegentlich verblüffenden Stimmigkeit seiner Ansichten jedoch keinen Abbruch tut. In diesem Sinne geraten seine Ausführungen über den Granit (Text 49) zur religiös anmutenden Hymne auf die

Natur als erhabene ›Grundfeste‹ einer außermenschlichen Ordnungsmacht. Felslandschaften verwandeln sich in Seelenlandschaften.

49. Johann Wolfgang Goethe: Granit II

Der Granit war in den ältsten Zeiten schon eine merkwürdige Steinart und ist es zu den unsrigen noch mehr geworden. Die Alten kannten ihn nicht unter diesem Namen. Sie nannten ihn Syenit von Syene einem Orte an den Grenzen von Äthiopien. Die ungeheuren Massen dieses Steines flößten Gedanken zu ungeheuren Werken den Ägyptiern ein. Ihre Könige richteten der Sonne zu Ehren Spitzsäulen aus ihm, und von seiner rotgesprengten Farbe erhielte er in der Folge den Namen des Feurigbunten. Noch sind die Sphinxe die Memnonsbilder[23] die ungeheuren Säulen die Bewunderung der Reisenden und noch am heutigen Tage hebt der ohnmächtige Herr von Rom die Trümmer eines alten Obelisken in die Höhe, die seine allgewaltige Vorfahren aus einem fremden Weltteile ganz herüber brachten.

Die Neuern gaben dieser Gesteinart den Namen den sie jetzt trägt von ihrem körnigten Ansehen, und sie mußte in unsern Tagen erst einige Augenblicke der Erniedrigung dulden ehe sie sich zu dem Ansehen in dem sie nun bei allen Naturkündigern steht empor hob. Die ungeheuren Massen jener Spitzsäulen und die wunderbare Abwechselung ihres Kornes verleiteten einen italienischen Naturforscher zu glauben daß sie von den Ägyptiern durch Kunst aus einer flüssigen Masse zusammengehäuft seien.

Aber diese Meinung verwehte geschwind und die Würde dieses Gesteines wurde von vielen trefflich beobachtenden Reisenden endlich befestigt. Jeder Weg in unbekannte Gebürge bestätigte die alte Erfahrung daß das Höchste und das Tiefste Granit sei, daß diese Steinart die man nun näher kennen und von andern unterscheiden lernte die Grundfeste unserer Erde sei worauf sich alle übrigen mannigfaltigen Gebürge hinauf gebildet. In den innersten Eingeweiden der Erde ruht sie unerschüttert, ihre hohe Rücken steigen empor, deren Gipfel nie das alles umgebende Wasser erreichte. So viel wissen wir von diesem Gesteine und wenig mehr. Aus bekannten Bestandteilen auf eine geheimnisreiche Weise zusammengesetzt, erlaubt es eben so wenig seinen Ursprung aus Feuer wie aus Wasser herzuleiten. Höchst mannigfaltig in der größten Einfalt, wechselt seine Mischung ins Unzählige ab. Die Lage und das Verhältnis seiner Teile seine Dauer seine Farbe ändert sich mit jedem Gebürge und die Massen eines jeden Gebürges sind oft von Schritt zu Schritte wieder in sich unterschieden, und im ganzen doch wieder immer einander gleich. Und so wird jeder der den Reiz kennt den natürliche Geheimnisse für den Menschen haben, sich nicht wundern daß ich den Kreis der Beobachtungen den ich sonst betreten, verlassen und mich mit einer recht leidenschaftlichen Neigung in diesen gewandt habe. Ich fürchte den Vorwurf nicht daß es ein Geist des Widerspruches sein müsse der mich von Betrachtung und Schilderung des menschlichen Herzens des jüngsten mannigfaltigsten beweglichsten veränderlichsten, erschütterlichsten Teiles der Schöpfung zu der Beobachtung des ältesten, festesten, tiefsten, unerschütterlichsten Sohnes der Natur geführt hat. Denn man wird mir gerne zugeben daß alle natürlichen Dinge in einem genauen Zusammenhange stehen, daß der forschende Geist sich nicht gerne von etwas Erreichbarem ausschließen läßt. Ja man gönne mir, der ich durch die Abwechselungen der menschlichen Gesinnungen, durch die schnellen Bewegungen derselben in mir selbst und in andern manches gelitten habe und leide, die erhabene Ruhe, die jene einsame stumme Nähe der großen leise sprechenden Natur gewährt, und wer davon eine Ahndung hat folge mir.

Mit diesen Gesinnungen nähere ich mich euch ihr ältesten würdigsten Denkmäler der Zeit. Auf einem hohen nackten Gipfel sitzend und eine weite Gegend überschauend kann ich mir sagen: Hier ruhst du unmittelbar auf einem Grunde, der bis zu den tiefsten Orten der Erde hinreicht, keine neuere Schicht, keine aufgehäufte zusammengeschwemmte Trümmer haben sich zwischen dich und den festen Boden der Urwelt gelegt, du gehst nicht wie in jenen fruchtbaren schönen Tälern über ein anhaltendes Grab, diese Gipfel haben nichts Lebendiges erzeugt und nichts Lebendiges verschlungen, sie sind vor allem Leben und über alles Leben. In diesem Augenblicke da die innern anziehenden und bewegenden Kräfte der Erde gleichsam unmittelbar auf mich wirken, da die Einflüsse des Himmels mich näher umschweben, werde ich zu höheren Betrachtungen der Natur hinauf gestimmt, und wie der Menschengeist alles belebt so wird auch ein Gleichnis in mir rege dessen Erhabenheit ich nicht widerstehen kann. So einsam sage ich zu mir selber indem ich diesen ganz nackten Gipfel hinab sehe und kaum in der Ferne am Fuße ein geringwachsendes Moos erblicke, so einsam sage ich wird es dem Menschen zu Mute der nur den ältsten ersten tiefsten Gefühlen der Wahrheit seine Seele eröffnen will. Ja er kann zu sich sagen: hier auf dem ältesten ewigen Altare der unmittelbar auf die Tiefe der Schöpfung gebaut ist bring ich dem Wesen aller Wesen ein Opfer. Ich fühle die ersten festesten Anfänge unsers Daseins, ich überschaue die Welt ihre schrofferen und gelinderen Täler und ihre fernen fruchtbaren Weiden, meine Seele wird über sich selbst und über alles erhaben und sehnt sich nach dem nähern Himmel. Aber bald ruft die brennende Sonne Durst und Hunger seine menschlichen Bedürfnisse zurück. Er sieht sich nach jenen Tälern um über die sich sein Geist schon hinaus schwang, er beneidet die Bewohner jener fruchtbaren quellreichen Ebnen, die auf dem Schutte und Trümmern von Irrtümern und Meinungen, ihre glücklichen Wohnungen aufgeschlagen haben, den Staub ihrer Vorältern aufkratzen und das geringe Bedürfnis ihrer Tage in einem engen Kreise ruhig befriedigen. Vorbereitet durch diese Gedanken, dringt die Seele in die vergangene Jahrhunderte hinauf, sie vergegenwärtigt sich alle Erfahrungen sorgfältiger Beobachter, alle Vermutungen feuriger Geister. Diese Klippe sage ich zu mir selber stand schroffer zackiger höher in die Wolken da dieser Gipfel, noch als eine meerumfloßne Insel, in den alten Wassern dastand; um sie sauste der Geist, der über den Wogen brütete, und in ihrem weiten Schoße die höheren Berge aus den Trümmern des Urgebürges und aus ihren Trümmern und den Resten der eigenen Bewohner die späteren und ferneren Berge sich bildeten. Schon fängt das Moos zuerst sich zu erzeugen an schon bewegen sich seltner die schaligen Bewohner des Meeres es senkt sich das Wasser die

höhern Berge werden grün, es fängt alles an von Leben zu wimmeln – –
Aber bald setzen sich diesem Leben neue Szenen der Zerstörungen entgegen. In der Ferne heben sich tobende Vulkane in die Höhe, sie scheinen der Welt den Untergang zu drohen jedoch unerschüttert bleibt die Grundfeste auf der ich noch sicher ruhe indes die Bewohner der fernen Ufer und Inseln unter dem untreuen Boden begraben werden. Ich kehre von jeder schweifenden Betrachtung zurück und sehe die Felsen selbst an, deren Gegenwart meine Seele erhebt und sicher macht. Ich sehe ihre Masse von verworrnen Rissen durchschnitten hier gerade dort gelehnt in die Höhe stehen bald scharf über einander gebaut, bald in unförmlichen Klumpen wie über einander geworfen, und fast möchte ich bei dem ersten Anblicke ausrufen hier ist nichts in seiner ersten alten Lage hier ist alles Trümmer Unordnung und Zerstörung. Eben diese Meinung werden wir finden wenn wir von dem lebendigen Anschauen dieser Gebürge uns in die Studierstube zurücke ziehen und die Bücher unserer Vorfahren aufschlagen. Hier heißt es bald, das Urgebürge sei durchaus ganz als wenn es aus einem Stücke gegossen wäre, bald es sei durch Flözklüfte in Lager und Bänke getrennt die durch eine große Anzahl Gänge nach allen Richtungen durchschnitten werden; bald es sei dieses Gestein keine Schichten sondern in ganzen Massen die ohne das geringste Regelmäßige abwechselnd getrennt seien; ein anderer Beobachter will dagegen bald starke Schichten, bald wieder Verwirrung angetroffen haben. Wie vereinigen wir alle diese Widersprüche und finden einen Leitfaden zu ferneren Beobachtungen.
Dies ist es was ich zu tun mir gegenwärtig vorsetze und sollte ich auch nicht so glücklich sein wie ich wünsche und hoffe, so werden doch meine Bemühungen andern Gelegenheit geben weiter zu gehen; denn bei Beobachtungen sind selbst die Irrtümer nützlich, indem sie aufmerksam machen und dem Scharfsichtigen Gelegenheit geben sich zu üben. Nur möchte eine Warnung hier nicht überflüssig sein, mehr für Ausländer, wenn diese Schrift bis zu ihnen kommen sollte, als für Deutsche: diese Gesteinart von andern wohl unterscheiden zu lernen. Noch ver-

wechseln die Italiener eine Lava mit dem kleinkörnigten Granit und die Franzosen den Gneis den sie blättrigen Granit oder Granit der zweiten Ordnung nennen, ja sogar wir Deutsche die wir sonst in dergleichen Dingen so gewissenhaft sind, haben noch vor kurzem das Toteliegende, eine zusammengebackene Steinart aus Quarz und Hornsteinarten und meist unter den Schieferflözen, ferner die graue Wacke des Harzes ein jüngeres Gemisch von Quarz und Schieferteilen mit dem Granit verwechselt.

Johann Wolfgang Goethe: Granit II. (1784). In: Goethe. Die Schriften zur Naturwissenschaft. Erste Abteilung. Texte. Bd. 11. Hg. Dorothea Kuhn u. a. Weimar 1970, S. 10–14.

Bergbau

In unmittelbarem Zusammenhang mit Johann Wolfgang Goethes (1749 – 1832) geologischen Interessen steht auch sein Engagement für den Bergbau in Ilmenau. Ein Wassereinbruch hatte 1739 den dortigen Bergbau zum Erliegen gebracht und Ilmenau der allmählichen Verarmung anheim gegeben; Goethe regte 1776 die Wiederaufnahme des Bergbaues an und wurde von Herzog Karl August daraufhin zum Vorsitzenden der Weimarischen Bergwerkskommission bestellt. Am 24. Februar 1784 hielt Goethe die vielbeachtete und von einer berühmten Anekdote (Text 51) begleitete Eröffnungsansprache (Text 50): Der berühmte Schriftsteller bekannte sich zu amtlicher Tätigkeit im Geiste des aufgeklärten Nützlichkeitsgedankens. Das wirtschaftspolitische Prestigeprojekt scheiterte: Geringer Mineralgehalt, unkontrollierbare Wassereinbrüche und finanzielle Verluste erheblichen Ausmaßes erzwangen im Jahre 1812 die vollständige Stillegung der Ilmenauer Anlagen.

50. Johann Wolfgang Goethe:
Rede bei Eröffnung des neuen Bergbaues zu Ilmenau

Unser Publikum hat schon lange nichts mehr von seinem Lieblingsschriftsteller Göthe, erhalten; aber er hat die Feder niedergelegt, um zu handeln. Ein Tausch, wobei das Ländchen, dessen

Pfleger er ist, unendlich gewonnen hat. Ich schliesse Ihnen hier einen Beleg bei, das Göthe dermalen in andern Fächern eben das ist, was er sonst als dramatischer Dichter und Maler des menschlichen Herzens war. In demselben zeigt er sich von einer ganz neuen Seite, die dem Publikum, diesen seinen alten Liebling höchst interessant machen muß. Er ist Chef des Bergbaues, und hielt als solcher folgende Rede, an welcher man das Warme und Herzliche, und die damit innig verbundene Simplizität der Sprache, die Göthen schon immer als Schriftsteller auszeichnete, nicht mißkennen wird:

Nach einer alten löblichen Gewohnheit feierten die hiesigen Bergleute jährlich diesen Tag. Sie zogen versamlet zum Gottesdienste mit stiller Hofnung und frommen Wünschen, daß dereinst die Vorsicht an diesen Ort das Leben und die Freude voriger Zeiten wieder zurückführen werde. Heute aber kommen sie mit herzlicher Munterkeit und einem frölichen Zutrauen, uns zu dem angenehmsten Gange abzuholen; sie finden uns bereit, und eine Anzahl wohlgesinter Männer hier versamlet, die uns auf diesem Wege zu begleiten geneigt sind. Ich freue mich mit einem jeden, der heute sich zu freuen die nächste Ursache hat; ich danke einem jeden, der an unsrer Freude auch nur entfernern Antheil nimmt.

Denn endlich erscheint der Augenblick, auf den diese Stadt schon beinahe ein halbes Jahrhundert mit Verlangen wartet, dem ich selbst schon seit acht Jahren, als so lange ich diesen Landen angehöre, mit Sehnsucht entgegen sehe. Das Fest, das wir heute feiern, war einer der ersten Wünsche unsers gnädigsten Herrn bei dem Antritte seiner Regierung[24], und wir freuen uns um des guten Herrn, so wie um des gemeinen Besten willen, daß auch dieser sein Wunsch endlich zur Erfüllung kömt.

Wer die Übel kennt, welche den ehemaligen Bergbau zu Grunde gerichtet; wer von den Hindernissen nur einigen Begrif hat, die sich dessen Wiederaufnahme entgegen sezten, sich gleichsam als neue Berge auf unser edles Flöz häuften, und es, wenn ich so sagen darf, in eine noch entferntere Tiefe drückten: der wird sich nicht wundern, daß wir nach so vielen eifrigen Bemühungen, nach so manchem Aufwande erst heute zu einer Handlung schreiten, die zum Wohl dieser Stadt und dieser Gegend nicht frühe genug hätte geschehen können. Er wird sich vielmehr wundern, daß es schon heute geschieht. Denn wie Viele sind nicht, die es für unmöglich gehalten haben, daß man dieses Werk wieder werde aufnehmen, daß man diesen Bergbau wieder in Umtrieb werde sezen können. Und nicht ganz ohne Wahrscheinlichkeit. Denn, belebte unsern gnädigsten Herrn nicht ein anhaltender, unermüdeter Eifer für jede nüzliche Anstalt, hätten die höchsten Herren Theilhaber durch eine gefällige Beistimmung das Geschäft nicht erleichtert; wären die Kunstverständigen, die wir um Rath gefragt, nicht so aufgeklärte und gleich Freunden an dem Werke theilnehmende Männer; wäre man durch Verzögerungen ermüdet worden; so könten wir unsern Weg auch gegenwärtig noch nicht miteinander antreten.

Doch Glückauf! Wir eilen einem Plaze zu, den sich unsre Vorfahren schon ausersehen hatten, um daselbst einen Schacht niederzubringen. Nicht weit von dem Orte, den sie erwählten, an einem Punkte, der durch die Sorgfalt unsres Geschwornen bestimt ist, denken wir heute einzuschlagen und unsern neuen Johannisschacht zu eröfnen. Wir greifen ihn mit Beistimmung der verständigsten Kenner aller Zeiten an, und befolgen einen durch Jahrhunderte vernachläßigten Rath. Denn man sahe von jeher, selbst da noch das Sturmheider Werk im Umtriebe war, diesen Schacht für unentbehrlich an; man wolte mit demselben dem Flöze in einem tiefern Punkte beikommen, den alten Bergbau, der fehlerhaft aus dem Höchsten ins Tiefste ging, verbessern und ihm Dauer auf die Folge geben. Auch als das Sturmheider Werk sich seinem Untergange näherte, erkante man diesen Schacht für das einzige Rettungsmittel des ohne Rettung verlornen Werkes. Nunmehr aber, da wir jene ersoffene, abgebaute Tiefen, den Wassern und der Finsterniß auf immer überlassen, soll er uns zu einem neuen frischen Felde führen, wo wir gewisse, unangetastete Reichthümer zu ernten hoffen können.

Dieser Schacht, den wir heute eröfnen, soll die Thüre werden, durch die man zu den verborgenen Reichthümern der Erde hinabsteigt, durch die jene tiefliegende Gaben der Natur an das

Tageslicht gefördert werden sollen. Wir selbst können noch, wenn es uns Gott bestimt hat, da auf- und niederfahren, und das, was wir uns jezt nur im Geiste vorstellen, mit der größten Freude vor uns sehen und betrachten. Glückauf also, daß wir soweit gekommen sind!

Nun sei aber auch unsre Vorsicht und unser Eifer bei dem Angriffe des Werks dem Muthe gleich, mit welchem wir dazu gehen. Denn es ist gewiß, daß nunmehr die Schwierigkeiten der Ausführung uns erst recht fühlbar werden müssen. Ich bin von einem jeden, der bei der Sache angestellt ist, überzeugt, daß er das Seine thun wird. Ich erinnere also niemanden mit weitläuftigen Worten an seine Pflicht; ich schildre nicht das Unheil, das nachläßige und untreue Beamte dem alten Werke zugezogen haben. Ich will und kann das Beste hoffen. Denn welcher innerliche Trieb wird nicht aufgemuntert werden, wenn wir bedenken, daß wir im Stande sind zum Wohl dieser Stadt, ja eines Theils dieser Gegend, vieles mit leichter Mühe zu wirken; daß Glück und Ruf eines so vortreflichen, so vernachläßigten Werks von unserm Betragen abhängt, und daß wir alle Bewohner der Staaten unsres Fürsten, unsre Nachbarn, ja einen grossen Theil von Deutschland zu Beobachtern und Richtern unsrer Handlungen haben werden. Lassen Sie uns alle Kräfte vereinigen, damit wir dem Vertrauen genug thun, das unser gnädigster Herr auf uns gesezt hat, der Zuversicht, womit so viele Gewerken eine ansehnliche Summe Geldes in unsre Hände legen. Möge sich zu diesem schönen und guten Zwecke das ganze hiesige Publikum mit uns vereinigen!

Ja, meine Herren, auch Sie werden es thun. Ein jeder Ilmenauer Bürger und Unterthan kan dem aufzunehmenden Bergwerk nuzen und schaden. Jede neue Anstalt ist wie ein Kind, dem man mit einer geringen Wohlthat forthilft, für die ein Erwachsener nicht danken würde, und so wünsche ich, daß ein jeder die unsrige ansehen möge. Es thue ein jeder, auch der Geringste, dasjenige was er in seinem Kreise zu dessen Beförderung thun kan, und so wird es gewiß gut gehen. Gleich zu Anfange, jezo, meine Herren, ist es Zeit dem Werke aufzuhelfen, es zu schüzen, Hindernisse aus dem Wege zu räumen, Mißverständnisse aufzuklären, widrige Leidenschaften zu unterdrücken, und dadurch zu dem gemeinen Besten mitzuwirken. Kömt dereinst der Bergbau zu einem lebendigern Umtrieb, wird die Bewegung und Nahrung dadurch in diesen Gegenden stärker, erhebt sich Ilmenau wieder zu seinem alten Flor; so kan ein jeder, er sei wer er wolle, er habe viel oder wenig gethan, zu sich sagen: Auch ich bin nicht müßig geblieben, auch ich habe mich dieses Unternehmens, das nunmehr zu einer mänlichen Stärke gereift ist, als es noch ein Kind war, liebreich angenommen, ich habe es nähren, schüzen, erziehen helfen, und es wird nun zu meiner Freude auf die Nachkommenschaft dauern! Ja, möge uns diese Nachkommenschaft für das, was wir von heute an thun werden, segnen, und die Unsrigen dieses Segens geniessen!

Und nun wollen wir nicht länger verweilen, sondern uns einem Orte, auf den alle unsre Wünsche gegenwärtig gerichtet sind, nähern, vorher aber noch in dem Hause des Herrn einkehren, des Gottes, der die Berge gegründet, die Schäze in ihre Tiefen verborgen, und dem Menschen den Verstand gegeben hat, sie an das Licht des Tages hervorzubringen. Lassen Sie uns ihn bitten, daß er unserm Vorhaben beistehe, daß er uns bis in die Tiefe begleite, und daß endlich das zweideutige Metall, das öfter zum Bösen als zum Guten angewendet wird, nur zu seiner Ehre und zum Nuzen der Menschheit gefördert werden möge.

Wenn es Ihnen gefällig ist, wollen wir gehen!

Johann Wolfgang Goethe: Rede bei Eröfnung des neuen Bergbaues zu Ilmenau gehalten von J. W. von Göthe. den 24. Febr. 1784. In: Deutsches Museum. Leipzig. Erster Band. Jänner bis Junius 1785, S. 2–7.

51. *Johann Peter Eckermann: Gespräche mit Goethe in den letzten Jahren seines Lebens*

Mittwoch, den 14. April 1831. Soirée[25] beim Prinzen. Einer der älteren anwesenden Herren, der sich noch mancher Dinge aus den ersten Jahren von Goethe's Hierseyn erinnerte, erzählte uns folgendes sehr Charakteristische.

Ich war dabei, sagte er, als Goethe im Jahre 1784 seine bekannte Rede bei der feierlichen Eröffnung des Ilmenauer Bergwerks hielt, wozu er alle Beamten und Interessenten aus der Stadt und Umgegend eingeladen hatte. Er schien seine Rede gut im Kopfe zu haben, denn er sprach eine Zeit lang ohne allen Anstoß und vollkommen geläufig. Mit einemmal aber schien er wie von seinem guten Geist gänzlich verlassen, der Faden seiner Gedanken war wie abgeschnitten und er schien den Überblick des ferner zu Sagenden gänzlich verloren zu haben. Dieß hätte jeden Andern in große Verlegenheit gesetzt; ihn aber keineswegs. Er blickte vielmehr, wenigstens zehn Minuten lang, fest und ruhig in dem Kreise seiner zahlreichen Zuhörer umher, die durch die Macht seiner Persönlichkeit wie gebannt waren, so daß während der sehr langen, ja fast lächerlichen Pause Jeder vollkommen ruhig blieb. Endlich schien er wieder Herr seines Gegenstandes geworden zu seyn, er fuhr in seiner Rede fort und führte sie sehr geschickt ohne Anstoß bis zu Ende, und zwar so frei und heiter, als ob gar nichts passirt wäre.

Johann Peter Eckermann: Gespräche mit Goethe in den letzten Jahren seines Lebens. Mittwoch, den 14. April 1831. Bd. 3. Magdeburg 1848, S. 350–351.

Forstwirtschaft

Das waldreiche Thüringen bildete an der Wende vom 18. zum 19. Jahrhundert einen wichtigen Ausgangspunkt für die Entwicklung der wissenschaftlich fundierten Forstwirtschaft. Sie ist an die Namen Heinrich Cotta (1763 – 1844) und Johann Matthäus Bechstein (1757 – 1822) geknüpft; ersterer eröffnete ein Forstinstitut in Zillbach bei Meiningen (1795), letzterer eine Forstschule in Waltershausen bei Gotha (1794). Beide aber stehen gemeinsam für eine veränderte Auffassung der Forstwirtschaft selbst: Hatten Wälder vorher für bloße Reservoire des wichtigsten Baustoffes, oder für unentbehrliche Orte der Jagdlustbarkeiten einer adeligen Gesellschaft gegolten, so trat nunmehr die Hege- und Pflegebedeutung der

Forstwirtschaft in den Mittelpunkt. Gerade die Lebensbeschreibung Heinrich Cottas (Text 52) unterstreicht besagte Neuorientierung: Romantisches Naturverständnis und antiadeliger Affekt verbinden sich zur Forderung nach einem verantwortungsvollen Umgang mit dem Rohstoff Holz.

52. Heinrich Cotta: Aus meinem Leben

Nur die gütigst dringende Aufforderung der sorgsamen Pfleger des Sylvan's[26] konnte mich vermögen, von meinem Herkommen, Leben, und Wirken einige Züge zur beliebigen Mittheilung zusammenzustellen. Mögen es die geehrten Aufforderer selbst verantworten, wenn die Leser des Sylvan's dadurch eine ihnen wichtigere Lebensbeschreibung entbehren!

Ich bin ein Kind des Waldes, kein schirmendes Dach überdeckt die Stelle, wo ich gebohren wurde. Alte Eichen und hohe Buchen umschatten die Öde, und Gras wächst auf derselben. – Den ersten Gesang hörte ich von den Vögeln des Waldes, und meine erste Umgebung waren Bäume.

So bezeichnete die Geburt meinen Beruf für den Wald, und späterhin ein Stein die Richtung desselben. Meine erste Anstellung im Dienst und mein Fortschreiten in demselben, mein Weib, meine Kinder, meinen Ruf nach Sachsen – dies alles brachte der Stein. Ohne ihn hätte ich kein Forstinstitut in Zillbach errichtet, keine Forstacademie in Tharand zum Daseyn mitbefördert, und – wollte man mir einigen Antheil an den Veränderungen des Forstwesens in Sachsen zusprechen, so würde es der Stein seyn, der solche veranlaßt hätte. – Legen wir jedoch den Wunderstein einstweilen bey Seite, späterhin von seiner magischen Wirkung; jetzt zurück zur Geschichte selbst.

In dem Sachsen-Eisennachischen Antheil von Henneberg bei Wasungen; unweit Meiningen, stand vormals ein einsames Jagdhaus – mitten im Walde, die *kleine Zillbach* genannt; dort wohnte mein Vater als Unterförster, wie ich gebohren ward.*
Dieses Jagdhaus ist abgetragen, ich habe keinen Geburtsort mehr, und was ich so eben darüber sagte, ist buchstäblich wahr.

---

* Den 30. Oktober 1763.

Meine Mutter war eine gebohrne Erb aus Barchfeld im Hessischen. Ein Paar Zwillingsschwestern, die jünger waren, als ich, lebten nur wenige Jahre, und ich blieb dann einziges Kind.

Mein Vater bekam eine Försterstelle in Rosa, ward dann Oberförster in Wasungen, und darauf Wildmeister in Zillbach. Bis dahin folgte ich allen Zügen als abhängiges Glied der Familie.

Im Jahr 1795 erhielt mein Vater die Oberforstmeisterei Altstadt im Weimarischen, und die Hälfte der Oberforstmeisterei Weimar, wobey er in Weimar wohnte, weil er zugleich Mitglied der Kammer daselbst war. Ich erhielt dessen Stelle in Zillbach, nachdem ich vorher schon vom Unterförster auf gedient hatte.

Mein Vater hatte den Ruf eines ausgezeichneten Jägers, eines geschickten Forstmannes, und eines sehr thätigen, und rechtschaffenen Menschen, darum wurde er oft zu Commissionen im In- und Auslande erkohren, und meine angebohrne Liebe zum Beruf des Vaters erhielt dadurch Nahrung, daß dieser mich – den Liebling – mit sich nahm, so oft es thunlich war. Vorzüglich aber war ich sein Begleiter in den Revieren, die er verwaltete, und ich bin also nicht nur im Walde gebohren, sondern auch fast darin erzogen. Darum klingt es mir auch gar wundersam, wenn man mich vom Jägerleben auf die Gelehrtenbank setzen will.

Mein Vater war zu verständig, als daß er mich nur im Walde hätte erwachsen lassen. Ich erhielt so viel wissenschaftliche Bildung, als es die Verhältnisse verstatteten, besuchte in den Jahren 1784 und 1785 die Universität Jena, um Kameralwissenschaft und Mathematik zu studiren, und machte vorher und nachher verschiedene Reisen.

Während meines Aufenthalts in Jena fing der Wunderstein an zu wirken. Von Kindheit an sammelte ich alles (nur kein Geld), was sich sammeln läßt, darunter waren auch *Steine*. An einen im väterlichen Hause aufgethürmten Steinberg, führte mein Vater zu jener Zeit einen Gast, den nun längst verstorbenen Kammerrath Appelius von Eisenach – einen höchst eifrigen Liebhaber des Steinreichs. Dieser bemerkte darunter einen von mir selbst bei Wasungen aufgefundenen Muschelagat, den er für besonders merkwürdig hielt. Dieser Stein gab Veranlassung zu einem Briefwechsel zwischen dem Kammerrath Appelius, und mir, der ihm

sonst auf keine Weise bekannt war. Selbst mein Vater hatte den würdigen Mann erst bei dieser Gelegenheit kennen gelernt.
Noch während meines Aufenthalts in Jena hatte Appelius einen künftigen Wirkungskreis für mich – den Steinsammler – bestimmt. Es war eine Flurvermessung in Fischbach drei Viertelstunden von dem Amtsorte Kaltennordheim.
Das Geschäft war weitläufig, und bestand aus vielen tausend einzelnen Theilen. Ich fing es nach meiner Rückkunft an, brachte 3 Sommer damit zu, und fertigte die Winterarbeiten im väterlichen Hause zu Zillbach.
Während dieser Arbeit fanden sich verschiedene junge Leute – meist Jäger – bei mir ein, um das Vermessungsgeschäft zu erlernen. Den Herbst zog die junge Schaar mit nach Zillbach, um daselbst das Gemessene berechnen, und zeichnen zu helfen. Mit dem practischen Unterricht verband ich den theoretischen; ich hielt im Winter anfangs nur mathematische Vorlesungen, und späterhin auch forstwissenschaftliche. Nebenbei übten meine jungen Jäger auf dem Zillbacher Reviere auch die Jagd und das practische Forstwesen. Diejenige, welche noch nicht Jägerei gelernt hatten, traten bei meinem Vater ordentlich in die Lehre, und von diesem erhielten sie dann die Lehrbriefe, während ich den theoretischen Unterricht gegeben hatte.
So entstand allmählich ohne Vorsatz und Absicht – ich darf sagen ohne Wissen und Willen – eine forstliche Unterrichtsanstalt, und am Schlusse meiner Fischbacher Vermessungsgeschäfte (im Jahr 1788) zählte ich schon gegen 10 Lehrlinge.
Mit dem Schlusse meiner Vermessung hatten die wenigsten von ihnen ihre Lehrzeit beendigt. Mir blieb also – wollte ich nicht unbillig seyn – nichts übrig, als meinen Unterricht fortzusetzen. Dabei wuchs die Anzahl der jungen Leute, und nichts konnte sodann natürlicher seyn, als der Gedanke:

eine ordentliche Forstlehranstalt zu errichten.

Eigentlich bestand diese schon längst, und es bedurfte weiter nichts, als derselben eine bestimmte Form zu geben, sie unter den Herzoglichen Schutz zu stellen, und öffentlich bekannt zu machen. Ich entwarf einen Plan hierüber, und legte ihn im Jahr

1794 dem jetzigen Großherzog von Sachsen-Weimar zur Genehmigung vor. Die Entschließung verzögerte sich, und es wurde indessen das Forstinstitut von *Bechstein* in Waltershausen[27] errichtet, und meiner Anstalt also die Anciennität[28] in Betreff der öffentlichen Bekanntmachung abgewonnen, obgleich meine Anstalt im Stillen schon lange bestanden hatte, mithin auch die älteste von allen jetzt bestehenden ist. Im Frühjahr 1795 genehmigte der Herzog von Weimar meine Vorschläge.

Mein Vater wurde, wie schon erwähnt, nach Weimar versetzt, ich erhielt dessen Stelle. Das Herzogliche Jagdschloß in Zillbach wurde bewohnbar gemacht, und mir zum Gebrauch für das Institut übergeben; es wurde ein forstbotanischer Garten angelegt; das Institut erhielt eine Unterstützung vom Herzog; das Zillbacher Revier diente vortrefflich zur practischen Belehrung, und so erhielt die Anstalt mit jedem Jahre mehr Umfang und Festigkeit. Im Jahr 1800 wurde das Jagdschloß mit einem neuen Stockwerk versehen, und meine Anstalt erweiterte sich unaufhörlich.

Im Jahr 1801 wurde ich zum Forstmeister in Eisenach und zum Mitglied des daselbst neu errichteten Forstkollegiums ernannt. Wegen des Forstinstituts wurde mir jedoch die Erlaubniß ertheilt, in Zillbach fortdauernd bleiben zu dürfen; auch behielt ich aus demselben Grunde die Leitung der dortigen Reviergeschäfte.

Im Jahr 1810 erhielt ich ganz unerwartet den ehrenvollen Ruf nach Sachsen. Ich hielt es für undankbar gegen meinen innigst verehrten Fürsten, ohne dessen vorläufige ausdrückliche Genehmigung, hierauf nur einzugehen. Aus besondern Rücksichten gegen den König von Sachsen (unter dessen beglückender Ägide ich jetzt lebe und wirke)[29] wurde mir diese, und in der Folge auch mein Entlassungsgesuch bewilligt. Unter ausdrücklichen von mir vorgeschlagenen, und huldreichst mir zugestandenen Bedingungen ging ich Ostern 1811 nach Sachsen und brachte meine Forstlehranstalt mit nach Tharand, wo sie eine ansehnliche Königliche Unterstützung genoß.

Sie bestand selbst in der verhängnißvollsten Zeit und erhob sich nach hergestelltem Frieden wieder sehr bedeutend.

Theils um meiner Privatanstalt eine sichere Dauer für die Zukunft zu verschaffen, theils und vorzüglich aber auch um den Lehrern, die ich mitgebracht oder hier angestellt hatte, ein sicheres und besseres Bestehen zu verschaffen, trug ich – meinen Privatvortheil bei Seite setzend – selbst darauf an, daß meine Anstalt zu einer Königlichen erhoben würde. Im Jahr 1816 habe ich sie dem Staate übergeben** und sehe nun ihrem künftigen Schicksal entgegen.

Wenn ich bei der Geschichte dieser Forstlehranstalt umständlicher war, als bei meiner eignen, die ich doch erzählen sollte; so geschah es in der Überzeugung, daß dem Publikum weniger an der Geschichte eines Privatmannes gelegen seyn müsse, als an der Geschichte einer Anstalt, deren Folgen so wichtig werden können, und die jetzt noch nicht zu berechnen sind. Wem kann etwas daran liegen, wo ich überall gewesen, oder nicht gewesen bin, und was meiner unbedeutenden Person begegnet ist? Der Sylvan ist für wichtigere Dinge bestimmt, und ich habe daher meine Geschichte nur als das Vehikel betrachtet, in welchem die Urgeschichte der Forstacademie von Sachsen enthalten ist.

Aber den *Stein* muß ich nun wieder vorsuchen, den wir oben bei Seite legten, weil er als der eigentliche Grundstein bei der Stiftung dieser Forstacademie anzusehen ist, und weil er zur Erfahrung beiträgt, daß oft aus kleinen Ursachen wichtige Folgen entspringen.

Meine verehrten Leser wissen es schon der Stein war die Ursache, daß ich das Fischbacher Vermessungsgeschäft erhielt. Ohne dieses hätte ich zu jener Zeit keine Schüler bekommen, und ohne diese kein Forstinstitut in Zillbach errichtet. Ohne dasselbe wäre ich nicht in Sachsen bekannt – mithin auch nicht dahin berufen worden. – Es gehört nicht Eitelkeit, sondern nur Bekanntschaft mit den Umständen und bestehenden Verhältnissen dazu, nun auch sagen zu können, daß die jetzige Forstacademie in Tharand gewiß nicht vorhanden seyn würde, wenn nicht vorher meine Privatanstalt dahin gekommen wäre.

** Ihre Einweihung geschah den 17. Juny 1816.

Aber auch mein Weib hätte ich nicht ohne den Stein, folglich auch nicht meine Kinder. – Nur vermittelst jener Vermessung in Fischbach wurde ich in dem nahe liegenden damals so geselligen Kaltennordheim bekannt, wo mein Weib – die älteste Tochter des würdigen, nun längst entschlafenen Superintendenten Ortmann[30] lebte. Die Verbindung war nur Folge meiner Anwesenheit in Fischbach, und der öftern Besuche, die ich von da in Kaltennordheim machte. So wunderbar sind die Wege der ewigen Vorsehung.

Über die vor mehr als zwey tausend Jahre schon bekannten *Cotta's* könnte ich aus der Geschichte der Römer vielerlei mittheilen. Die Kapitolinischen Marmortafeln nennen vom Jahr 501 nach Rom's Erbauung bis 688 Jahre nach Erbauung dieser Stadt, acht Cotta's als Römische Consuln.

Otto der Große verpflanzte dieses bei dem Verfall des Römischen Reichs, und auch während der stürmischen Völkerzüge nicht untergegangene Geschlecht bei einem Römerzuge nach Thüringen, ertheilte ihm den deutschen Reichsadel, und verlieh ihm das nach demselben benannte Cottendorf zum Stammgut.

Im Jahr 1420 erneuerte Kaiser Sigismund den Cottaischen Adelbrief unter ausdrücklicher Erwähnung des alten römischen Geschlechts der Cotta's, und des demselben vom Kaiser Otto ertheilten Adelbriefes, und vermehrte die Insignien des Wappens, *„weil dieses Geschlecht dem Reiche getreue Dienste gegen die Venediger, und andere Feinde bewiesen."* Späterhin haben die Cotta's über zwey hundert Jahre hindurch in Eisenach gelebt, und bekanntlich war Ursula Cotta, unsers Luther's wohlthätige Pflegerin während seines vierjährigen Aufenthalts auf der Schule zu Eisenach. Eine *Dissert. de antiqua et nobili familia Cottarum in Jac. Wenekers collecta archivi* Straßburg 1715 enthält einen Stammbaum, der bis zu mir fortgewachsen ist. Unser gefeierter von *Wildungen* macht indessen die mir richtig scheinende Bemerkung, daß die Stammbäume nicht zum Forstwesen gehören.*** Ich würde daher auch bei der nämlichen Überzeugung diesen Gegenstand ganz mit Stillschweigen übergangen

---

*** S. Sylvan 1814 Seite 6.

haben, wenn man nicht in manchen Ländern gerade die Stammbäume – in deren Schatten der Genius des Forstwesens oft sanft und sorglos ruht – für den wichtigsten Theil des Forstwesens hielt. – Die Beobachtung, daß die alten Bäume nicht immer die besten Früchte tragen, und die bekannte Erinnerung eines Dichters vom Ausarten des alten Saamens halten mich jedoch ab, mehr davon zu sagen, und ich erwähne daher nur noch, daß meine Familie in ihren letzten vier Generationen zu einer Jägerfamilie ausgeartet ist.****

Seit dem 12ten May 1795 bin ich verheirathet; vier Söhne leben zu meiner Freude, drei Kinder – zwei Mädchen und ein Knabe – sind gestorben.

Mein Wirkungskreis beglückt mich; die Zufriedenheit meiner Behörden gibt mir Belohnung, die Huld des Königs äußern Wohlstand, und mein Gewissen innern Frieden! So nähere ich mich heiter dem Ziele, nach dem wir alle wandern!

Heinrich Cotta,
Königl. Sächsischer Oberforstrath.

Heinrich Cotta: Aus meinem Leben. In: Sylvan. Ein Jahrbuch für Forstmänner. Hg. Christian P. Laurop. Heidelberg u. a. 1819, S. 3–14.

Betriebs- und Volkswirtschaft

Mit den Unternehmungen und Überzeugungen des Weimarer Großindustriellen Friedrich Justin Bertuch (1747 – 1822) trat die Betriebs- und Volkswirtschaft in eine neue Phase: Am aufgeklärten Ideal der Gemeinnützigkeit orientiert, betätigte sich Bertuch als Verleger (›Allgemeine Literatur-Zeitung‹; ›Journal des Luxus und der Moden‹ [Text 6, 27 u. a.]; ›London und Paris‹ [Text 83] u. a.), Manufaktur-Betreiber und

---

**** Wer über das Geschlecht der Cotts's lesen will, findet umständliche Nachrichten in folgenden Schriften:
1) In Paullini erbaulicher Lust. 1 Thl. S. 792. ect.
2) In seinen *Dissertationibus historicis diss.* XIV. *p. m.* 161 ect.
3) In seiner *Historia Isenacensis.*

Investor großen Stils (Salinen, Hüttenwerke u. a.) mit bis zu 500 Beschäftigten. In einzelnen Veröffentlichungen (Text 53) warb er für seine, damals unerhört neuen, Vorstellungen von einem freien Unternehmertum auf privater Basis und im Kontext unterstützender staatlicher Rahmenbedingungen. Seine Einsichten in die Zwänge der beginnenden Industrialisierung fanden jenseits der territorialen Grenzen Sachsen-Weimar-Eisenachs allerdings kaum Gehör: Mißwirtschaft regierte weiterhin landesherrliche Unternehmungen, Zunftorganisationen verhinderten erfolgreich die Entstehung konkurrenzfähiger Betriebe außerhalb bloßer Handwerksgrenzen, staatliche Rahmenbedingungen jenseits einfacher Handelsprivilegien wurden nicht geschaffen.

Die wirtschaftlichen Folgen illustriert ein Blick auf das Problem des eigentlich prosperierenden Buchdrucks: Vor Raubdrucken rechtlich nicht geschützt, bleibt vielen Autoren und Verlegern nichts weiter als bitterster Sarkasmus (Text 54).

53. Friedrich Justin Bertuch: Über die Wichtigkeit der Landes-Industrie-Institute

Es ist nicht zu läugnen daß Teutschland bisher von Frankreich an einer wahren Sclavenkette geführt wurde. Es lieferte ihm eine zahllose Menge Artikel des Luxus gegen sein baares Geld, und man muß billig erstaunen, wenn man aus *Randels Annalen*[31] ersieht, daß Frankreich bisher jährlich für *67 Millionen Livres*[32] blos an Seiden und Galanterie-Waaren[33] nach Teutschland schickte, und unser Vaterland also jährlich in seiner Handels-Bilanz so ungeheure Summen verlohr, und dies blos für Bedürfnisse, die unsre eigne Industrie gewiß alle selbst befriedigen konnte, so bald wir nur unsre eignen Kräfte brauchen, und dem Teutschen Kunstfleiße, die nöthige Unterstützung geben wollten. Zum Glück für uns hat Frankreich jezt, durch seine Revolution und seine Insolenz, diese Kette selbst zerbrochen, und ich hoffe Teutschland wird so klug und so stolz auf seinem eignen Werth und seine Kräfte seyn, sich dies schimpfliche Joch nie wieder auf den Nacken legen zu lassen.

Jedoch Frankreich ist es nicht allein, dessen Zauberstab wir zu fürchten haben. England und der vervollkommnete Kunstfleiß seiner Fabriken wird und muß uns nothwendig eben so gefährlich werden, wenn wir uns nicht sorgfältiger als bisher für dieser Klippe hüthen. Die geschmackvolle *Simplicität* und *Solidität*, welche England allen seinen Fabrikwaaren zu geben gewußt hat, ist für uns Teutsche so ausserordentlich empfehlend und anlockend, daß das Wort *Englisch, englische Waare*, schon dermalen einen unwiderstehlichen Zauberreitz für uns hat, und beynahe ein Synonym der Vollkommenheit und Schönheit bey Werken des Kunstfleißes worden ist. Man erstaunt, wenn man das Waarenverzeichniß einer sogenannten *Englischen Waaren-Handlung* bey uns übersieht, welch eine erstaunliche Menge von Waarenartikeln, die größtentheils ganz entbehrlich sind, und gewiß eben so gut bey uns gemacht werden können, nach Teutschland einführt. Doppelt gefährlich wird uns der Englische Waaren-Handel noch dadurch, daß England theils durch sein höchst vervollkommnetes Maschinenwesen bey der Fabrikation, theils durch den beträchtlichen Rückzoll (*Draw-back*) den es allen *exportirten* Waaren accordirt[34], seine Fabricate in Teutschland weit wohlfeiler verkauft als zu Hause selbst, ja sogar bey den meisten Artickeln noch die Concurrenz mit unsern eignen teutschen Fabrikwaaren, die wir aus Mangel der großen englischen mechanischen Verrichtungen, durch einzelne Menschenhände noch zu theuer fabriziren müssen, aushalten, und dadurch den Kunstfleiß Teutschlands unterdrücken kann. Ein recht auffallender Beweiß davon sind die Birminghamer Eisen- Stahl- und Metallwaaren, wenn man sie, in richtigen Verhältnissen, mit Teutschen Fabrikaten vergleicht.

Ich halte es für Pflicht gegen mein Vaterland, dessen bescheidene Guthmüthigkeit ohnedieß sogern alles *Fremde* und *Ausländische* bewundert und verehrt, es für dieser neuen Leibeigenschaft zu warnen; zumal da ich bey der Geistesstimmung unserer *schönen und überverfeinerten Welt*, ihrem Bruche mit Frankreich noch nicht ganz trauen kann, und ihr mehr für ein *Depit amoureux*[35], das sich in der Zeitfolge vielleicht wieder in Versöhnung auflösen könnte, als für eine gänzliche Ehescheidung halte. Gewiß wäre Teutschland dann schlimmer dran als jemals; denn es würde der Leibeigene zweyer Despoten seyn, die es wechselsweise aussaugten, und ewig seine Kräfte und seinen Kunstfleiß lähmten. Ein wahres Unglück für unser Vaterland das wir verhüthen, und vielmehr zu unserm Glücke umschaffen können, *sobald wir es nur ernstlich wollen.* Es ist bekanntlich Plan und Zweck dieses Journals, Luxus und Moden Teutschlands (die, richtig geleitet, sehr wohlthätige Triebfedern in der Staatsökonomie sind) gewiß nicht auf geckenhafte Art zu empfehlen, und sie zur schädlichen *Üppigkeit und Prasserey* hinaufzutreiben; sondern sie stets zu übersehen, ihre wilden Auswüchse öffentlich zu tadeln und dem strafenden Spotte der vernünftigen Welt und dem guten Geschmacke Preiß zugeben; hauptsächlich aber Teutschland *auf seinen eignen Kunstfleiß aufmerksamer zu machen,* warmen Patriotismus dafür bey unsern Fürsten, Großen und Reichen zu erwecken oder zu beleben, unsern Künstlern und Handwerkern mehr Vertrauen auf ihre eigenen Kräfte, Kunstliebe und Geschmack in ihren Arbeiten zu geben, und sie mit Erfindungen und schönen Formen der Ausländer bekannt zu machen; vor allen Dingen aber unsre Beutel vor den Brandschatzungen der Ausländer zu sichern. Dieß, sage ich, ist Plan und Zweck unsers Journals; und ich hoffe Teutschland wird uns Herausgebern die Gerechtigkeit wiederfahren lassen anzuerkennen, daß wir ihm bis jezt vollkommen treu geblieben sind. Desto zuversichtlicher mache ich jezt unser Publicum auf ein unfehlbares Mittel, die Teutsche Industrie zu beleben, und Nahrung und Wohlstand unter uns zu verbreiten aufmerksam; und dieß sind die *Landes-Industrie-Institute.*

Hätte Teutschland auch nicht schon an der *Hamburgischen Gesellschaft zur Beförderung der Künste und nützlichen Gewerbe* eines der schönsten und vollkommensten Muster von dergleichen Anstalten, das nun schon 28 Jahre hindurch in voller Thätigkeit steht, und seinen wichtigen Einfluß auf den Flor[36] Hamburgs erprobt hat, so bin ich doch versichert, daß jeder hellsehende Staatswirthschaftskundige (dem ich ohnedieß nichts Neues dadurch sage), gar leicht aus den *wenigen Grund-Ideen,* die ich hier davon hinwerfen kann, die *individuelle Form* finden wird, die ein dergleichen Institut für sein Local[37] bekommen muß.

Ich verstehe unter *Landes-Industrie-Institut* eine gemeinnützige öffentliche oder Privat-Anstalt, die sichs zum einzigen Zwecke macht, theils die Natur-Reichthümer ihrer Provinz aufzusuchen und ihre Kultur zu befördern, theils den Kunstfleiß ihrer Einwohner zu beleben, zu leiten und zu vervollkommen. Es fehlt uns zwar nicht in Teutschland an großen und berühmten ökonomischen und andern patriotischen Societäten, die eben diese Zwecke ihrer Stiftung haben, und deren edle Bemühungen, so wie das gemeinnützige Gute, das sie schon gestiftet haben, ich mit nichten verkenne; allein sie sind theils zu groß, ihre Mitglieder zu zahlreich und ihr Wirkungskreis zu weit gespannt, als daß sie das im *Einzelnen* beobachten und thun, und so tief ins Detail all der Gegenstände eingreifen und würken könnten, als nothwendig geschehen muß, wenn der verlangte Zweck erhalten werden soll. Meistens ist bey solchen Societäten der Präsident, oder Secretair das einzige thätige Rad, das die ganze Maschine in Bewegung erhalten und – wohl zu merken, als *Nebengeschäft* – eine Menge Gegenstände bearbeiten soll, davon er nur einen vielleicht kennt und ganz beurtheilen kann, oder seiner Aufmerksamkeit werth hält. Nothwendig folgt daraus, daß die Arbeiten und Bemühungen einer solchen Societät meist nur speculativ bleiben, und selten in praktische Würkung und wohlthätige Resultate für das Land oder die Stadt, für die sie seyn sollten, übergehen und reife Früchte tragen. Ich will mich näher darüber erklären.

Ein Landes-Industrie-Institut, es mag nun eine öffentliche gemeinnützige Anstalt des Landesherrn oder einer Societät, oder die Entreprise[38] eines einzelnen thätigen Privatmanns seyn, kann und darf nicht mehr als eine *einzige Provinz* umfassen und bearbeiten, wenn es zweckmäßig würken, und Nutzen schaffen soll. Oft ist schon eine einzige Stadt und ihr kleines Gebiet hinreichend es vollkommen zu beschäftigen. Nur dann lernt es seine Local-Producte, Localkräfte, seine Künstler und Handwerker durch die es die Landes-Industrie verbessern und heben könnte, und ihre Bedürfnisse und Mängel genau und *en Detail* kennen, und leichter Mittel finden sie zweckmäßig zu unterstützen, und letzteren abzuhelfen. Mit sehr mäßigen und oft die Kräfte eines vermögenden Privatmanns nicht übersteigenden Kräften, kann da oft viel geschehen. Selbst das Publicum nimmt dann mehr, und mit einer Art von Vorliebe, Antheil an solchen Bemühungen, und unterstützt sie, wann es sieht daß dieß und jenes nur für *seine Provinz, für seine Stadt* geschieht, und es sich also zunächst den Vortheil davon versprechen kann. Der Objecte, die ein solches Provinzial-Industrie-Institut zu bearbeiten hat, sind weniger und können kräftiger betrieben werden; ja oft ist es nur ein einziger Gegenstand, dessen bessere Bearbeitung alle seine Kräfte erfordert, aber auch Seegen und Wohlstand über die ganze Provinz verbreiten kann; da hingegen ein *General-Landes-Industrie-Institut*, das ein ganzes Reich umfassen, und seine schlafenden Kräfte wecken und in Thätigkeit setzen soll, gewiß viel kosten, und nie seinen Zweck erreichen wird. Allerdings ist zwar für ein Reich oder größeres Land, ein Collegium, von dem Regenten angeordnete Hof-Stelle oder Instanz nöthig, welche die *Ober-Aufsicht* über das ganze Industrie und Commerzialwesen des Landes führt, und an welche sich die Provinzial-Landes-Industrie-Institute wenden können, wenn sie Hülfe, Schutz oder sonstige Unterstützung von dem Regenten oder Landesherrn bedürfen; nur kann und darf dieß Collegium nicht über die bloßen Directorial-Geschäfte des Ganzen hinausgehen, und das *Detail* eines einzelnen Zweigs der Landes-Industrie selbst betreiben und administriren wollen, wenn etwas Gedeihliches für das Land daraus werden soll.

Ich muß hierbey eine zwar nicht unbekannte, aber gewiß bisher nicht genug beherzigte Wahrheit, *daß nemlich alle, auf landesherrliche Kosten und Rechnung unternommene und betriebene Industrie- Fabrik- oder Handels-Entreprisen, nichts taugen, und weder dem Herrn noch dem Lande nutzen*, laut und öffentlich wiederhohlen, weil meine Materie sie mir zuführt. Sie sind gewöhnlich die Beute der hohlen Projectmacherey und Versorgungs-Institute unnützer und ungeschickter Günstlinge; oder liegen sie ja einem geschickten Manne in den Händen, so sind ihm diese meistens durch Verhältniße und Furcht für Verantwortlichkeit bey gewagten Schritten, die oft eintretende Umstände nöthig machen, so gebunden, daß er nicht viel damit thun kann. Am besten und für das Land am wohlthätigsten, werden alle dergleichen Unternehmungen durch kaufmännische Societäten oder sogenannte *Actien-Gesellschaften,* oder wenn ihr Object nicht so groß ist, blos durch einen thätigen und geschickten Privat-Mann gemacht. Privatnutzen und persönliches Interesse ist die Zauberruthe, die hier Wunder thut; und man muß erstaunen, wie schnell oft solche Entreprisen durch Privat Fleiß und geschickte Führung eines einzigen Mannes aufblühen und einem ganzen Lande wohlthätige Früchte tragen.

Vorausgesetzt also, daß ein Landes-Industrie-Institut, es lege es an und führe es wer da wolle, sich nicht über eine Provinz hinaus erstrecken, sondern sich nur da durch *Local-Nützlichkeit* und *Local-Würksamkeit* auszeichnen müsse, so glaube ich hätten die Unternehmer desselben zuerst folgende Fragen zu thun:

1) Was hat unsre Provinz für Natur-Producte, die entweder ganz neu, oder doch besser als bisher zu bearbeiten, und zu benutzen wären?
2) Was bedürfen wir, zu unsern Nothwendigkeiten, und zu unserm Luxus oder Wohlleben; und was liefert uns das Ausland dazu?
3) Können wir nicht einige Artickel davon uns bereits selbst machen, oder leicht dahin gelangen sie uns in der Folge selbst zu verfertigen?
4) Was haben wir für Arbeiter dazu; und wie sind diese zu verbessern und zweckmäßig zu unterstützen?
5) Wie schaffen wir ihnen Nahrung? wie machen wir sie wohlhabend und unternehmend? und wie verschaffen wir ihnen den besten Absatz ihrer Fabrikate?

Nach diesen fünf Fragen wird jedes Landes-Industrie-Institut, wenn es dieselben auf sein *Local* anwendet, leicht seinen Wirkungs-Plan im Allgemeinen entwerfen können; zu dessen Ausführung im Detail freylich Vorkenntnisse mancher Art, Klugheit, Geschicklichkeit und Fleiß gehören.

Die erste Frage:

Was hat unsre Provinz für Natur-Producte, die entweder ganz neu, oder doch besser als bisher zu bearbeiten und zu benutzen wären? kann nur mit vollständiger physischer, technologischer und Commerzial-Kenntniß[39] des Landes, und seiner Cultur beantwortet werden. Ist die Provinz noch nicht mineralogisch untersucht, so können noch sehr wichtige Schätze unter den Füßen ihrer Einwohner verborgen liegen; und ein Bergbohrer der Torf, Steinkohlen, Thon, Mergel[40], Gyps, Marmor, Sand, Dachschiefer, oder Erze entdeckte, könnte ihr vielleicht ein wichtiges Geschenk für ihre Industrie machen. Dieß zu veranstalten liegt aber dem Landesherrn ob, weil es zur guten Administration gehört, den Staats-Reichthum und die Kräfte des Landes genau zu untersuchen und zu kennen.

Die zweyte Frage:

Was bedürfen wir zu unsern Nothwendigkeiten und zu unserm Luxus? und was liefert uns das Ausland dazu? wird jeder fleißige und hellsehende Beobachter unsers täglichen Lebens, unsrer Sitten, Gebräuche und Genüße leicht beantworten, und wenn er die Kaufmannsläden mit einem Blicke durchläuft, genau bestimmen können, was uns das *Ausland* dazu liefert. Es wäre ein lächerlicher Industrie-Don-Quixotismus in Einer Provinz alle ihre Bedürfnisse selbst fabriziren, und vielleicht weit theurer die Fabricate, die man wohlfeiler und besser von einer andern benachbarten Provinz *Teutschlands* gegen unsre Landesproducte eingetauschte hätte, selbst machen zu wollen. Auf diese Art würde gar bald eine schlimme Stockung und höchst gefährliche Crise in dem ganzen Handels- und Nahrungsstande Teutschlands entstehen. Teutschland muß die wohlthätige, freye und lebhafte Circulation seiner Fabricate und Handels-Producte in und durch alle seine Provinzen äußerst sorgfältig zu befördern und zu erhalten suchen, denn es hat sie zu seinem politischen und statistischem Wohlstande so wesentlich nöthig, als ein gesunder Mensch den freyen Umlauf seines Bluts. Ich warne nur für die theuern Fabrikate *des Auslandes*, das uns täglich neue

Genüße auftischt, und neue Puppen zuführt, uns dadurch kindisch oder üppig, und zu seinem zinsbaren Leibeignen macht, und selten oder gar nicht unsre Landesproducte dafür eintauscht.

Die dritte und vierte Frage:

Können wir nicht einige Artickel davon uns bereits selbst machen, oder leicht dahin gelangen sie uns in der Folge selbst zu verfertigen? und
Was haben wir für Arbeiter dazu, und wie sind diese zu verbessern und zweckmäßig zu unterstützen? greift nun tiefer in die Sache ein, und es gehören gründliche practische technologische Kenntnisse des Locals, seiner Einwohner Landes-Verfassung, Activ und Passiv[41], Handels, Geschmack und Kunstsinn dazu, um sie genugthuend zu beantworten, und solide Vorschläge zur Emporhebung der Landes-Industrie zu thun. Im Allgemeinen läßt sich hier nichts bestimmen, und man muß immer sehen, was man in jedem einzelnen Falle auf dem Platze, wo man steht, mit den schon vorhandenen Kräften, Fähigkeiten und Anlagen thun kann, oder nicht; und welche *Hindernisse der Industrie* erst bey Seite geräumt werden müssen um zweckmäßigen Erfolg zu erwarten.

Ich will z. E. den Fall einer reichen und großen Residenz-Stadt aufstellen wo theils der Hof theils ihre Großen jährlich beträchtliche Summen, für Equipagen[42], Stickerey, Modewaaren, Spiegel, geschmackvolle Meubles, Stahl und Lederarbeiten, Porcellan, Glaswaare, Silberwerk, Nippes, Tapeten, Kunstwerke u. d. m. für baares Geld aus England oder Frankreich kommen lassen, ohngeachtet die Stadt selbst Künstler, Fabrikanten und Handwerker von mancherley Art hat. – Und warum läßt man denn bey diesen nicht arbeiten? möchte man fragen. Die Antwort ist sehr leicht: weil ihnen guter Geschmack, schöne Formen und gute Materialien fehlen. – Hier tritt nun der Fall ein, wo ein Landes-Industrie-Institut die Hindernisse der Landes-Industrie aufsuchen, und sie theils aus eignen, theils mit landesherrlichen Kräften, wenn sie zu groß sind, wegzuräumen suchen muß. Ich will mein Beyspiel verfolgen.

Als Ursachen, warum Künstlern, Fabrikanten und Handwerkern in dieser Stadt guter Geschmack, schöne Formen und gute Materialien fehlen, und ihre Arbeiten folglich auch nicht annehmlich sind, werden bey genauerer Untersuchung, meistens folgende erscheinen.
1) Daß sie sich zu sehr selbst überlassen sind, und keine hinlängliche Anleitung haben. Vielleicht sind akademische Künstler von großen Werthe in der Stadt; allein diese helfen zu unserm Zwecke nicht. Sie bilden vielleicht zwar wieder gute Historien- Landschafts- oder Portrait-Mahler; aber gewiß selten einen guten Handwerker oder Manufacturisten, indem dieß eine ganz andere Sache ist. Es fehlet ihnen an Kenntniß der bey Manufacturisten und Handwerkern einschlagenden Details, und da ihr Geist nur mit den großen Gegenständen der Kunst beschäftiget ist, an gehöriger Gedult, darüber nachzudenken, wie z. E. ein Tisch, ein Bett, ein Vorhang, ein Stuhl, ein Schloß etc. schöner und zweckmäßiger seyn könnte.
2) Vielen Handwerksleuten fehlt es daran, daß sie nicht ein wenig *zeichnen* können; ja bey vielen geht dieser Fehler so weit, daß es ihnen schwer wird, eine vorgelegte Zeichnung zu verstehen, und noch schwerer etwas Neues zu erfinden. Das erste und zweyte Hinderniß könnte eine gute und zweckmäßig eingerichtete freye *Handwerks-Zeichen-Schule*, die ihren Geschmack bildete, und jeden Handwerker mit den *neuesten und geschmackvollsten Formen des Auslandes* in seinem Fache bekannt machte, am sichersten heben; und hier tritt also landesherrliche Unterstützung ein.
3) Das dritte Hinderniß ist daß die sich selbst überlassenen Handwerker immer ihren alten *Vorurtheilen* und *Gebräuchen*, die vielleicht vor Alters gut und zweckmäßig waren, aber jetzt nichts mehr taugen, treu bleiben. So müssen z. E. die Buchbinder zum Meisterstücke einen Folianten in Schweinsleder binden, oder die Schreiner gemeiniglich einen großen nußbaumenen Schrank machen, der einige hundert Thaler kostet, nach einer altväterischen Form und Zeichnung gemacht ist, so daß niemand ihn kaufen mag, er also dem jungen Meister, der mehr Zeit und Geld darauf verwendet

hat, als er vermochte, zur Last stehen bleibt, und dieser sein Handwerk mit Schulden anfangen muß.

4) Mehreren geschickten Arbeitern fehlt es auch an Vorschuße, sich gute und schöne Materialien zu ihrer Arbeit anzuschaffen, und an Aufmunterung, etwas Neues und Hübsches auf Speculation zu machen. Sie bleiben daher blos bey dem stehen, was bey ihnen bestellt wird, und haben nie Vorrath von ihrer Waare. Auf Bestellung läßt sich aber selten der reiche Liebhaber ein, weil er fürchtet theils lange aufgehalten zu werden, theils das bestellte Stück doch behalten zu müssen, wenn es auch nicht nach seinem Sinne gerathen ist. Er geht also lieber zum Kaufmanne, wo er gleich alles fertig findet, und die Wahl unter mehreren Formen hat, und zahlt lieber noch einmal so viel für das Englische oder Französische Product. – Hätte der geschickte Handwerker auch allenfalls Geld dazu, einige Stücke auf Speculation zu machen, so hält ihn die Furcht, daß seine Arbeit nicht von reichen Liebhabern gesehen, oder vom Kaufmanne, der auslaändl. Waaren führt, nicht aufgenommen und neben jene aufgestellt wird, er dieselbe also nicht ins Geld setzen werde, ab, eine solche Speculation zu wagen. – Hier tritt nun der Fall ein, den

Die fünfte Frage:

Wie schaffen wir unsern Arbeitern, Künstlern und Handwerkern, Nahrung? wie machen wir sie wohlhabend und unternehmend? und wie verschaffen wir ihnen den besten Absatz ihrer Fabricate? – zur genaueren Untersuchung und Beantwortung aufstellt. – Man sieht leicht aus dem ganzen Operations-Plan eines Landes-Industrie-Instituts, daß es ein *kaufmännisches Comptoir* oder eine *ordentliche Handlung*, durch welche es die Landes-Producte und Fabrikate, die durch seine Thätigkeit hervorgebracht worden sind, vertreiben, und dem Handwerker und Fabrikanten versilbern kann, gar nicht entbehren könne. Ohne dieß ist alle Mühe verlohren die man sich giebt, die Landes-Industrie empor zu bringen. Ein solches Handels-Comptoir muß aber ganz anders modifizirt und geführt werden, als eine gewöhnliche Waaren-Handlung eines Kaufmanns. Dieser giebt sich gewiß nicht gern damit ab, neue unbekannte Landes-Fabrikate, welche fremde Waaren-Artickel verdrängen sollen, die ihm mehr rentiren, zu empfehlen und im Lande sowohl als auswärts bekannt zu machen; oder sich mit den ersten noch unvollkommen Versuchen des Manufacturisten und Handwerkers, bey dem der Käufer im Orte am Ende die Waare selbst kaufen kann, zu plagen. Die *fremde Waare*, die am meisten geht, deren Original-Preiß unbekannt ist, und auf welcher er am meisten verdient, ist ihm am liebsten. Diese führt und empfiehlt er, und bekümmert sich übrigens wenig darum ob der Landes-Industrie dadurch Schaden oder Nutzen erwachse.

Weit anders hingegen muß das *Handels-Comptoir* des Landes-Industrie-Instituts organisirt seyn und operiren. Da der Fabrikant und Handwerker schlechterdings nicht zugleich Kaufmann seyn und seine Waaren ins Weite vertreiben kann, so muß er nothwendig einen Kaufmann nahe haben, der ihm seine Fabrikate einzeln abnimmt, und weiter vertreibt. Bey schon lange etablirten größeren Manufacturen, z. E. Tuch- Zeuch- Strumpf- Leinwand-Fabriken, die schon im vollem Schwunge sind, und sogar im Auslande einen gemachten Nahmen haben, thut dieß wohl der gewöhnliche Kaufmann, und exportirt diese Artickel *en gros*, weil er nicht mehr dabey risquirt. Allein das Landes-Industrie-Institut nimmt sich vornehmlich *neuer und noch unetablirter Zweige der innländischen Industrie, und der Arbeiten einzelner noch isolirter Künstler und Handwerker an;* sucht diese zu unterstützen und aufzumuntern; sammelt ihre Arbeiten oder Muster davon in ein gemeinschaftliches Magazin, wo sie der reiche Liebhaber und Käufer mit Einem Blicke überschauen, und darunter auswählen kann; macht sie in der Ferne bekannt, und sucht dort Absatz für sie, durch seine Handelsverbindungen; tauscht dafür vielleicht andere Waaren oder rohe Materialien für den Handwerker ein; giebt ihm immer Bestellungen und Arbeit; und zahlt ihm diese entweder baar, oder giebt ihm auf Speculations-Stücke einigen Vorschuß; schafft ihm aus England, Frankreich und Italien neue schöne und gangbare Muster und Zeichnungen zu seinen Arbeiten; giebt ihm neue Ideen zu glücklichen

Speculationen, übernimmt vielleicht für seine Rechnung das *Risico* des ersten Versuchs; übernimmt Bestellungen von Wichtigkeit (z. E. von dem Ameublement eines ganzen Hauses) von einem reichen Liebhaber, der sich mit dem *Detail* davon nicht abgeben kann, und bewürkt sie durch eine Menge Arbeiter um sich her, davon keiner das Ganze allein übernehmen konnte. Kurz dieß Landes-Industrie Comptoir würkt auf tausendfache Art, nach merkantilischer[43] Form; *Beförderung und Emporhebung der Landes-Industrie* ist aber immer der Hauptzweck aller seiner Operationen. Es ist nicht zu läugnen, daß zu Führung desselben weit mehr Kenntnisse und Eigenschaften, als zur Direction einer gewöhnlichen Handlung, die schon ihre bestimmte Form und Gang der Geschäffte hat, gehören.

Der Erfolg den ein so organisirtes und von einem geschickten Directeur – (denn immer muß nur *Ein* tüchtiger Kopf an der Spitze stehen) – kluggeführtes Handels-Comptoir für die Landes-Industrie hat, ist unausbleiblich. Geschmack und Güte der Landes-Fabricate verbessern sich zusehends; Künstler und Handwerker arbeiten mit Freuden für dasselbe, weil sie des Absatzes ihrer Fabricate und ihrer baaren Zahlung gewiß sind, und keine langwierigen und bösen Schulden bey einzelnen Bestellern risquiren dürfen. Sie werden wohlhabend und unternehmend; und nun ist schon für das Glück des Nahrungs-Standes in einer Stadt oder Provinz Alles gewonnen; denn die Glieder der großen Kette desselben greifen alle in einander. Aber gerade solch ein Industrie-Handels-Comptoir darf keine landesherrliche Entreprise seyn, sonst werden die Directorial und Officianten-Stellen sehr leicht ohne Noth gehäuft, zu Sinecuren[44] und Pensionsposten gemacht, die Maschine geht lahm und stockend, und die Unternehmung arbeitet mit Verluste und verfehlt für das Land gänzlich ihren Zweck. Eine Societät Actionnaires, an deren Spitze ein geschickter Mann mit practischen Handels-Kenntnissen steht, und tüchtige Officianten anzustellen weiß, ist, wenn die Unternehmung große und mannichfaltige Gegenstände hat, das beste Mittel zum Zwecke zu gelangen; oft kann ein einziger thätiger Mann, für einen kleineren Wirkungskreis, z. E. eine Stadt, schon hinreichen ein dergleichen Institut zu unternehmen, und die Landes-Industrie dadurch zu beleben. Die Sorgfalt, genaue Aufsicht, die ökonomische Einrichtung, und die schneidende merkantilische Geschäfts-Form, welche der Privat-Nutzen, und der Handelsgeist gebietet, geben solchen Privat-Unternehmungen stets einen unendlichen Vorzug vor allen herrschaftlichen Handels-Entreprisen.

Ich wünsche hierüber nicht mißverstanden zu werden, und daß man nicht meyne, ich wolle behaupten, *der Staat müsse gar nichts für die Belebung, und Emporhebung der Landes-Industrie thun, und dieß gänzlich Privatunternehmung überlassen.* Nein, ich habe vielmehr oben schon gesagt, daß die Staatsverwaltung den Privatunternehmungen *vorangehen,* die im Allgemeinen noch liegenden *Hindernisse der Landes-Industrie wegräumen, und diese dadurch erwecken,* den Privat-Handels-Unternehmungen aber sodan überlassen müsse sie weiter *empor zuheben* und den von ihr gepflanzten Keim weiter zu cultiviren, und zu einem fruchtbringenden Baume zu ziehen.

Ich kann zu diesem Behufe kein vortrefliches und meinen Satz besser erläuterndes Beyspiel aufstellen, als die von dem jetztlebenden großen und edlen Fürsten-Bischoff zu Würzburg und Bamberg[45] im Hochstifte Würzburg seit 1789. eingeführten *Industrie-Schulen,* worinn die Kinder beyderley Geschlechts, in allen Städten und Dörfern, neben dem verbesserten Litterar-Unterrichte, noch im Nähen, Spinnen, Stricken, Klöpfeln u. dergl. unterrichtet, und dadurch im ganzen Lande eine erstaunliche Menge fleißiger und geschickter Arbeiter für Privat-Entreprisen von Fabriken und Manufacturen angezogen werden.* Mit solchen Vorbereitungen in einem Lande, kann ein *Landes-Indu-*

---

* Man findet in *Feders-Magazine zur Beförderung des Schulwesens im katholischen Teutschlande*[46] (Wirzburg bey Rienner 1791) 1 Bds. 1 Heft S. 15 eine vom Herrn Hofrath und Geh. Referend. Seuffert verfaßte ausführliche Nachricht, von der Entstehung, dem Fortgange und gegenwärtigen Bestande der Industrie-Schulen des Hochstifts Würzburg, und man muß in der That erstaunen, was für schnelle und geseegnete Fortschritte, nach allen in diesem schätzbaren Journale gelieferten Berichten, diese vortrefliche Anstalt eines weißen und wohlthätigen Fürsten, von deßen beglückender Regierung so viele schöne und edle Denkmale in seinen Ländern zeugen, in kurzer Zeit gemacht hat. Schon in den ersten 2 Jahren ihrer Entstehung, nemlich vom May 1789 bis May 1791 waren in dem Fürstl. Hochstifte Würzburg, *von Kindern von 6 bis 12 Jahren,* 10000 Paar Strümpfe gestrickt (worunter auch sogar

strie-Institut sichere und glückliche Schritte thun, und auf solchen Grundlagen weit leichter seinen Bau ausführen, als in Ländern wo es seinen Boden erst ganz vom frischen urbar machen und mit Maximen und Praxis einer Staatsverwaltung ringen muß, die eigends dazu geschaffen zu seyn scheinet, allen Industrie- und Gewerbgeist zu tödten.
Ich finde überflüßig nochmals zu erinnern, daß meine hier aufgestellten allgemeinen Grundsätze immer relativ sind, und eine kluge Local-Anwendung und Modification erfordern; denn ausserdem würde man oft in den Fall kommen, mit dem bestem Willen seinen Zweck gar sehr zu verfehlen. So viel aber getraue ich mir gewiß zu behaupten, daß, mit richtiger Anwendung derselben in jedem Theile von Teutschland, unser Vaterland sich für immer von dem Französischen Joche ganz losreißen, und vor dem Englischen, das ihm schon benahe aufgehalset ist, verwahren könne; und ich fordere jeden teutschen Biedermann auf, dieß warm zu beherzigen.

F. J. Bertuch.

F.[riedrich] J.[ustin] Bertuch: Über die Wichtigkeit der Landes-Industrie-Institute für Teutschland. In: Journal des Luxus und der Moden. Bd. 8. August, September 1793, S. 409–417, 449–462.

54. Unumstößlicher Beweis, daß die Diebe sehr nützliche Leute im Staate sind

So paradox auch dieser Satz immer in den Ohren aller Teutschen Criminalisten[48], die auf ihre *Carolina*[49] geschworen haben, klingen mag, so habe ich ihn doch so fest begründet, daß ihm schwerlich einer dieser Urthelsmänner, noch selbst eine Teutsche Juristenfacultät etwas anhaben, oder ihn untergraben wird.

---

8 Paar seidene waren), beynahe eben so viele angestrickt, desgleichen 1800 Paar Handschuhe (worunter auch seidene waren) und 1000 Paar Staucher[47]; 2000 Stück Hemden genäht, eine große Menge linnen Garn zu Leinwand gesponnen, und eine große Anzahl Hauben, Mützen, Schürzen, Taschen, Strumpf- und Uhrbänder, Cordeln und mehrere andere Artickel der Lokal-Industrie verfertiget werden; ohne den practischen Unterricht zu rechnen, den die Knaben, in den angelegten *Industrie-Gärten* jeden Ortes, im Obst- und Gartenbau erhalten hatten. Welche vortrefliche Aussichten muß ein Land nicht von solch einer Pflanz-Schule des Gewerb- und Kunstfleißes haben; und wie muß es nicht seinen Fürsten, als einen wohlthätigen Genius seegnen, der ihm dieß Geschenk machte!

Es ist ja überhaupt allgemein bekannt, daß unsere ganze Teutsche Rechtsverfassung und Gesetzgebung veraltet ist, und nicht viel mehr taugt, sonst würden unsere jetzigen Rechtslehrer sich nicht so viele Mühe geben, sie auszuflicken und rationeller zu machen, und sie unserm Zeitgeiste anzupassen, auch sich nicht darüber streiten, ob ein *allgemeines Teutsches Gesetzbuch* möglich sey oder nicht. – Gesetze müssen sich immer nach der Convenienz eines Landes und seiner Regierung richten. Dieß ist ein allgemeines Axiom aller neueren Staats- und Regierungskünstler. Folglich müssen auch die veralteten Criminalgesetze abgeändert, gemildert, und die Diebe daraus weggelassen werden. Dieß springt in die Augen.

Die Nützlichkeit der Diebe, deren Kunst so unendlich viele Formen und so viele Arme als der größte Seepolyp hat, zeigt sich für den Staat besonders in der rationellen Finanzwissenschaft. Ich will nur zum einleuchtenden Beispiele, unter Hunderten eins anführen, wie nützlich sie im Staate sind, wenn sie, auch in Teutschland, *außer den Landesgränzen* Waaren stehlen, und dieß im Lande wohlfeiler verkaufen als die Landesfabriken, und eben dadurch dem Wucher der Landesfabriken steuern, und diese im Zäume halten. Das Publicum, welches kaufen will, gewinnt ja offenbar immer dabei.

Man hat zwar die Teutschen Nachdrucker ebenfalls zu dieser Kategorie mitrechnen, und sie mit dem ehrlosen Namen *Diebe* brandmarken wollen; allein gewiß sehr mit Unrecht. Denn

1) stehlen sie ja nicht einmal wirkliche Waare, sondern eigenen sich nur Geist und Form eines Werkes zu, und jeder Verleger eines guten Buchs behält ja alle Exemplare als sein Eigenthum auf dem Lager, und der Nachdrucker ist noch so ehrlich, daß er sogar auch ein Exemplar des Werks, das er nachdrucken will, kauft und bezahlt;

2) befördern sie die Landes-Industrie durch ihre Fabrication und Druckereien, halten das Geld für fremde Bücher im Lande, und ziehen vielmehr durch den vielfachen Verschleuß ihrer Waare fremdes Geld in's Land; und endlich

3) ist ja noch kein *allgemeines Gesetz* gegen den Nachdruck in Teutschland geschrieben.

Kurz, mein Satz, daß die Diebe sehr nützliche und ehrsame Leute im Staate sind, steht fest und unerschütterlich, und ich hoffe, daß mein Werk durch seine vollständige Entwickelung der Diebeskunst, besonders Finanzkünstlern interessant seyn, und mir eben dadurch, und wegen seiner allgemeinen Anwendbarkeit bald das *Glück des Nachdrucks* verschaffen werde.
Ich gehe nun weiter zu meinem zweiten Werke, dem ich ein nicht minderes Interesse zu geben gesucht habe.

[Anonymus:] Unumstößlicher Beweis, daß die Diebe sehr nützliche Leute im Staate sind, und man daher sehr Unrecht hat, sie zu henken, oder auf die Galeeren und in die Zuchthäuser zu verweisen. In: Beilage zum Oppositions-Blatte. Sonnabend. Nro. 4. 11. Januar 1817, Sp. 25–26.

Ornithologie

Daß mit dem Forstwirtschaftler Johann Matthäus Bechstein (1757 – 1822; vgl. Einführung Text 52) und dem ›Vogelpastor‹ Christian Ludwig Brehm (1787 – 1864) zwei thüringische Forscher den Beginn der deutschsprachigen Ornithologie repräsentieren, steht wohl gleichfalls in Beziehung zum Wald- und Artenreichtum der thüringischen Mittelgebirgsregion. Bechstein jedenfalls, von Christian Ludwig Brehm später nicht ganz zu Unrecht als ›Vater der Naturgeschichte‹ bezeichnet, brach endgültig mit der frühneuzeitlichen Gewohnheit, naturkundliches Wissen aus antiken oder mittelalterlichen Schriften zu exzerpieren, mit allegorisierenden Deutungen zu versehen und in Form anekdotischer Erzählungen zu präsentieren. Bechstein setzte statt dessen auf genaueste Verhaltensstudien, exakte Beschreibung des Aussehens und die Erstellung eines Artensystems (Text 55). Allerdings hatte auch diese Methode ihre Tücken: Bechsteins Sezierarbeit kostete nicht nur vielen Vögeln das Leben; ebenso wie später Christan Ludwig Brehm neigte auch er zur Kreation neuer Arten aufgrund einer Überbewertung individueller Unterschiede einzelner Vögel.

55. Johann Matthäus Bechstein:
Die achte Gattung. Der Kuckuk. Cuculus

Kennzeichen.

Der *Schnabel* ist fast rund, nach vorne etwas umgebogen, an den Seiten gedruckt.
Die *Nasenlöcher* sind gerändet, d. i. haben einen über den Schnabel etwas erhöheten Rand.
Die *Zunge* ist pfeilförmig, ganz und flach.
Die *Füße* sind *Kletterfüße* mit besonders an den Seiten scharfen Klauen.

Zwey Arten.

I. Der gemeine Kuckuk.
   Cuculus canorus. Lin.
   Le Coucou. Buff.
   The European Cuckoo. Penn.

Kennzeichen der Art.

Der Oberleib ist taubenhalsig, der Schwanz schwärzlich mit weißen Flecken.

Beschreibung.

Dieser merkwürdige Vogel bewohnt Europa und Asien, beyde bis innerhalb dem Arktischen Kreise hinauf. In Thüringen und dem übrigen Deutschland ist er allenthalben gemein.
Er hat ohngefähr die Größe einer Turteltaube, nur macht ihn sein längerer Schwanz länger. Seine Länge ist 1 Fuß 3 3/4 Zoll und die Breite 2 Fuß 3 Zoll.* Der Schwanz ist fast 8 Zoll lang und die zusammengelegten Flügel bedecken drey Viertheile desselben.
Der Schnabel ist 1 Zoll lang, fängt sich an der Wurzel allmählig zu krümmen an, die obere Kinnlade geht ein wenig über die untere her und ist ganz, d. h. nicht ausgehöhlt. Seine Farbe ist oben

---

* P. Ms.: Länge 1 Fuß 2 1/4 Zoll; Breite 2 Fuß.

schwarz, unten bläulichgrün, die Winkel saffrangelb, der Rachen orangenroth. Die Nasenlöcher sind rund, klein, gerändet und unbedeckt; der Stern und der Rand der Augenlieder gelb; die Füße, Zehen und Nägel gelb; die Beine 1 Zoll hoch; die äußere Vorderzehe 16, die innere neun, die äußere Hinterzehe 11, die innere aber 6 Linien lang.

Die bestimmte Farbe des Männchens ist am Kopf, Hintertheil des Halses, Rücken, Steiß und an den Deckfedern der Flügel dunkelaschgrau, besonders auf dem Rücken und den Deckfedern der Flügel ins grünlich kupferfarbene spielend oder schwach taubenhalsig. Der Unterleib ist vom Schnabel bis zur Hälfte der Brust hellaschgrau, von da wird die Grundfarbe an der Brust, dem Bauch, den Seiten und langbefiederten Schenkeln schön weiß, mit vielen schwarzgrauen wellenförmigen Queerstreifen; die Afterfedern sind gelblich weiß und haben nur einzelne dunkelbraune Queerstreifen. Die erste Ordnung der Schwungfedern ist dunkelbraun, auf der innern Fahne mit weißen eyrunden Flecken bezeichnet, die aber nur bey ausgebreiteten Flügeln sichtbar werden, die übrigen Schwungfedern haben die Farbe der Deckfedern und am Ende schmale weißliche Säume, die untern Deckfedern der Flügel sind weiß, und schwarzgrau in die Queere gestreift und die untern Schwungfedern dunkelbraun und weißbunt. Die Flügel spitzen sich wie bey den Raubvögeln scharf zu, die dritte Schwungfeder ist die längste und die erstere merklich kürzer. Der Schwanz ist keilförmig und schwarz, alle Federn mit weißen Spitzen, die beyden mittelsten nur mit einigen weißen Punkten auf dem Schafte, die übrigen aber mit größern eyrunden Flecken auf diesen Theilen und mit einigen länglichen am innern Rande.

Das *Weibchen* ist kleiner, oben dunkelgrau mit schmutzigbraunen, verwaschenen Flecken; am untern Halse aschfarben und gelblich gemischt mit schwarzbraunen, wellenförmigen Queerstreifen; am Bauch schmutzig weiß und dunkelbraun in die Queere gestreift.

Außerdem leiden diese Hauptfarben bey beyden Geschlechtern nicht mehrere und nicht wenigere Veränderungen nach dem Mausern, als bey andern Vögeln, und die Farbe, die bey Hervor-

keimung der neuen Federn schwach und unrein ist, wird nach und nach wieder hell und reiner.**
Es ist ein unruhiger und scheuer Vogel, mit einem schnellen, wie ein Sperber schwimmenden, kurzen, unterbrochenen und niedrigen Flug.
Aufenthalt. Der Kuckuk gehört unter die Zugvögel, und das Männchen meldet sich zu Ende des Aprils in unsern Gegenden (Thüringen) durch sein einförmiges Geschrey: *Kuckuk!* an, das zwischen durch mit heisern, krächzenden, aneinanderhängenden Tönen begleitet wird, die man aber nur in der Nähe hören kann. Dieß Geschrey läßt er so lange hören, als die Zeit seiner Fortpflanzung währet, hebt dabey regelmäßig den Schwanz in die Höhe, und sitzt gewöhnlich auf einen Baumzweig nahe am Stamme, thut es aber auch zur Paarungszeit im Fluge, besonders wenn er sein Weibchen von weitem erblickt. Dieses krächzt nur, kann aber nicht *Kuckuk* schreyen. Daß er den Winter hindurch, wie die kaltblütigen Haselmäuse, in eine Art von Schlafsucht verfalle, sich in hohlen Bäumen verberge, und hier zuweilen sogar unbefiedert angetroffen werde, gehört unter die Fabeln, womit seine Geschichte so sehr verunstaltet ist. Noch bis jetzt ist es von keinem heißblütigen Vogel erwiesen, daß er den Winter hindurch der Erstarrung unterworfen sey, noch vielweniger vom Kuckuk. Dieser entfernt sich allezeit im September, und ist also einer von den ersten Vögeln, der unsere Gegenden wiederum verlassen, und sie mit wärmern vertauschen.
Der *Stand*[50], den Männchen und Weibchen während ihres Aufenthalts bey uns einnehmen, hat ohngefähr eine Stunde im Umfange. In diesem Bezirke leiden sie keinen Vogel ihres Gleichen, und durchstreifen denselben täglich gesellschafftlich. Sie lieben vorzüglich waldige Gegenden, wo in der Nähe Wiesen liegen und in diesen ziehen sie, wo es seyn kann, wiederum die Nadelhölzer dem Buschgehölze vor.***

** So ist es bey den Sperlingen, Finken, Stieglitzen, Bachstelzen u. a. m., wobey doch niemand von Verwandelung der Farbe spricht, wie bey dem Kuckuk.
*** Sie leben also nicht bloß in Gebüschen und Vorhölzern.

Sie machen ihre Wanderungen in Gesellschafft, und man trifft daher im Frühjahr auf den Waldwiesen sehr viele Kuckuke an, die sich auf einzelne Sträucher und Pflöcke setzen, den Regenwürmern, die aus der Erde hervorkriechen und andern Insekten aufpassen, und sie fangen.

Nahrung. Die Ursache, warum sie später als andere Zugvögel wieder in unsern Gegenden eintreffen, ist nicht so wohl um der Kälte auszuweichen, denn sie sind dicht mit Pflaumfedern bekleidet, als vielmehr abzuwarten, bis sie bey uns ihre eigentliche für sie bestimmte Nahrung finden können. Diese besteht vorzüglich bis zum August in einer *purpurrothen Raupe*, welche sich in diesen Monaten an den Stämmen der Bäume aufhält. Um diese wegfangen zu können, hat ihnen die Natur zwey Hinterzehen (Kletterfüße) gegeben, mit welchen sie, wie die Spechte, wenn sie dieselben an dem Stamme wegnehmen wollen ihren Körper unterstützen können. Diese Raupen färben ihnen den weiten, häutigen und faltigen Magen ganz roth, und man findet bey der Öffnung immer die rothen Bälge mit dem schwarzen Kopfe in denselben. Sobald sich jene zu verpuppen anfangen, und in einen kleinen Nachtschmetterling verwandeln, ziehen sich diese nach den Teichen und sumpfigen Gegenden, und fangen an den Orten, wo Schilf wächst, Mücken, Schnaken und Hafte[51], oder lesen andere kleine Raupen und Käfer von den Bäumen, vorzüglich von den Kirsch- und Pflaumenbäumen ab.

Fortpflanzung. In dieser Angabe der Nahrungsmittel, die ihnen die Natur bey ihrer großen Gefräßigkeit doch so sparsam und in so kleinen Portionen reicht, läßt sich vielleicht der wahrscheinlichste Grund finden, warum sie ihre Jungen der Pflege anderer überlassen müssen; denn die besondere Lage des Magens weit im Unterleibe, die sie zum Ausbrüten der Eyer untüchtig machen soll, haben sie mit mehrern hierzu tüchtigen Vögeln, z. B. der Mandelkrähe, dem Thurmfalken und der Europäischen Nachtschwalbe gemein.

Daß das Kuckuksweibchen seine Jungen, wie Barrington[52] aus Irrthum von dem Englischen behauptet, nicht selbst ausbrüte, ist lange außer allem Zweifel. Männchen und Weibchen sind zur Begattungszeit außerordentlich hitzig, und verrichten die Paarung gewöhnlich auf dem Gipfel der höchsten Bäume, unter einem steten, heisern, krächzenden Geschrey, das ihrem einfachen Kuckuksruf sonst zur Fundamentalstimme dient. Sie streifen hierauf in ihrem Reviere von einem Orte zum andern, und suchen die Nester verschiedener Motacillen[53], als der Rothkehlchen *(M. rubecula)*, Weidenzeisige *(M. trochilus)*, Zaunkönige *(M. troglodytes)*, der gemeinen und grauen Graßmücken *(M. curruca et dumetorum)*, der Mönche *(M. atricapilla)*, der Bastardtnachtigallen *(M. hippolais)*, der weißen *(M. alba)* und gelben Bachstelzen *(M. flava)* zu entdecken. Die befruchtete Mutter beobachtet bey ihren Streifereyen die Baumeister dieser Nester täglich, um zu wissen, wenn der Bau vollendet, und das letzte Ey gelegt ist, damit sie zu gehöriger Zeit das ihrige unterbringen kann. Hier trifft nun das Loos Pflegemutter zu werden denjenigen von den obigen Vögeln, der grade damals, wenn das Kuckuksey im Mutterleibe zu gehöriger Reife gelangt ist, sein eignes letztes Ey gelegt hat. Zu Anfang des Junius bringt sie das erste Ey, welches rundlich, schmutzig weiß, und an der obern Hälfte braun und braungrau gefleckt ist, und schiebt es mit ihrem Schnabel vorzüglich gern in ein Rothkehlchen- oder Zaunkönigsnest. In die Nester der übrigen Motacillen, die nicht auf die Erde bauen, und über deren Nest sie sich wegen dessen Bau, oder ihrer eignen Größe nicht setzen kann, trägt sie ihr Ey, das sie auf die Erde gelegt hat, in dem Schnabel. Bis zur Mitte des Julius legt sie fast alle acht Tage ein Ey in ein anderes Nest, und auch hierin, daß sich die Eyer nicht geschwind genug in ihr zur gehörigen Vollkommenheit entwickeln, um sie zusammen ausbrüten zu können, liegt vielleicht eine Ursache, warum sie dieß Geschäffte andern Vögeln auflegen muß.**** Zu bewundern ist es, mit welchem großen Vergnügen diese Vögel die Kuckuksmutter sich ihrem Neste nähern sehen. Anstatt daß sie

---

**** Heuer hat eine weiße Bachstelze in meiner Holzschuppe zweymal hinter einander einen jungen Kuckuk ausbrüten müssen. Zu bewundern war es, daß diese Bachstelze, welches sonst diese Vögel nicht thun, zum zweytenmal ihre Eyer wieder in das alte Nest legte. Das Kuckukspaar hielt sich immer in der Nähe auf, kam aber nie zum Neste, als wenn das Weibchen legen wollte, alsdann aber war es außerordentlich dreiste.

sonst ihre Eyer verlassen, wenn ein Mensch, oder sonst ein lebendiges Geschöpf ihrem Neste zu nahe kommt, oder nur Betrübniß wie ohnmächtig und tod zur Erde niederfallen, so sind sie hier im Gegentheile ganz außer sich vor Freuden. Das kleine Zaunkönigsmütterchen z. B., das über seinen Eyern brütet, fliegt sogleich, wenn der Kuckuk bey seinem Neste ankömmt, von demselben herab, und macht ihm Platz, daß er sein Ey desto bequemer einschieben könne. Es hüpft und spielt unterdessen um ihn herum, und macht durch sein frohes Locken, daß das Männchen auch herbey kömmt, und Theil an der Ehre und Freude nimmt, die ihnen dieser große Vogel macht. Der Kuckuk wirft alsdann die Eyer, die dem seinigen im Wege liegen, entweder selbst aus dem Neste, oder die Pflegemutter thut es, um das fremde Ey desto besser bedecken zu können. Größere Vögel brüten zuweilen ein, oder zwey von ihren eignen zugleich mit dem Kuckuksey aus; allein die Jungen sterben doch in den ersten sechs Tagen, weil ihnen der große gefräßige Stiefbruder alle Nahrung wegnimmt. Wie abgemattet wird nicht ein so kleines Vögelchen, wie der Zaunkönig ist, durch das beschwerliche und längere Brüten, und vorzüglich durch die Ernährung des großen Vogels mit den kleinsten Insekten, z. B. Schnaken, Mücken und Räupchen! Doch hält es geduldig aus, und scheint im Gegentheil immer vergnügter zu werden, je größer unter seiner Pflege das Thier wird, das es selbst ganz so hervorgebracht zu haben glaubt. Die rechte Mutter bekümmert sich unterdessen gar nicht um ihre Nachkommenschafft, sondern begnügt sich bloß damit, ihr Ey gelegt zu haben.

So wie der junge Kuckuk, der oben dunkelbraun und entweder mit verloschenen rothbraunen und weißen Queerlinien oder bloß mit weißen Endkanten, an der Brust und am Bauche aber weiß mit schwärzlichen Wellen gezeichnet ist, größer wird, dehnt er sein Nest weiter aus, und erweitert spielend die enge Öffnung desselben, um beym Ausfliegen desto bequemer durchbrechen zu können. Wenn er ausgeflogen ist, setzt er sich auf einen nahen Baum, streckt sich einigemal aus, zieht die Federn durch den Schnabel und läßt seine rauhe schnarrende Stimme zum erstenmal hören. Sobald das hohe kreischende *Girrke, Girrke!* nur einigemal in der Gegend erschollen ist, so kommen alle kleinen Vögel zusammen geflogen, das Rothkehlchen, die Grasmücke, der Weidenzeisig, die Bastardtnachtigall, die Braunelle, schwärmen um ihn herum, begrüßen ihn, besehen ihn von allen Seiten, freuen sich über ihn, und tragen ihm alsdann aus allen Kräften Nahrung zu. Er kann nicht genug den Schnabel öffnen, so häufig wird ihm Futter gebracht. Es ist ein großes Vergnügen zu sehen, wie jeder Vogel vor dem andern den Vorzug haben will, gegen diesen Unbekannten gefällig zu seyn. Und so wie er nun von einem Baume zum andern fortzieht, um sich im Fliegen zu üben, so ziehen ihm auch diese Vögel nach, und ernähren ihn so lange, bis er ihrer Unterstützung entbehren kann.

Das ist nun eine sehr weise Einrichtung der Natur; denn da sich die eigentlichen Eltern gar nicht um ihr Junges bekümmern können, so würden ohne diese besondre Hülfe nicht nur die kleinen Pflegeeltern, die jetzt für einen so großen Vogel nicht genug Futter herbey schaffen können, sondern auch der junge Kuckuk selbst umkommen müssen.

Man könnte also das Geschrey der kleinen Vögel, das sie hören lassen, wenn sie einen Kuckuk gewahr werden, nach dem, was ich alles von dem guten Vernehmen, das zwischen eigentlichen Eltern, Pflegeeltern und den Vögeln, die ihm zur Erhaltung seiner Nachkommenschafft so unentbehrlich sind, obwaltet, gesagt habe, vielmehr als ein Freudengeschrey betrachten, das diese Vögel von sich geben. Vielleicht wollen sie ihn gar herbey locken, um ihnen auch ein Junges zur Erziehung anzuvertrauen. Wer die Sprache der Vögel versteht, wird vielleicht diese Bemerkung gegründeter und richtiger finden, als wenn man diese Töne für ein Angstgeschrey ausgeben wollte, die die Täuschung hervorbrächte, weil sie den Kuckuk wegen seiner Sperberschwingen und seines Sperberfluges beym ersten Anblick für einen wirklichen Sperber hielten, der diesen kleinen Vögeln so fürchterlich ist. Denn das niemand den Kuckuk, der ihn nur einmal gesehen hat, für einen Raubvogel halten wird, glaube ich nicht erinnern zu dürfen. Man traut ihm kaum zu, daß seine Waffen, die er als Raubvogel brauchen müßte, geschickt genug wären, mit einem Hirschkäfer fertig zu werden.

Der alte Kuckuk stirbt sogleich, wenn man ihn in ein Zimmer bringt, und will außer seinen natürlichen Nahrungsmitteln kein gekünsteltes Stubenfutter annehmen. Die Jungen aber kann man aus dem Neste nehmen und sie anfangs mit allerhand Raupen und Schmetterlingen, die sie allemal erst durch den Schnabel ziehen und töden, füttern, alsdann aber auch an das gewöhnliche Nachtigallenfutter, an Rinderherz und anderes Fleisch gewöhnen.
Nicht gleich nach den ersten Mausern, die in südlichern Gegenden geschieht, erhalten die Jungen ihre eigentliche feste Farbe, sondern erst nach dem zweyten, doch kann man schon deutlich Männchen und Weibchen unterscheiden, denn das Männchen sieht immer auf dem Rücken dunkelaschgrau aus, hat aber allenthalben noch weiß eingefaßte Federn.
Feinde. Kriechende und fliegende Vogelläuse nähren sich auf seiner Haut.
Jagd. Außer der Zeit der Paarung ist er schwer zu schießen, alsdann aber läßt er nicht nur nahe an sich gehen, sondern auch durch einen nachgemachten Ruf herbeylocken.
Nutzen. Die Alten rühmten das Fleisch, besonders der jungen Kuckuke, als eine vortreffliche Speise, und es ist in der That sehr wohlschmeckend.
Auch werden sie durch Vertilgung mancher *schädlichen Insekten*, besonders in den Obstgärten durch Vertilgung der schädlichen Spann- und Wicklerraupen zur Zeit der Blüte nützlich.
Sonst brauchte man vieles von ihnen in der *Arzeney* und der abergläubische Landmann glaubt wohl noch immer, daß ein *zu Asche gebrannter Kuckuk* das beste Mittel *gegen die fallende Sucht* sey.
Schaden. Daß er *keine kleine Vögel fresse*, ist oben schon erwähnt worden; nicht aber dieß, das man sonst fälschlich glaubte, daß er sich alle Herbst in einen *Raubvogel verwandele*, und erst im Frühjahr wieder ein Kuckuk werde.
In dem *Neste, wo er seine Eyer hinlegt*, richtet er Verwüstungen an.
Der *Kinderaberglaube* in einigen Gegenden Deutschlands ist bekannt genug, wo man von ihm verlangt, daß er die Anzahl

der Jahre angeben soll, die man noch zu leben habe. Auf vielen Dörfern fragen ihn daher die Kinder noch jetzt im vollen Ernste: Kuckuk, sag mir an, wie viel Jahre ich noch leben kann? So vielmal er nun nach gethaner Frage noch hinter einander *Kuckuk* schreyt, so viele Jahre hoffen sie noch zu leben. Das beste ist, daß sie ihn mehrmal fragen, wenn er ihnen das erstemal nicht genug Jahre angesagt hat, und es alle Jahre wiederholen.

Namen. Der Europäische Kuckuk; aschgraue Kuckuk; singende Kuckuk; Guckguck; Guckgu; Gugug; Guckaug; Gugauck; Gukker; Guckufer; Krainisch Kukauza.

Johann Matthäus Bechstein: Die achte Gattung. Der Kuckuk. Cuculus. In: Ders.: Gemeinnützige Naturgeschichte Deutschlands nach allen drey Reichen. Ein Handbuch zur deutlichern und vollständigern Selbstbelehrung besonders für Forstmänner, Jugendlehrer und Ökonomen. Bd. 2. Leipzig 1791, S. 484–495.

Naturgeschichte

Konnte Johann Matthäus Bechstein als ›Vater der Naturgeschichte‹ in praktischer Hinsicht bezeichnet werden (vgl. Einführung Text 55), so darf Lorenz Oken (1778 –1851) in theoretischer Hinsicht derselbe Titel zuteil werden. Von 1807 bis 1819 und von 1822 bis 1827 Professor an der Jenaer Universität, verbindet sich Okens Name zwar eher mit dem berühmten Artikel über das Wartburgfest in seiner Zeitschrift ›Isis‹ (1817; vgl. Text 10) und der unbeugsamen demokratischen Grundhaltung ihres Herausgebers. Nichtsdestoweniger kann seine Bedeutung für die theoretische Begründung naturwissenschaftlicher Detailforschung aus dem Geist eines antimechanistisch-romantischen Naturverständnisses kaum überschätzt werden. Deren Ziel lautet: ›Einigkeit mit sich und mit der Welt, klare Erkenntniss seines eignen Wesens als Mensch und der Mitmenschen, des Wesens der Thiere, Pflanzen und Erden, und ihres Verhältnisses unter

*sich und gegen den Menschen und die gesammte geistige Welt, überhaupt Bildung zur ernsten Humanität.‹ (Text 56)
Lorenz Oken war einer der Lehrer Georg Büchners (1836/37).*

56. Lorenz Oken: Über den Wert der Naturgeschichte

[...] Alle Philosophie muss aber mit der Naturphilosophie beginnen und mit ihr enden, oder alle Philosophie ist nur Naturphilosophie. Ohne sie ist jede Metaphysik ein Unding, die Moral aber, das Naturrecht, die Religion und die Kunst, im umfassendsten Sinne die Ethik, sind nur die Blühten der Naturphilosophie. Keine von jenen Wissenschaften ist ohne diese zu begreifen, viel weniger darzustellen von dem, der nicht von beiden erfüllt ist. Unsere religiösen, unsere sittlichen, unsere rechtlichen Verhältnisse sind wie die der Kunst schon vorgezeichnet in den himmlischen Gesetzen der Natur, sind nur klar zu entwickeln durch die Philosophie der Natur, und sind ohne diese ein bloses Hirngespinnst, eine blose Geistersehrei.

Wer nicht zu einer innigen, tiefen Andacht in der Religion und Kunst, zu einer hellen Einsicht in der Sittlichkeit, dem Rechte, dem Heroismus, zu einer göttlichen Beruhigung über das Problem der Welt gekommen ist, der ist nicht Naturphilosoph. Dahin strebt aber jeder Gelehrte, ja es ist das Wesen des Gelehrten, die Welt und den Geist zu durchschauen, ohne welches alle Bildung vergebens ist. Dahin kommt man aber nicht durch Handwerkswissenschaften, nicht durch Brodwissenschaften, sondern nur durch die reine, volle Wissenschaft, die alles lehrt, was in ihren Umfang gehört, ohne niedrige Absicht.

Wer aber die ganze Wissenschaft besitzt, der besitzt auch die einzelnen und auch die Brodwissenschaften, dagegen weiss er diese nicht ohne jene. Wer die Botanik weiss, weiss auch die medicinische Botanik, und die Forstbotanik, und die ökonomische Botanik; und zwar weiss sie dieser allein, weil er sie in sich selbst erzeugt hat, während der andre, der nur sie weiss, sie nur auswendig wie ein Kind gelernt hat. So ist es mit der Mineralogie, so mit der Zoologie. Die Bildung des Studierten, der ohne Zweifel mit dem Gelehrten identisch ist, ist eine ganze, keine stückweise, sie ist ein Meisterstück, kein Taglöhnerstück.

Der höchste, und letzte und einzige Werth der Naturgeschichte ist endlich die Erhebung eines Volkes zur allseitigen Bildung, die durch jene allein vollendet wird. Bis jetzt war ihr Werth noch immer ein blos individualer, Begründung des wahren Gelehrten-Standes; aber was sie in diesem leistet, muss sie endlich für das ganze Volk leisten; Einigkeit mit sich und mit der Welt, klare Erkenntniss seines eignen Wesens als Mensch und der Mitmenschen, des Wesens der Thiere, Pflanzen und Erden, und ihres Verhältnisses unter sich und gegen den Menschen und die gesammte geistige Welt, überhaupt Bildung zur ernsten Humanität, zur männlichen Resignation, wenn die *Einsicht*, nicht die Macht gebietet, zur Liebe zum Ganzen, das allein naturgeschichtlich ist, und nicht zum elenden Individuum, das zu Grunde geht, wie die eigennützig wuchernde Wissenschaft.

Eines Geständnisses muss ich mich schämen, und doch muss ich es thun, wenn die Naturgeschichte zu den verdienten Ehren kommen soll. Dass die Masse eines bekannten Theils der Ausländer in der allgemeinen Bildung und in der heroischen Resignation nach der Einsicht ein grosses Voraus vor uns habe, dürfen wir nicht läugnen, so sehr wir uns auch sagen können, dass die einzelne Bildung unter uns das Übergewicht über alle Nationen errungen hat. Aber was ist der Einzelne in dem Getümmel des Ganzen! Eine schwache, ja belachte Stimme in der Wüste!

Eben dieses zu grosse Übergewicht der Bildung unter den Unterrichteten ist es, welches dem tüchtigen Volke das Organ des Verständnisses raubt, welches eine undurchdringliche Scheidewand zwischen beiden Ständen errichtet, die bei den Ausländern wegen des Ebenmaasses der Bildung nicht vorhanden ist. Zur Einheit eines Volkes gehört nur *Verstehen der Höheren*, gleichviel, ob diese näher der Menge, oder diese näher den Unterrichteten steht. Bei den Ausländern sei jenes, bei uns aber ist keines der Fall. Die Höhern sind den Niedern vorgeeilt, zwei Einsichten haben sich gebildet, sind sich fremd geworden, das Zusammenwirken fehlt, Misslingen ist überall und Mangel an Geschick, hier Stumpfheit, dort Dünkel. Daher kömmt es, dass der Deutsche nicht achtet und anerkennt das, was ein Deutscher geleistet, dass er nur die Ausländer bestaunt und sie nachahmt. Dieses zollt er blos ihrer Harmonie, blos ihrer Bildungsart, die auch die Menge öffnet für den Bildungsgrad der Höhern. Aus dieser Entfernung der zwei Volksklassen gehen alle unsere Übel hervor. Es ist rühmlich das Streben der untern Stände nach höherer Ausbildung, aber für sie ist keine Mittelstuffe vorhanden. Sie können nur durch einen *Salto mortale* zur höhern Bildung kommen, und dann treiben sie sich in einer fremden Welt umher, in der sie so wenig zum Verstande kommen, als die höhern sich herabzulassen Verstand haben. Alles vereinzelt sich und tritt aus seinem Gleise. Die Bildung vermag nicht, sich über das Individuum hinauszuschwingen, die Klugheit dient nur zum Gewinnen, für Gemeingeist kömmt Eigennutz, für Ehrlichkeit verbissene Wuth, für Ehre das Behaupten, sei es auch der niedrigsten, Existenz. Braucht es mehr als zu sehen, wie die ersten Stützen des Staates ganz ihren Orient[54] verloren haben! Der Gelehrte treibt die Wissenschaft um Taglohn, der Geistliche wird bürgerlich, der Adel verbaurt! Alles aus der, bereits gerissenen, Spannung unserer Bildung.

Von welcher Art ist aber der Unterricht der Ausländer, durch den sie sich von dem unsrigen unterscheiden, durch den sie zum wechselseitigen Verstehen, und zum Geschick in ihren Unternehmungen kommen? *Offenbar und unwidersprechlich ist es der naturwissenschaftliche.* Bei jenen Völkern hat sich das Studium aller realen Wissenschaften, besonders aber der physikalischen und naturhistorischen vorzüglich der Erziehung bemächtiget; es ist zum guten Ton geworden in den Ständen aller Art, während es bei uns einerseits nur zu wenigen Gelehrten eines kleinen Standes geflohen, und anderseits zum Spielzeug der Kinder, oder zum Wucher der Fabrikanten geworden ist.

Dagegen sind wir, wenn ich blos von *der* Bildung rede, die im Schwange ist, und von der beide Stände gleich behaftet sind, in die Periode der Künstlerei und der unklugen Klugheit gekommen, ohne Fundament und ohne Halt. Ein überkluges Geschwätz über alles, selbst über Naturwissenschaften, gilt für allseitige Bildung, nach der jedermann hascht, und die auch jedermann wohlfeilen Preises erwerben kann. Die reale Bildung aber fodert Ernst, die Natur spielt nicht, noch weniger der Gang der Menschheit, der diejenigen Völker zertritt, die ihn nicht verstehen, die nicht wissen, dass die Menschheit nur das strenge Nachspiel der unerbittlich geometrisirenden Natur spielt. Wer die Natur nicht in sich aufgenommen hat, wer nicht selbst Natur ist, wie will er, wie kann er Mensch sein, wie kann er in die Plane der Natur passen, wie vor ihren Elementen bestehen!

Fehlte uns auch die Einsicht in den Werth der realen Wissenschaften, erkennten wir auch nicht durch sie, dass sie allein den Menschen vollenden, so haben wir die Erfahrung vor uns, die uns schrecklich aufgeweckt hat. Ein Volk, das nicht mit der Natur zu bestehen weiss, das sie nur anstutzen oder meistern will, kann auch nicht vor den andern Völkern bestehen! Wer die Natur nicht kennt, kann sie nicht besiegen; Er kennt aber auch das Wesen und die Macht der sich verstehenden Völker nicht.

O möchten doch die Deutschen einmal anfangen, an der Wurzel zu pflanzen, statt dass sie nur die Äste eines krummen Stammes dressiren und beschneiden! Möchten sie statt des Wortschwalls Sachen, statt der linkischen Klugheit Thaten vorzeigen, statt der humanistischen Bildung zuvor eine Naturbildung einführen! Die Blühte kann ohne Stengel nicht entstehen!

Ein guter, edler, kräftiger Grund ist dazu gelegt, die Bildung aus den Alten, in der die Deutschen übertreffen. Ein Barbar müsste der sein, der diese Methode unterdrücken wollte; aber wie leicht artet sie in blose Virtuosität in der Wortmacherei aus, wie gewöhnlich wird das Studium der Alten, durch das der Sinn für jede reale Bildung empfänglich gemacht wird, zu einem blosen spitzfindigen, sklavischen Erlernen der todten Sprachen, an deren Buchstaben man klebt, ohne zu der tiefen Darstellung zu dringen!

Was man auch dagegen gesagt haben mag, die Sprachen sind nur Mittel der Bildung, die einzig aus der Realität hervorgeht, von der die Sprachen nur Bezeichnungen sind. Wir auf den Universitäten können es den Erziehungen nicht danken, dass sie den Zögling nach ungerichteter Willkür seine Vorkenntnisse wählen lassen, dass sie gewöhnlich die Naturwissenschaften nur schlaff und als Nebensachen behandeln, wodurch das junge Gemüth den hohen Werth derselben sogar verkennen lernt; wir können es denen nicht danken, die uns nur Sprachorgane liefern; das deutsche Volk kann es ihnen nicht danken, denn es bedarf Männer. Uns ist zum Wirken erfoderlich ein Geist mit der Einsicht der Nothwendigkeit des Realen, ein Gemüth mit der Liebe zur Strenge der Naturwissenschaften, ein Eifer für die gute Sache, gut, weil die Natur, weil überwiegende Völker sie uns aufdrängen.

Aber auch mit einem, mit Tausenden von Namen beschwerten Gedächtniss ist uns kein Dienst geleistet. Die wahre naturhistorische Bildung besteht nicht in einem Register von Namen, nicht in dem Kennen aller Naturproducte, weniger als in dem Wucher, der damit kann getrieben werden; sie besteht in dem Auffassen der Natur als ein Ganzes, in dem Überblick des Zusammenhanges ihrer Hauptorgane, in der Erkenntniss ihrer Beziehungen zu dem Menschen, zum Staate, wozu freilich die Kenntniss aller Charakterorgane, die Aufzählung und natürliche Zusammenreihung aller Familien der Thiere, Pflanzen und Mineralien erfodert wird; aber kleinliche Zusammraffung und Spaltung aller Arten von Geschöpfen mit der dadurch nothwendigen Vernachlässigung ihres innern Baues, der Bedeutung ihrer eignen Organisation und ihres Stuffenverhältnisses, zu andern Familien oder Arten ist nicht nur nicht erfoderlich, sondern selbst für den Geist der Naturgeschichte, und für die allgemeine Veredlung eines Volkes verderblich. In der Naturgeschichte ist nicht die Hauptsache, was man noch immer dazu macht. Die Mineralienkenntniss ist nicht um ihrer willen da, sondern um der Geologie willen, die Botanik muss in der Pflanzenphysiologie ihre Vollendung erreichen, die Zoologie muss zur vergleichenden und philosophischen Zoologie nur vorbereiten. Diese Wissenschaften, wie sie jetzt gelehrt werden und immer gelehrt werden müssen, dürfen nicht allein bleiben; der Kopf, die Seele, die ihnen allen fehlt, muss hinzukommen, wenn eine denkende, urtheilende, nicht blos eine Gedächtnissbildung emporkommen, wenn ein Mittelpunct der Bildung entstehen soll, durch den das Verständniss aller Stände vermittelt wird. [...]

Lorenz Oken: Über den Werth der Naturgeschichte, besonders für die Bildung der Deutschen, bei Eröffnung seiner Vorlesungen über Zoologie. Jena 1809, S. 9–16.

Naturphilosophie

Den naturgeschichtlichen Spekulationen Lorenz Okens (vgl. Text 56) waren solche naturphilosophischer Art vorangegangen, die sich ebenfalls im geistigen Umfeld der Jenaer Universität ausgeprägt hatten. Verknüpft sind sie mit den Namen des Philosophen Friedrich Wilhelm Joseph Schelling (1775 – 1854) und des Privatgelehrten Johann Wilhelm Ritter (1776 – 1810). Schelling, von Johann Wolfgang Goethe 1798 im Alter von 23 Jahren an die Universität berufen, verschrieb sich während seiner Jenaer Wirkungszeit (1798 – 1803) der philosophischen Klärung des Verhältnisses zwischen Organismus und Mechanismus, zwischen Natur und Geist. Dabei trat er mit Hilfe einer aufsehenerregenden ›Identitätsphilosophie‹ der Reduktion aller Natur auf den mechanischen Begriff bloßer Naturfunktionen entgegen; Schelling zufolge gilt: ›Die Natur soll der unsichtbare Geist, der Geist die unsichtbare Natur sein‹. (F. W. J. Schelling: Ideen zu einer Philosophie der Natur. Jena u. a. 1797). Eine sogenannte ›Weltseele‹ (Text 57) verbindet beide Pole. Schellings Rede von einer ›beseelten Natur‹ veränderte das Welt- und Naturverhältnis der Zeit entscheidend (vgl. Einführung Text 52, 56 u. a.), zumal es Johann Wilhelm Ritter, zwischen 1796 und 1804 in Gotha, Weimar und Jena wohnhaft, hervorragend verstand, Schellings naturphilosophische Erkenntnisse auf den Bereich der Physik anzuwenden. Wichtige Einsichten eröffneten sich: ›Nacht‹ etwa bedeutet nicht länger mehr eine Zeit menschenfeindlicher Dunkelheit; ›Nacht‹ und ›Tag‹ entsprechen einander. ›Das empfangene Kind theilt mit der Mutter Eine Nacht und Liebe (...). In der Geburt fällt es in seine eigene Nacht zurück, Liebe ist das zarte Geschöpf, wie es geboren wird; aber es erblickt das Licht des Tages, und dies lößt die Liebe von neuem in Leben auf. (...) In Sehnsucht wird das ganze Wesen aufgelößt, es fällt zurück in Nacht, und liebt.‹ (Text 58)

57. Friedrich Wilhelm Joseph Schelling: Von der Weltseele

Welches die Absicht dieser Abhandlung seye, und warum sie diese Aufschrift an der Stirne trage, wird der Leser erfahren, wenn er das Ganze zu lesen Lust oder Neugierde hat.

Nur über zween Puncte findet der Verf. nöthig, zum Voraus sich zu erklären, damit dieser Versuch nicht etwa mit Vorurtheil aufgenommen werde.

Der erste ist, daß keine erkünstelte Einheit der Principien in dieser Schrift gesucht oder beabsichtigt wird. Die Betrachtung der allgemeinen Naturverändrungen sowohl, als des Fortgangs und Bestands der organischen Welt führt zwar den Naturforscher auf ein *gemeinschaftliches Princip*, das zwischen anorgischer und organischer Natur fluctuirend die erste Ursache aller Verändrungen in jener, und den letzten Grund aller Thätigkeit in dieser enthält, das, weil es *überall* gegenwärtig ist, *nirgends* ist, und weil es *Alles* ist, nichts *Bestimmtes* oder *Besondres* seyn kann, für welches die Sprache ebendeßwegen keine eigentliche Bezeichnung hat, und dessen Idee die älteste Philosophie, (zu welcher, nachdem sie ihren Kreislauf vollendet hat, die unsrige allmählig zurückkehrt), nur in dichterischen Vorstellungen uns überliefert hat.

Aber die Einheit der Principien befriedigt nicht, woferne sie nicht durch eine unendliche Mannichfaltigkeit einzelner Wirkungen in sich selbst zurückkehrt. – Ich hasse nichts mehr als jenes geistlose Bestreben, die Mannichfaltigkeit der Naturursachen durch erdichtete Identitäten zu vertilgen. Ich sehe daß die Natur nur in dem größten Reichthum der Formen sich gefällt, und daß (nach dem Ausspruch eines großen Dichters) selbst in den todten Räumen der Verwesung die *Willkühr* sich ergötzt. – Das Eine Gesetz der Schwere, auf welches auch die räthselhaftesten Erscheinungen des Himmels endlich zurückgeführt werden, verstattet nicht nur, sondern bewirkt sogar, daß die Weltkörper in ihrem Lauf sich stören, und daß so in der vollkommensten Ordnung des Himmels die scheinbargrößte Unordnung herrsche. – So hat die Natur den weiten Raum, den sie mit ewigen und unveränderlichen Gesetzen einschloß, weit genug beschrieben, um innerhalb desselben mit einem Schein von Gesetzlosigkeit den menschlichen Geist zu entzücken.

Sobald nur unsre Betrachtung zur Idee der Natur als eines *Ganzen* sich emporhebt, verschwindet der Gegensatz zwischen Mechanismus und Organismus, der die Fortschritte der Naturwissenschaft lange genug aufgehalten hat, und der auch unserm Unternehmen bey manchen zuwider seyn könnte.

Es ist ein alter Wahn, daß Organisation und Leben aus Naturprincipien unerklärbar seyen. – Soll damit so viel gesagt werden: der *erste* Ursprung der organischen Natur seye *physikalisch* unerforschlich, so dient diese *unerwiesne* Behauptung zu nichts, als den Muth des Untersuchers niederzuschlagen. Es ist wenigstens verstattet, einer dreisten Behauptung eine andre eben so dreiste entgegen zu setzen, und so kommt die Wissenschaft nicht von der Stelle. Es wäre wenigstens *Ein* Schritt zu jener Erklärung gethan, wenn man zeigen könnte, daß die Stufenfolge aller organischen Wesen durch allmählige Entwicklung Einer und derselben Organisation sich gebildet habe. – Daß unsre Erfahrung keine Umgestaltung der Natur, keinen Übergang einer Form oder Art in die andre, gelehrt hat, – (obgleich die Metamorphosen mancher Insekten, und, wenn jede Knospe ein neues Individuum ist, auch die Metamorphosen der Pflanzen als analogische Erscheinungen wenigstens angeführt werden können), – ist gegen jene Möglichkeit kein Beweis, denn, könnte ein Vertheidiger derselben antworten, die Veränderungen, denen die organische Natur, so gut als die anorgische, unterworfen ist, können (bis ein allgemeiner Stillstand der organischen Welt zu Stande kommt), in immer längern Perioden geschehen, für welche unsre kleinen Perioden, (die durch den Umlauf der Erde um die Sonne bestimmt sind), kein Maaß abgeben, und die so groß sind, daß bis jetzt noch keine Erfahrung den Ablauf einer derselben erlebt hat. Doch, verlassen wir diese Möglichkeiten, und sehen, was denn überhaupt an jenem Gegensatz zwischen Mechanismus und Organismus Wahres oder Falsches ist, um so am sichersten die Gränze zu bestimmen, innerhalb welcher unsre Naturerklärung sich halten muß!

Was ist denn jener Mechanismus selbst, mit welchem, als mit einem Gespenst, ihr euch selbst schreckt? – Ist der Mechanismus Etwas für sich Bestehendes, und ist er nicht vielmehr selbst nur das Negative des Organismus? – Mußte der Organismus nicht früher seyn, als der Mechanismus, das Positive früher, als das Negative? Wenn nun überhaupt das Negative nur aus dem Positiven, – (Finsterniß nur aus Licht, Kälte nur aus Wärme), – nicht umgekehrt erklärbar ist, so kann unsre Philosophie nicht vom Mechanismus (als dem Negativen), sondern sie muß vom Organismus (als dem Positiven) ausgehen, und so ist freylich dieser so wenig aus jenem zu erklären, daß dieser vielmehr aus jenem erst erklärbar wird. – Nicht, wo kein Mechanismus ist, ist Organismus, sondern umgekehrt, wo kein Organismus ist, ist Mechanismus.

Organisation ist mir überhaupt nichts anders, als der aufgehaltne Strom von Ursachen und Wirkungen. Nur wo die Natur diesen Strom nicht gehemmt hat, fließt er vorwärts (in gerader Linie). Wo sie ihn hemmt kehrt er (in einer Kreislinie) in sich selbst zurück. Nicht also *alle* Succession von Ursachen und Wirkungen ist durch den Begriff des Organismus ausgeschlossen; dieser Begriff bezeichnet nur eine Succession, die *innerhalb gewisser Gränzen eingeschlossen* in sich selbst zurückfließt.

Daß nun die ursprüngliche Gränze des Mechanismus empirisch nicht weiter erklärbar, sondern nur zu *postuliren* ist, werde ich in der Folge selbst (durch Induction) zeigen; es ist aber philosophisch zu erweisen: denn da die Welt nur in ihrer Endlichkeit unendlich ist, und ein unbeschränkter Mechanismus sich selbst zerstören würde, so muß auch der allgemeine Mechanismus ins *Unendliche fort* gehemmt werden, und es wird so viele *einzelne, besondre Welten* geben, als es Sphären giebt, innerhalb welcher der allgemeine Mechanismus in sich selbst zurückkehrt, und so ist am *Ende die Welt – eine Organisation*, und ein *allgemeiner Organismus* selbst die *Bedingung* (und insofern das *Positive*) des *Mechanismus*.

Von *dieser* Höhe angesehen verschwinden die einzelnen Successionen von Ursachen und Wirkungen, (die mit dem Scheine des Mechanismus uns täuschen), als unendlich kleine gerade Linien in der allgemeinen Kreislinie des Organismus, in welcher die Welt selbst fortläuft.

Was nun die Philosophie längst mich gelehrt hatte, daß die positiven Principien des Organismus und Mechanismus dieselben sind, habe ich in der folgenden Schrift aus Erfahrung – dadurch zu beweisen gesucht, daß die allgemeinen Naturveränderungen, (von welchen selbst der Bestand der organischen Welt abhängt), uns zuletzt auf dieselbe *erste Hypothese* treiben, von welcher schon längst die allgemeine Voraussetzung der Naturforscher die Erklärung der organischen Natur abhängig gemacht hat. Die folgende Abhandlung zerfällt daher in zween Abschnitte, wovon der erste die Kraft der Natur, die in den allgemeinen Veränderungen sich offenbart, der andre das positive Princip der Organisation und des Lebens aufzusuchen unternimmt, und deren gemeinschaftliches Resultat dieses ist, daß *Ein und dasselbe Princip die anorgische und die organische Natur verbindet.*

Die Unvollständigkeit unsrer Kenntniß der ersten Ursachen (wie der Elektricität), die atomistischen Begriffe, welche mir hier und da im Wege waren (z. B. in der Lehre von der Wärme), endlich die Dürftigkeit herrschender Vorstellungsarten über manche Gegenstände der Physik (z. B. die meteorologischen Erscheinungen), hat mich im ersten Abschnitt zu manchen speciellen Erörterungen bald genöthigt bald verleitet – zu Erörterungen, die das Licht, welches ich über das Ganze zu verbreiten wünschte, zu sehr auf einzelne Gegenstände zerstreuten, so doch, daß es am Ende in einem gemeinschaftlichen Focus wieder sich sammeln konnte. –

Je *weiter* die Sphäre der Untersuchung beschrieben wird, desto genauer sieht man das Mangelhafte und Dürftige der Erfahrungen, die bis jetzt in ihren Umkreis fallen, und so werden Wenige die Unvollkommenheit dieses Versuchs tiefer oder lebhafter, als der Unternehmer selbst, fühlen.

***

N. S. Diese Schrift ist nicht als Fortsetzung meiner *Ideen zu einer Philosophie der Natur*[55] anzusehen. Ich werde sie nicht fortsetzen, ehe ich mich im Stande sehe, das Ganze mit einer *wissenschaftlichen Physiologie* zu beschließen, die erst dem Ganzen Rundung geben kann. – Vorerst achtete ich es für Verdienst, in dieser Wissenschaft nur überhaupt etwas zu *wagen*, damit an der Aufdeckung und Widerlegung des Irrthums wenigstens der Scharfsinn andrer sich übe. – Ich muß jedoch wünschen, daß Leser und Beurtheiler dieser Abhandlung mit den Ideen, welche in jener Schrift vorgetragen sind, bekannt seyen. Das Befugniß, alle positiven Naturprincipien als ursprünglich homogen anzunehmen ist nur philosophisch abzuleiten. Ohne diese *Annahme*, (ich setze voraus, daß man wisse, was eine *Annahme zum Behuf einer möglichen Construction* seye), ist es unmöglich, die ersten Begriffe der Physik, z. B. der Wärmelehre zu construiren. – Der Idealismus, den die Philosophie allmählig in alle Wissenschaften einführt, (in der Mathematik ist er schon längst, vorzüglich seit Leibnitz und Newton, *herrschend* geworden), scheint noch Wenigen verständlich zu seyn. Der Begriff einer *Wirkung in die Ferne* z. B., an welcher noch viele sich stoßen, beruht ganz auf der idealistischen Vorstellung des Raums: denn nach dieser können zween Körper in der größten Entfernung von einander als sich berührend, und umgekehrt, Körper die sich (nach der gemeinen Vorstellung) wirklich berühren, als aus der Entfernung auf einander wirkend vorgestellt werden. – Es ist sehr wahr, daß ein Körper nur da *wirkt*, wo er *ist*, aber es ist eben so wahr, daß er nur da *ist*, wo er *wirkt*, und mit diesem Einen Satz ist die letzte Brustwehr der atomistischen Philosophie überstiegen. – Ich muß mich enthalten, hier noch mehrere Beyspiele anzuführen.

Friedrich Wilhelm Joseph Schelling: Vorrede. In: Ders.: Von der Weltseele. Eine Hypothese der höhern Physik zur Erklärung des allgemeinen Organismus. Hamburg 1798, S. III–XIV.

58. Johann Wilhelm Ritter:
Fragmente aus dem Nachlasse eines jungen Physikers

490. Beständig findet man in der Geschichte der Ideen, daß die *erste* Idee über einen Gegenstand jedesmal die *richtige* war; aber sie wurde misverstanden, in unendliche Specialia[56] zersplittert, bis endlich das erschöpfte Detail auf die erste Idee zurückführte. Das ist das nämliche, was mit einem organischen Wesen, welcher Art es auch sey, geschieht. – Die Idee der Befruchtung bey den Pflanzen ist die *Blüthe*. Die *par excellence* vollkommene Pflanze wäre die ewig blühende. Die Blüthe will sich reconstruiren. Aber nur in einem Momente fällt dieser Act ganz in sie allein; im zweyten schon äußerlich. Das Saamenkorn.... wird nach und nach diese sich aus sich heraus verloren habende Blüthe. Der Saamen ist die verkörperte Idee der Blüthe über sich selbst. Und Ideen sind überall die außer das Individuum herausfallende Reconstruction desselben. Ideen consumiren demnach gewaltig. Das Individuum verzehrt sich darüber, es stirbt ab. Über der Ausbildung des Saamens stirbt die Blume, über dem Keimen des Saamens die Hülle, über dem Kommen der Blüthe der gekeimte Saamen oder die Pflanze, ab. So am Embryo die Mutter, am Kind der Embryo, am Manne das Kind, am Tode der Mann. Den Tod wollte das empfangene liebe Kind, aber der Tag zergliederte seine Nacht, und stufenweise fällt es nun in ihn zurück. Das empfangene Kind theilt mit der Mutter Eine Nacht und Liebe; immer unabhängiger aber wird es von ihr; der Tag und der Neid, – der Tag und die Eifersucht, – ergreifen es immer mehr und mehr. In der Geburt fällt es in seine eigene Nacht zurück, Liebe ist das zarte Geschöpf, wie es geboren wird; aber es erblickt das Licht des Tages, und dies löst die Liebe von neuem in Leben auf. Die Indifferenz wird immer mehr zur Differenz gestaltet. In Sehnsucht wird das ganze Wesen aufgelößt, es fällt zurück in Nacht, und *liebt*. Aber die neue Liebe geht in höhere Sehnsucht über; eine unsichtbare Sonne entfaltet die Liebe in unendliche Farben und Blätter; ganz in Sehnsucht aufgelößt fällt es abermals zurück, und *stirbt*. So wird jede Liebe zu Leben, jedes Leben fällt in höhere Liebe zurück, und aus Abend

und Morgen wird der andere Tag, – die Nacht nach beyden. So geht jedes Wesen in Nacht hinunter. Gott selbst ist die tiefeste Nacht, und das Leben des Endlichen ein Kampf derselben mit dem Tage, in dem sie siegt. Die Nacht ist der *innere* Tag, das Sehen fremder Nacht der *äußere* Tag. In zween Nächten besteht die Welt, aus ihrem Wechselspiel wird Leben und Liebe in Ewigkeit erzeugt. Die Indifferenz jener Nächte ist die Nacht der Nächte. *Drey* Nächte giebt es, und ihr Centrum – ihre Peripherie zugleich – die große Nacht Gottes selbst. Hier die Dreyeinigkeit des Höchsten, und die Dreyfaltigkeit des Niedersten. Das Individuum hat eine Geschichte, nur bey ihm wechselt Tag und Nacht; in Gott ist keins von beyden. –

Johann Wilhelm Ritter: Fragmente aus dem Nachlasse eines jungen Physikers. Ein Taschenbuch für Freunde der Natur. Bd. 2. Heidelberg 1810, S. 103–106. (Fragment 490)

Farbenlehre

Neben und noch vor der Geologie (vgl. Texte 49 – 51) galt Johann Wolfgang Goethes (1749 – 1832) naturwissenschaftliches Interesse der Farbenlehre. Mit geradezu messianischem Eifer arbeitete er dabei der Farbentheorie Isaac Newtons (1643 – 1727) entgegen, welcher die Farben in seinem diesbezüglichen Hauptwerk (›Opticks‹, 1704) aus dem Spektrum des weiß erscheinenden Lichtes abgeleitet hatte. Goethe meinte diese ›Korpuskulartheorie des Lichts‹ mit der These widerlegen zu können, daß die Farben durch mediale Trübung (Luft etc.) des ›Urphänomens‹, dem angeblich unzerlegbaren weißen Sonnenlicht, aus Hell-Dunkel-Stufen entstünden. Physikalisch gesehen lag Goethe falsch. Dennoch regte er mit seinem monumentalen Werk, dessen wichtigste Inhalte er vorab veröffentlichte (Text 59), nicht nur viele weitere Abhandlungen zur Farbenlehre (etwa des jungen Arthur Schopenhauer) an; vor allem für die Malerei hat der ästhetisch-praktische Aspekt der ›Farbenlehre‹ (hinsichtlich Farbphysiologie, Farbpsychologie und Farbästhetik; vgl. Abb. 1, S. 83) bis heute nichts von seiner Faszinationskraft verloren.

59. Johann Wolfgang Goethe: Farbenlehre

Einem jeden Autor ist vergönnt, entweder in einer Vorrede oder in einer Rekapitulation, von seiner Arbeit, besonders wenn sie einigermaßen weitläuftig ist, Rechenschaft zu geben. Auch hat man es in der neuern Zeit nicht ungemäß gefunden, wenn der Verleger dasjenige, was der Aufnahme einer Schrift günstig seyn könnte, gegen das Publikum in Gestalt einer Ankündigung äußerte. Nachstehendes dürfte wol in diesem doppelten Sinne gelten.

Dieses, Ihro Durchlaucht der regierenden *Herzoginn von Weimar*[57] gewidmete Werk beginnt mit einer Einleitung, in der zuvörderst die Absicht im Allgemeinen dargelegt wird. Sie geht kürzlich dahin, die chromatischen Erscheinungen in Verbindung mit allen übrigen physischen Phänomenen zu betrachten, sie besonders mit dem, was uns der Magnet, der Turmalin[58] gelehrt, was Elektricität, Galvanismus, chemischer Prozeß uns offenbart, in eine Reihe zu stellen, und so durch Terminologie und Methode eine vollkommnere Einheit des physischen Wissens vorzubereiten. Es soll gezeigt werden, daß bey den Farben, wie bey den übrigen genannten Naturerscheinungen, ein Hüben und Drüben, eine Vertheilung, eine Vereinigung, ein Gegensatz, eine Indifferenz, kurz eine Polarität statt habe, und zwar in einem hohen, mannigfaltigen, entschiedenen, belehrenden und fördernden Sinne. Um unmittelbar zur Sache zu gehen, so werden Licht und Auge als bekannt und anerkannt angenommen.

Das Werk theilt sich in drey Theile, den didaktischen, polemischen und historischen, deren Veranlassung und Zusammenhang mit wenigem angezeigt wird.

Didaktischer Theil.

Seit Wiederherstellung der Wissenschaften[59] ergeht an einzelne Forscher und ganze Societäten immer die Forderung: man solle sich treu an die Phänomene halten und eine Sammlung derselben naturgemäß aufstellen. Die theoretische und praktische Ungeduld des Menschen aber hindert gar oft die Erreichung eines

so löblichen Zwecks. Andere Fächer der Naturwissenschaft sind glücklicher gewesen als die Farbenlehre. Der einigemal wiederholte Versuch, die Phänomene zusammenzustellen, hat aus mehreren Ursachen nicht recht glücken wollen. Was wir in unserm Entwurf zu leisten gesucht, ist folgendes:
Daß die Farben auf mancherley Art und unter ganz verschiedenen Bedingungen erscheinen, ist Jedermann auffallend und bekannt. Wir haben die Erfahrungsfälle zu sichten uns bemüht, sie, in sofern es möglich war, zu Versuchen erhoben, und unter drey Hauptrubriken geordnet. Wir betrachten demnach die Farben, unter mehreren Abtheilungen, von der *physiologischen, physischen* und *chemischen* Seite.
Die *erste Abtheilung* umfaßt die *physiologischen*, welche dem Organ des Auges vorzüglich angehören und durch dessen Wirkung und Gegenwirkung hervorgebracht werden. Man kann sie daher auch die subjektiven nennen. Sie sind unaufhaltsam flüchtig, schnell verschwindend. Unsere Vorfahren schrieben sie dem Zufall, der Phantasie, ja einer Krankheit des Auges zu und benannten sie darnach. Hier kommt zuerst das Verhältniß des großen Gegensatzes von Licht und Finsterniß zum Auge in Betrachtung; sodann die Wirkung heller und dunkler Bilder aufs Auge. Dabey zeigt sich denn das erste, den Alten schon bekannte Grundgesetz, durch das Finstere werde das Auge gesammelt, zusammengezogen, durch das Helle hingegen entbunden, ausgedehnt. Das farbige Abklingen blendender farbloser Bilder wird sodann mit seinem Gegensatze vorgetragen; hierauf die Wirkung farbiger Bilder, welche gleichfalls ihren Gegensatz hervorrufen, gezeigt, und dabey die Harmonie und Totalität der Farbenerscheinung, als der Angel, auf dem die ganze Lehre sich bewegt, ein für allemal ausgesprochen. Die farbigen Schatten, als merkwürdige Fälle einer solchen wechselseitigen Forderung, schliessen sich an; und durch schwachwirkende gemäßigte Lichter wird der Übergang zu den subjektiven Höfen gefunden. Ein Anhang sondert die nah verwandten pathologischen Farben von den physiologischen; wobey der merkwürdige Fall besonders zur Sprache kommt, daß einige Menschen gewisse Farben von einander nicht unterscheiden können.

Die *zweyte Abtheilung* macht uns nunmehr mit den *physischen* Farben bekannt. Wir nannten diejenigen so, zu deren Hervorbringung gewisse materielle, aber farblose Mittel nöthig sind, die sowol durchsichtig und durchscheinend als undurchsichtig seyn können. Diese Farben zeigen sich nun schon objektiv wie subjektiv, indem wir sie sowol ausser uns hervorbringen und für Gegenstände ansprechen, als auch dem Auge zugehörig und in demselben hervorgebracht annehmen. Sie müssen als vorübergehend, nicht festzuhaltend angesehen werden, und heißen deswegen apparente, flüchtige, falsche, wechselnde Farben. Sie schliessen sich unmittelbar an die physiologischen an, und scheinen nur um einen geringen Grad mehr Realität zu haben.
Hier werden nun die *dioptrischen* Farben, in zwey Klassen getheilt, aufgeführt. Die erste enthält jene höchst wichtigen Phänomene, wenn das Licht durch trübe Mittel fällt, oder wenn das Auge durch solche hindurchsieht. Diese weisen uns auf eine der großen Naturmaximen hin, auf ein Urphänomen, woraus eine Menge von Farbenerscheinungen, besonders die atmosphärischen, abzuleiten sind. In der zweyten Klasse werden die Refraktionsfälle[60] erst subjektiv, dann objektiv durchgeführt und dabey unwidersprechlich gezeigt: daß kein farbloses Licht, von welcher Art es auch sey, durch Refraktion eine Farbenerscheinung hervorbringe, wenn dasselbe nicht begränzt, nicht in ein Bild verwandelt worden. So bringt die Sonne das prismatische Farbenbild nur in sofern hervor, als sie selbst ein begränztes leuchtendes und wirksames Bild ist. Jede weisse Scheibe auf schwarzem Grund leistet subjektiv dieselbe Wirkung.
Hierauf wendet man sich zu den *paroptischen* Farben. So heißen diejenigen, welche entstehen, wenn das Licht an einem undurchsichtigen farblosen Körper herstrahlt: sie wurden bisher einer Beugung desselben zugeschrieben. Auch in diesem Falle finden wir, wie bey den vorhergehenden, eine Randerscheinung und sind nicht abgeneigt, hier gleichfalls farbige Schatten und Doppelbilder zu erblicken. Doch bleibt dieses Kapitel weiterer Untersuchung ausgesetzt.
Die epoptischen Farben dagegen sind ausführlicher und befriedigender behandelt. Es sind solche, die auf der Oberfläche eines

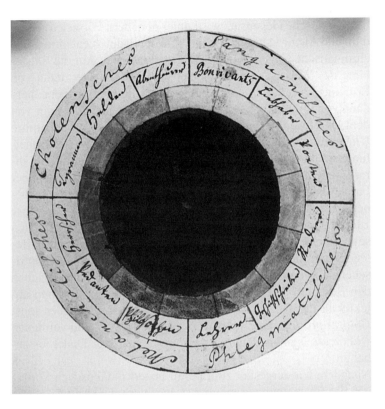

Abb. 1 Temperamentenrose Friedrich Schillers
(nach farbenpsychologischen Überlegungen
Johann Wolfgang Goethes)

farblosen Körpers durch verschiedenen Anlaß erregt, ohne Mittheilung von außen, für sich selbst entspringen. Sie werden von ihrer leisesten Erscheinung bis zu ihrer hartnäckigsten Dauer verfolgt, und so gelangen wir zu

Der *dritten Abtheilung*, welche die *chemischen* Farben enthält. Der chemische Gegensatz wird unter der ältern Formel von Acidum und Alcali[61] ausgesprochen, und der dadurch entspringende chromatische Gegensatz an Körpern eingeleitet. Auf die Entstehung des Weissen und Schwarzen wird hingedeutet; dann von Erregung der Farbe, Steigerung und Culmination derselben, dann von ihrem Hin- und Wiederschwanken, nicht weniger von dem Durchwandern des ganzen Farbenkreises gesprochen; ihre Umkehrung und endliche Fixation, ihre Mischung und Mittheilung, sowol die wirkliche als scheinbare, betrachtet, und mit ihrer Entziehung geschlossen. Nach einem kurzen Bedenken über Farben-Nomenclatur wird angedeutet, wie aus diesen gegebenen Ansichten sowol unorganische als organische Naturkörper zu betrachten und nach ihren Farbeäußerungen zu beurtheilen seyn möchten. Physische und chemische Wirkung farbiger Beleuchtung, ingleichem die chemische Wirkung bey der dioptrischen Achromasie[62], zwey höchst wichtige Kapitel, machen den Beschluß. Die chemischen Farben können wir uns nun objektiv als den Gegenständen angehörig denken. Sie hießen sonst *Colores proprii, materiales, veri, permanentes*[63], und verdienen wol diesen Namen, denn sie sind bis zur spätesten Dauer festzuhalten.

Nachdem wir dergestalt zum Behuf unsers didaktischen Vortrages die Erscheinungen möglichst auseinander gehalten, gelang es uns doch, durch eine solche naturgemäße Ordnung sie zugleich in einer stätigen Reihe darzustellen, die flüchtigen mit den verweilenden, und diese wieder mit den dauernden zu verknüpfen, und so die erst sorgfältig gezogenen Abtheilungen für ein höheres Anschaun wieder aufzuheben.

In einer *vierten Abtheilung* haben wir, was bis dahin von den Farben unter mannigfaltigen besondern Bedingungen bemerkt worden, im Allgemeinen ausgesprochen und dadurch eigentlich den Abriß einer künftigen Farbenlehre entworfen.

In der *fünften Abtheilung* werden die nachbarlichen Verhältnisse dargestellt, in welchen unsere Farbenlehre mit dem übrigen Wissen, Thun und Treiben zu stehen wünschte. Den Philosophen, den Arzt, den Physiker, den Chemiker, den Mathematiker, den Techniker laden wir ein, an unserer Arbeit Theil zu nehmen und unser Bemühen, die Farbenlehre dem Kreis der übrigen Naturerscheinungen einzuverleiben, von ihrer Seite zu begünstigen.

Die *sechste Abtheilung* ist der sinnlich-sittlichen Wirkung der Farbe gewidmet, woraus zuletzt die ästhetische hervorgeht. Hier treffen wir auf den Maler, dem zu Liebe eigentlich wir uns in dieses Feld gewagt, und so schließt sich das Farbenreich in sich selbst ab, indem wir wieder auf die physiologischen Farben und auf die naturgemäße Harmonie der sich einander fordernden, der sich gegenseitig entsprechenden Farben gewiesen werden.

Polemischer Theil.

Die Naturforscher der ältern und mittlern Zeit hatten, ungeachtet ihrer beschränkten Erfahrung, doch einen freyen Blick über die mannigfaltigen Farbenphänomene und waren auf dem Wege, eine vollständige und zulängliche Sammlung derselben aufzustellen. Die seit einem Jahrhundert herrschende Newtonische Theorie[64] hingegen gründete sich auf einen beschränkten Fall und bevortheilte alle die übrigen Erscheinungen um ihre Rechte, in welche wir sie durch unsern Entwurf wieder einzusetzen getrachtet. Dieses war nöthig, wenn wir die hypothetische Verzerrung so vieler herrlichen und erfreulichen Naturphänomene wieder ins Gleiche bringen wollten. Wir konnten nunmehr mit desto größerer Sicherheit an die Controvers gehn, welche wir, ob sie gleich auf verschiedene Weise hätte eingeleitet werden können, nach Maßgabe der Newtonischen Optik führen, indem wir diese Schritt vor Schritt polemisch verfolgen und das Irrthumsgespinnst, das sie enthält, zu entwirren und aufzulösen suchen.

Wir halten es räthlich, mit wenigem anzugeben, wie sich unsere Ansicht, besonders des beschränkten Refraktions-Falles, von derjenigen unterscheide, welche Newton gefaßt, und die sich durch ihn über die gelehrte und ungelehrte Welt verbreitet hat.

Newton behauptet, in dem weissen farblosen Lichte überall, besonders aber in dem Sonnenlicht, seyen mehrere verschiedenfarbige Lichter wirklich enthalten, deren Zusammensetzung das weisse Licht hervorbringe. Damit nun diese bunten Lichter zum Vorschein kommen sollen, setzt er dem weissen Licht gar mancherley Bedingungen entgegen: vorzüglich brechende Mittel, welche das Licht von seiner Bahn ablenken; aber diese nicht in einfacher Vorrichtung. Er gibt den brechenden Mitteln allerley Formen, den Raum, in dem er operirt, richtet er auf mannigfaltige Weise ein; er beschränkt das Licht durch kleine Öffnungen, durch winzige Spalten, und nachdem er es auf hunderterley Art in die Enge gebracht, behauptet er: alle diese Bedingungen hätten keinen andern Einfluß, als die Eigenschaften, die Fertigkeiten des Lichts rege zu machen, so daß sein Inneres aufgeschlossen und sein Inhalt offenbart werde.

Die Lehre dagegen, die wir mit Überzeugung aufstellen, beginnt zwar auch mit dem farblosen Lichte, sie bedient sich auch äußerer Bedingungen, um farbige Erscheinungen hervorzubringen; sie gesteht aber diesen Bedingungen Werth und Würde zu. Sie maßt sich nicht an, Farben aus dem Lichte zu entwickeln, sie sucht vielmehr durch unzählige Fälle darzuthun, daß die Farbe zugleich von dem Lichte und von dem, was sich ihm entgegenstellt, hervorgebracht werde.

Also, um bey dem Refraktionsfalle zu verweilen, auf welchen sich die Newtonische Theorie doch eigentlich gründet, so ist es keineswegs die Brechung allein, welche die Farbenerscheinung verursacht; vielmehr bleibt eine zweyte Bedingung unerläßlich, daß nämlich die Brechung auf ein Bild wirke und ein solches von der Stelle wegrücke. Ein Bild entsteht nur durch Gränzen, und diese Gränzen übersieht Newton ganz, ja er läugnet ihren Einfluß. Wir aber schreiben dem Bilde sowol als seiner Umgebung, der Fläche sowol als der Gränze, der Thätigkeit sowol als der Schranke, vollkommen gleichen Einfluß zu. Es ist nichts anders als eine Randerscheinung, und keines Bildes Mitte wird farbig, als insofern die farbigen Ränder sich berühren oder übergreifen. Alle Versuche stimmen uns bey. Je mehr wir sie vermannigfaltigen, desto mehr wird ausgesprochen, was wir behaupten, desto planer und klarer wird die Sache, desto leichter wird es uns, mit diesem Faden an der Hand, auch durch die polemischen Labyrinthe mit Heiterkeit und Bequemlichkeit hindurchzukommen. Ja wir wünschen nichts mehr, als daß der Menschenverstand von den wahren Naturverhältnissen, auf die wir dringend immer zurückkehren, geschwind überzeugt, unsern polemischen Theil, an welchem freylich noch manches nachzuholen und schärfer zu bestimmen wäre, bald für überflüssig erklären möge. [...]

Johann Wolfgang Goethe: Anzeige und Übersicht des Goethischen Werkes zur Farbenlehre. In: Extra-Beylag zum Morgenblatt für gebildete Stände. 1810. Nro. 8, S. 33–36, dort S. 33–34.

Medizin

Mit Christoph Wilhelm Hufeland (1762 – 1836) hielt sich auch der bekannteste zeitgenössische Arzt zwischen 1783 und 1801 in Weimar und Jena auf. Hier entwickelte Hufeland seine revolutionären Thesen über die Notwendigkeit einer vorbeugenden Medizin, einer umfassenden Gesundheitsfürsorge (besonders für unbemittelte Bevölkerungsschichten) und einer Einbindung naturheilkundlicher Erkenntnisse in die traditionelle Medizin (›Makrobiotik oder Die Kunst, das menschliche Leben zu verlängern‹, 1796). Seine Abhandlung zur Revitalisierung der Badekultur (Text 60) steht am Anfang diesbezüglicher Bemühungen und dokumentiert Hufelands bahnbrechendes Medizinverständnis ebenso wie die bleibende Aktualität seiner Gesundheitsregeln (Vollbad nur bei leerem Magen, sommerliches Baden im Fluß etc.)

60. Christoph Wilhelm Hufeland: *Nötige Erinnerung an die Bäder*

Aber, woher in aller Welt kommt jetzt die ungeheure Menge von Gicht- und Nervenbeschwerden, an denen Alt und Jung, Groß und Gering leidet? – Dieß ist eine Frage, die, meines Wissens, noch nicht befriedigend beantwortet worden ist, so sehr es auch die Menschheit interessirt sie aufzulösen. Man beschuldigt die Veränderung des Clima, und träumt schon eine allmählige Erkältung der Erde *à la Buffon*[65], bey der freylich Gichtbeschwerden sehr natürlich und wohl nur die kleinste Inconvenienz[66] seyn möchten. Aber noch leben am Nordpole Menschen, und die kalten Jahre 1784 und 85, die uns etwas der Art fürchten ließen, sind seitdem durch eine Reihe warmer und regelmäßiger Jahre so gut kompensirt, daß wir ohnmöglich einen beträchtlichen wenigstens nicht im Gesundheitszustande bemerklichen Unterschied annehmen können. – Man rechnet alles auf den Unterschied der Diät, auf die warmen Getränke, die gewürzten erkünstelten Speisen, das häufige Sitzen u. s. w. und ich läugne nicht, daß hierin der Grund mancher obiger Zufälle für die vornehme, luxuriöse und gelehrte Welt liegen kann. Aber warum erstreckt sich die elende Mode der Krämpfe, der Gichtschmerzen, der Hypochondrie und Nervenschwäche auch auf geringe Stände, aufs Land, sogar dahin, wo jene veränderte Lebensart gar nicht existirt? Warum sehe ich täglich Grobschmiede und einschrötige Bauern, die über Schwäche, Schwere und Steifigkeit der Glieder, Herzgespann und Blähsucht klagen, und die Hypochondrie haben, ohne zu wissen, wie sie das Ding nehmen sollen? Warum waren Römer und Griechen bey der ausschweifendsten Lebensart frey von diesen Übeln, und warum sind es die Türken und andre orientalische Nationen noch, die doch ihre ganze Glückseligkeit in Nichtsthun und Weichlichkeit, und ihre Existenz in ewiges Kaffeetrinken und Tabackrauchen, Wollust und Schwelgerey setzen? – Es muß also durchaus noch eine Ursach übrig seyn, die so allgemein auf den Verfall unsers Gesundheitszustandes gewirkt hat, und die unsern Zeiten und unsern Gegenden eigenthümlich ist, und ich glaube dieselbe in der *Unterlassung der Bäder* gefunden zu haben. Man kann die Gesundheitsgeschichte der Menschen nicht studiren, ohne den großen Einfluß derselben auf das allgemeine Wohlseyn deutlich zu bemerken, und man braucht nur einige Begriffe von ihren vortrefflichen Eigenschaften und Wirkungen zu haben, um einzusehen, daß sie Bedürfniß für die menschliche Natur sind, und daß die Gewohnheit zu baden nicht ohne den größten Schaden für den allgemeinen Gesundheitszustand abkommen konnte. Ich bin davon so festiglich überzeugt, daß ich nichts mehr wünsche als diese meine Überzeugung den Lesern und vorzüglich Leserinnen mittheilen, und etwas zur Wiederherstellung der *Bademode*, als des vorzüglichsten Mittels einer allgemeinen *Gesundheitsrestauration* beytragen zu können.

Alle Völker, die sich baden, sind gesünder und stärker, als die, die es nicht thun. Dieß ist eine ausgemachte Wahrheit. Die alte Welt, die ohnstreitige Vorzüge vor uns in Absicht der Gesundheit und körperlichen Kräfte hatte, hielt das Baden für eben so nöthig als Essen und Trinken. Man hielt es für unentbehrlich zur Erhaltung der Gesundheit, der Schönheit, des langen Lebens, des frohen Muths, und es war ein Zeichen der allgemeinen Noth, oder der tiefsten Trauer, wenn das Baden untersagt wurde.

Alle wilde Nationen suchen ihr Vergnügen und ihre Gesundheit im Baden, und, wenn wir annehmen, daß man bey diesen Kindern der Natur am sichersten die ursprünglichen Neigungen und Instinkte der menschlichen Natur wahrnehmen könne, so müssen wir die Neigung zum Baden für den allgemeinsten und natürlichsten Instinkt, und die gänzliche Vergessenheit desselben für ein unbegreifliches Phänomen und für den traurigsten Beweis unsrer Abweichung von dem Wege der Natur halten.

Den größten Beweis der Nützlichkeit und Unentbehrlichkeit einer Sache giebt wohl dies, wenn sie die Sanction eines heiligen gottesdienstlichen Gebrauchs erhält, und gerade dies finden wir bey den Bädern. Die Morgenländer und meisten Bewohner des heißen Klimas halten es für Sünde, ungewaschen und ungebadet vor Gott zu treten, und es vergeht kein Tag, wo sie sich nicht ein, ja mehreremale ins Wasser werfen, und das Wohl ihrer Seele durch Abwaschung des Körpers zu befördern suchen. Und gewiß, abgerechnet die Stärkung und Erhöhung, die hierdurch vom Körper auf die Seele übergeht, und sie zu schönen und edlen Gedanken stimmt, so liegt schon in dem Gedanken der äusseren Reinigung und Abwaschung etwas, was gewiß auch nach und nach auf moralische Reinigung und Besserung wirkt. Es ist kein Zweifel, daß ein Mensch, der Gefühl für körperliche Reinlichkeit hat, und sie nach allen Kräften kultivirt, auch gewiß einen freyeren, reineren und offneren Sinn haben wird, als der, dem Schmutz und Unsauberkeit zur Gewohnheit worden ist. Die unreinlichsten Nationen sind auch immer die dümmsten, verworfensten, unedelsten, und ich würde, wär ich ein Reformator, ihre Kultur damit anfangen, sie an körperliche Reinigkeit zu gewöhnen. Konnte doch der größte Menschenkenner, der Stifter der reinsten, göttlichsten Religion, kein schöneres Bild der Einweihung dazu finden, als das Baden in reinem Wasser.

Doch wozu diese entferntern Beyspiele! Unser teutsches Vaterland giebt uns den nächsten und auffallendsten Beweis von welchem großen Einflusse der Gebrauch und der Mangel der Volksbäder auf eine Nation ist. Die alten Teutschen, die Helden mit den blauen Augen und goldgelben Haaren, die durch ihre ungewöhnliche Größe, ihre körperliche Stärke und ihren Heldenmuth, die Bewunderung selbst der Römer auf sich zogen, liebten und schätzten das Baden über alles. Ihr erster Gang des Morgens war nach dem Flusse, wo sie, Männer und Weiber, sich erfrischten und zu den Geschäften des Tages stärkten. Aber auch beym Baden waren sie nicht faul; sie schwammen und übten ihren Körper in mancherley Bewegungen. Im Sommer bedienten sie sich der kalten Flußbäder, im Winter warmer Hausbäder oder warmer mineralischen Quellen, und auf diese Art kamen sie den Nachtheilen jeder Jahrszeit auf die klügste Art zu Hülfe. Ihre Kinder wurden, so wie sie zur Welt kamen, ins Bad getragen. – So wie aber durch den Umgang mit andern Nationen die altteutschen Sitten nach und nach verdrängt wurden, so verlohr sich auch unvermerkt die Neigung zum Baden, und in dem zwölften und dreyzehenden Jahrhunderte schien es ziemlich abgekommen zu seyn. Aber bald machte die dadurch überhandnehmende Menge von Ausschlagskrankheiten, insbesondere der durch die Kreuzzüge zu uns verpflanzte Aussatz, auf die Nothwendigkeit der Bäder von neuem aufmerksam und veranlaßte eine allgemeine Wiedereinführung derselben. Man errichtete überall eigene *Badehäuser* (noch jetzt unter dem Nahmen *Baadstuben* bekannt), und eine eigne Innung von Menschen, unter dem Nahmen *Baader*, die die Aufsicht und Besorgung derselben hatten. Auch diese existiren noch, aber ihr ganzes Geschäft ist aufs Schröpfen[67] eingeschränkt. Man verband das Baaden mit den wichtigsten Ereignissen des menschlichen Lebens, machte es zur Pflicht und Gewissenssache, und suchte alles hervor, um es wieder in sein altes Ansehen zu bringen. So wurden z. E.[68] in den Klöstern Baadstuben angelegt, in denen man *Seelenbäder* oder Seelenerfrischungen, wie sie es nannten, nahm, wovon das beste war, daß die Armen ganz umsonst gebaadet und geschröpft wurden. Keiner wurde zum Ritter geschlagen, der sich nicht vorher gebaadet und seines Barts entledigt hatte; kein Paar wurde getrauet, ohne vorher das Brautbaad genommen zu haben; ja sogar die Hochzeitgäste durften nicht ungebaadet erscheinen. Bey den Handwerkern, die die ganze Woche im Schweiße ihres Angesichts ihr Brod verdient hatten, wurde es Sitte, alle Sonnabende ins Baad zu gehen, und sich zu reinigen, wozu sie denn auch ordentlich durch eine Prozession von Badejungen mit Beckenmusik aufgefordert wurden.* Genug, das Baaden war nun wieder herrschende Mode, und es gab sogar viele wohlhabende Privatleute, die ihre eignen Baadezimmer im Hause hatten. – Der Nutzen dieser heilsamen Mode war bald sehr auffallend; der Aussatz und andre Ausschlagskrankheiten verlohren sich gänzlich, Gichtkrankheiten, Lähmungen, Nervenzufälle wurden sehr selten, und das allgemeine Wohlbefinden hatte gar merklich gewonnen.

Unglücklicherweise vereinigten sich nach und nach Vorurtheile, Mangel an Polizeyaufsicht, bürgerliche Kriege, ja selbst unvernünftige Systeme der Ärzte, die, so wie im Ganzen der Natur, also auch den Bädern, untreu wurden, um diese heilsame Sitte beschwerlich, unnöthig, widerlich zu machen, ja sie endlich ganz zu vernichten, und wir stehen nun leider zum zweytenmale auf den Punkte, für diese Unterlassungssünde zu büßen, und auf

---

* Die Meister mußten dazu ihren Gesellen eine Stunde früher Feyerabend geben, und daher kommt es daß auch noch bis jetzt alle unsere Handwerker und Tagelöhner Sonnabends um eine Stunde früher Feyerabend machen.

die empfindlichste Art an das große Bedürfniß *zu baaden* erinnert zu werden; gewiß empfindlicher, als vor 500 Jahren, wo noch innere Kraft und Festigkeit vieles ersetzte, was uns jetzt fehlt, und wo noch Luxus und Debauchen[69] das Menschengeschlecht bey weitem nicht so hülfsbedürftig gemacht hatten, als es jetzt in so manchem Sinne ist. [...]
Das *Baden* thut Alles, was in dieser Beziehung die leidende Menschheit jetzt wünschen kann. Es reinigt nicht nur die Haut, belebt sie und macht sie zu ihrem Dienste geschickt, sondern es erfrischt auch Seele und Leib, verbreitet über unsre ganze Maschine ein Gefühl von Leichtigkeit, Thätigkeit und Wohlseyn, das mit nichts zu vergleichen ist, zertheilt alle Stockungen der gröbern und feinern Organe, bringt Blut und Lebensgeister in einen gleichförmigen leichten Umlauf, und erhält die schöne Harmonie in unserm Innern, von der unsre Gesundheit und Glückseligkeit zunächst abhängt. Personen die von körperlichen oder geistigen Strapazen ermüdet sind, die die Last des Lebens fühlen, oder von Sorgen, Unmuthe niedergedrückt sind, werden im Bade Kühlung, Erfrischung und neuen Muth finden, sie werden ihre Sorgen so gut in jedem Bache, als im Meere, und wenigstens immer besser, als in der Weinflasche, versenken, und gewiß ein anderes Lebensgefühl aus dem Bade bringen, als sie hineintrugen. Das Bad ist ferner das große Mittel, sich auf einige Zeit dem ganzen Einflusse der Atmosphäre zu entziehen, und solche Personen, die mit jener unangenehmen Empfindlichkeit dafür begabt sind, können sich an solchen Tagen dem Drucke einer dicken schwülen Luft nicht besser entziehen, als indem sie baden, und folglich einige Zeit in einem ganz andern Elemente leben. Der Wunsch ewiger Jugend ist der schönste, den ich kenne; das Baden kann, wenn gleich nicht ewige, aber doch eine lange Jugend geben, denn es erhält alle feste Theile weich und geschmeidig und die Gelenke biegsam, und arbeitet also jener schleichenden Krankheit, die wir Alter nennen, und die in Vertrocknung und Steifigkeit unsrer Theile besteht, immer kräftig entgegen. Eben so gewiß ist es, daß es, indem es der Haut Reinheit, Feinheit und Leben giebt, der Schönheit ungemein beförderlich ist, und daß die Nationen, die viel baden, sich von jeher

noch immer durch Schönheit ausgezeichnet haben. – Ich habe aber gezeigt, wie nachtheilig unsre Lebensart, das viele Sitzen, die warmen Getränke, die mannichfaltigen Ausschweifungen, endlich unser unbeständiges Clima selbst, auf unsre Gesundheit wirken. Im Baden haben wir das beste Mittel, diesen schädlichen Einflüssen entgegen zu arbeiten, und immer wieder gut zu machen, was jene Gesundheitsfeinde verderben. Haben uns Wollüste erschöpft, warme Getränke dir Verdauungswerkzeuge und Nerven erschlafft, nimmt das Clima der Haut ihren Ton und ihre Kraft; das Bad ists, was den Nerven wieder Stärkung und der Haut eine gesunde Organisation geben kann, und was, wenn wirs von Jugend auf und beständig gebrauchen, jene Krankheitsursachen nie ganz wirksam und fühlbar werden läßt.

Am meisten aber zeigt sich der belebende Einfluß des Bades in der *Kindheit*, wo ich es für das Hauptmittel zur vollkommnen und gleichförmigen Entwicklung der Kräfte und Organe, des Wachsthums und der Schönheit, genug zur Begründung dauerhafter, brauchbarer, gesunder und glücklicher Menschen halte, das letzte besonders in dem Sinne, daß es der zu großen und kränklichen Reizbarkeit des Körpers und Gemüths am besten entgegenarbeitet.

Aber, nun fragt sichs, *welche Art von Bädern* ist zum gewöhnlichen Gebrauche für unser Clima, für unsre jetzige Constitution die beste, und was hat man für Regeln zu beobachten, um mit Nutzen zu baden? Der Engländer rühmt das *kalte*, der Russe das *heiße Dampfbad*, die mehresten Morgenländer *lauwarme* Bäder. Es kann unmöglich gleichgültig seyn welches wir wählen, denn die Kälte zieht zusammen, und stärkt, die Hitze löset auf und schwächt. Keines von beyden erfüllt ganz die Absichten, die wir bey den gewöhnlichen anhaltend fortzusetzenden Bädern haben.

Uns kömmts vorzüglich auf eine freye ungehinderte Ausdünstung, auf Reinigung und Eröffnung unsrer Haut, auf die Befreyung der verhaltnen Gichtschärfen und die Beförderung einer gleichförmigen Cirkulation an, und in Rücksicht dessen kann man die *lauen Bäder* für diejenigen halten, die unserm Clima, unsrer Constitution, unserm Bedürfnisse am angemessensten sind. Weder die ganz kalten noch die heißen Bäder können für gewöhnlich und anhaltend fortgebraucht werden, aber die lauen, die auf keine heroische, gewaltsame Art auf uns wirken, können täglich, wenigstens wöchentlich einigemal genommen werden. Doch müssen wir auch hierin unsere Vorfahren nachahmen, und im Sommer *kühler*, im Winter *wärmer* baden. Das beste Bad im Sommer ist ein von den belebenden Sonnenstrahlen durchwärmter Fluß; im Winter bediene man sich desselben im warmen Zimmer, und das Badewasser zu einem solchen Grad erwärmt, daß es die durchkältete verschlossene Haut eröffnen, und die Steifigkeit der Fasern, die die Kälte hervorbringt, erweichen kann. Am besten thut man, diese Bäder ganz, bis an den Hals, zu nehmen, eine halbe auch wohl ganze Stunde darinne zu verweilen, und im Wasser die Glieder beständig in Bewegung und Thätigkeit zu erhalten. Personen, die zu Kopfbeschwerden geneigt sind, thun sehr wohl, den Kopf im Bade oft mit kalten Wasser zu waschen. – Man darf nie baden, wenn man erhitzt ist, oder einen vollen Magen hat. Die Morgenstunden oder der Abend, nach geendigter Verdauung, von 5 bis 7 Uhr sind die beste Zeit dazu. Um den Nutzen des Bads ganz zu genießen, ist es überaus dienlich, vor dem Bade dem Körper eine mäßige Bewegung zu geben, wozu im Sommer ein kleiner aber langsamer Spaziergang, im Winter das *Reiben* des Körpers mit einem trocknen Flanell, oder wollenen Handschuhen gebraucht werden kann. Eben dieß ist nach dem Bade zu empfehlen, wo das Reiben mit wollenen Tüchern und Gehen die besten Mittel sind, die im Bade nach der Haut gelockten Ausdünstungsmaterien vollends durchzuarbeiten, und die Wirkung des Baads vollständig zu machen. Doch kann bey Schwäche und im Winter, wo die Haut schwerer zu eröffnen ist, eine halbstündige Ruhe auf dem Bette, nützlich seyn.

Christoph Wilhelm Hufeland: Nöthige Erinnerung an die Bäder und ihre Wiedereinführung in Teutschland; nebst einer Anweisung zu ihrem Gebrauche und bequemen Einrichtung derselben in den Wohnhäusern. Hg. F. J. Bertuch. Weimar 1801, S. 5–12, 26–30.

Rechtswissenschaft

Ebenso wie der Name Lorenz Okens (vgl. Einführung Text 56) ist auch der Name des Philosophen Jakob Friedrich Fries (1773 – 1843) hauptsächlich mit seinem Engagement für Staatsreform und Verfassungsbewegung auf dem Wartburgfest (von 1817; vgl. Text 11) verbunden, zumal sein Schüler Karl Sand den Mordanschlag auf August von Kotzebue (vgl. Einführung Texte 13 – 15) verübte und seinem akademischen Lehrer damit ein siebenjähriges Lehrverbot an der Universität Jena eintrug (1817 – 1824). Fries' Rechtsphilosophie dagegen ist weit weniger bekannt. Dabei gründete er das traditionelle Naturrecht und die überkommene Ethik als erster Philosoph zuoberst auf die Würde der Person und beeinflußte damit nachhaltig jene ›Wertphilosophie‹ (Wilhelm Windelbrands, Max Schelers u. a.), welche der Personenwürde (als grundlegendem Rechtsgedanken) zu Verfassungsrang verhalf. Noch die Programme der bundesrepublikanischen Sozialdemokratie und Gewerkschaftsbewegung fußen auf Fries' philosophischer Verankerung des Rechts in der Personenwürde: ›Jeder Person kommt ein absoluter Werth als Würde zu, sie existirt als Zweck schlechthin und ihre Würde gibt jeder Person den gleichen absoluten Werth mit jeder andern. (...) Dieses Gesetz der Gleichheit der persönlichen Würde nennen wir nun das Gesetz des Rechts.‹ (Text 61)

61. Jakob Friedrich Fries: Philosophische Rechtslehre

Gleichsam um seine junge Kraft zu üben, warf die Gottheit den Menschen in den Kampf mit der Natur, die ihm überall widerstreitet und anfangs größtentheils überlegen ist. Jeden Schritt muß er von ihrer fremden Gewalt erst erkämpfen; jeder Schritt, den er errungen hat, ist ihm aber auch Gewinn, denn er dringt der Natur gewaltsam ein fremdes Gesetz auf, welches nur von seinem Innern ausgeht.

Außer uns folgt alles Seyn und alles Werden der Dinge einer unabänderlichen Nothwendigkeit der Naturgesetze. In jeder Begebenheit der Natur wirken Kräfte gegen Kräfte und die Stärke entscheidet. Gleichheit der Kraft bestimmt hier das einzige Gleichgewicht. Aber in unserm Innern haben wir ein anderes Gesetz, welches sich in der Idee von Tugend und Recht ausspricht. Tugend gilt hier als Gesetz für den Einzelnen, das Recht für das Ganze. Nach diesem innern Gesetze, welches die Vernunft in jedem Menschen sich selbst gibt, soll nicht Stärke oder Gewalt, sondern nur die Gleichheit des Rechts entscheiden. Das Recht des schwächsten Arms soll die Kraft des stärksten überwinden, das Recht des unmündigen Kindes soll der Gewalt des gebildetsten Verstandes überlegen seyn.

Durch das Bewußtseyn von Pflicht, Tugend und Recht, trennen wir die Gemeinschaft vernünftiger Wesen, die Gesellschaft der Menschen von aller Gesetzmäßigkeit in der Gemeinschaft oder Wechselwirkung der Natur. Wir setzen der Naturnothwendigkeit, deren Gesetz immer von außen her gegeben wird, eine innere Nothwendigkeit der Freyheit entgegen. Frey zu seyn ist uns das auszeichnende Eigenthum des vernünftigen Willens und somit des Menschen. Wir erkennen aber die Freyheit eben aus dem Bewußtseyn, dem innern Gesetze der Tugend und des Rechts unterworfen zu seyn. Denn eben durch das Bewußtseyn dieses Gesetzes, dessen Nothwendigkeit eine gänzlich innere ist, trennen wir die Gesetze der menschlichen Gesellschaft von allen Gesetzen, nach denen andere Dinge als die Vernunft in Gemeinschaft oder Wechselwirkung kommen können.

Das innere Gesetz der Freyheit, welches uns die Regel vorschreibt, nach der wir mit Menschen umgehen, Menschen behandeln sollen, nimmt also nicht auf das Widerstreben entgegengesetzter Kräfte Rücksicht, es bestimmt nicht, wer im Widerstreit der Gewalt der Überwinder seyn wird. Gewalt und Zwang sind ihm gerade entgegengesetzt, denn es ist ein Gesetz der Freyheit. Dieses Gesetz spricht bloß zur Vernunft und nimmt einzig darauf Rücksicht, wie vernünftige Wesen in ihrer Freyheit sich einander behandeln sollen. Anstatt der Gleichheit der Gewalt, welche in der Natur gilt, wird für die Freyheit die Gleichheit der Personen zum einzigen Gesetz. Da nun dieses Gesetz für vernünftige Wesen spricht, deren Handlungen durch den Willen bestimmt werden, so muß es auch ein Gesetz des Wollens seyn. Der Wille aber ist thätig nach Zwecken. Die Gleichheit der Personen ist daher für die Freyheit des vernünftigen Willens das höchste Gesetz, nach dem er allein seine Zwecke ansetzen darf. Daher kommt es, daß durch dieses Gesetz die Gemeinschaft der Menschen aus aller Gemeinschaft der Natur herausgehoben wird und sich nur als eine eigene Welt der Freyheit betrachten läßt, in welcher jedem einzelnen Menschen persönliche Würde nothwendig zukommt. Diese Würde ist das ausgezeichnete Kennzeichen der Person, dagegen jedes andere, dem keine Freyheit zukommt, nur als brauchbare Sache angesehen wird.

Das Gesetz der Freyheit gilt für die Gesellschaft der Menschen, als für eine Gesellschaft von Wesen, die mit Vernunft und Wille begabt sind. Durch dieses Gesetz wird ihre Gesellschaft also zu einer eigenen Welt der Freyheit erhoben, die von aller Natur getrennt ist; die Gesellschaft der Menschen macht, als zu einer höhern Weltordnung gehörig, ein Reich aus, in welchem nur nach Werth und Würde, d. h. nach Zwecken des Willens und nicht nach Stärke der Naturkraft gemessen wird. Jede Person gilt hier nur durch die Würde, welche ihr zukommt und jede Sache nur durch ihren Werth. Die gleiche Würde eines jeden vernünftigen Wesens ist hier das höchste Gesetz des Reiches der Zwecke, jedes andere Wesen, dem keine Vernunft zukommt, wird nur als Mittel für die Zwecke des vernünftigen, d. h. als brauchbare Sache gewürdigt. Dieses Gesetz der Gleichheit der persönlichen Würde nennen wir nun das Gesetz des Rechts. Das Gesetz des Rechts ist also dasjenige, wodurch wir uns in den Kampf mit der ganzen Natur wagen, welches wir gegen ihre Gewalt geltend zu machen suchen sollen.

Wir finden also die Gesetze des Rechts nicht als geltend unter den Menschen, neben denen der Natur, sondern sie geben uns nur die unendliche Aufgabe für die Menschheit, deren Auflösung in der Geschichte der Menschheit den einzigen Preis erwirbt.

Wenn uns für die religiöse Ansicht der Welt die höchste Frage aufgeworfen wird: Welcher Zweck ist im Daseyn der Natur und was ist die endliche Bestimmung des Menschen? so erhalten wir die Antwort: der Einzelne gilt nur so viel als er gehandelt hat, gemäß dem Gesetze der Tugend, und in der ganzen Geschichte der Menschheit ist das der einzige wahre Werth, vorgeschritten zu seyn in der Annäherung an das *Ideal* eines rechtlichen Zustandes unter den Menschen. Nur so viel gilt irgend eine Thätigkeit eines Einzelnen in der Geschichte der Menschheit, als sie gewirkt hat, um die gesellschaftlichen Verhältnisse einem Zustande zu nähern, in welchem das Recht allein öffentlich gültig ist. Jeder andere Zweck ist entweder diesem Zwecke des Rechts untergeordnet, oder er gilt gar nichts.

Das natürliche Resultat der Geschichte der Menschheit ist die allmähliche Ausbildung der Vernunft, die Kultur. Diese stellt sich überhaupt in der Annäherung an drey Ideen dar, deren erste die Wissenschaft, die andere schöne Kunst, die dritte Tugend und Recht ist. Von diesen ist die dritte die höchste, denn sie bezieht sich allein auf die freye Thätigkeit der Menschen. Um aber der Idee eines vollendet rechtlichen Zustandes der menschlichen Gesellschaft nachzukommen, müssen wir unser ganzes Wesen durch Reflexion wiederhohlen, und dürfen nichts blindlings von der Natur annehmen, denn in dem Gesetze des Rechts dringen wir der Natur ein ihr fremdes Gesetz der Freyheit gewaltsam auf. Die Idee also bey der größten Freyheit jedes Einzelnen das Gesetz der Gleichheit der Person unter den Menschen gelten zu machen, d. h. die Idee des Rechtsgesetzes ist die einzige, welche in der Geschichte der Menschheit einen Endzweck ansetzt. Dieser Endzweck also bestimmt die Aufgabe, für welche alle freye Thätigkeit unter den Menschen in Anspruch genommen wird und für deren Auflösung allein in dieser Geschichte ein Preis zuerkannt werden kann. Wie Tugend im Leben des Einzelnen, so gibt das Recht in der Gesellschaft der Menschen den einzigen Maßstab, wornach politische Größe beurtheilt werden darf.

In unserm Wissen findet sich eine zweyfache Art der Nothwendigkeit eines allgemeinen Gesetzes, eine theoretische und eine praktische Nothwendigkeit; die erste wird durch *Müssen*, die andere durch *Sollen* ausgesprochen. Das Müssen bezeichnet die Naturnothwendigkeit; wenn etwas seyn muß, so ist die Wirklichkeit von der Nothwendigkeit gar nicht getrennt, die Gültigkeit des Gesetzes macht es auch wirklich gelten, das Gesetz des Müssens geht unmittelbar auf die Wirklichkeit selbst als Naturgesetz. Das Sollen hingegen sagt nicht unmittelbar aus, daß dasjenige, was geschehen soll, auch wirklich geschieht, das Gesetz des Sollens bezieht sich vielmehr auf einen vernünftigen Willen als Vorschrift, auf die bloße Vorstellung eines Gesetzes, welche mit Nothwendigkeit fordert, diesem Gesetze gemäß zu handeln. Zu demjenigen, was ich thun muß, bin ich gezwungen, das Müssen legt mir einen Zwang auf, als Naturnothwendigkeit. Dasjenige, was ich thun soll, wird hingegen nur mit Nothwendigkeit von meiner Freyheit gefordert, wobey es zufällig bleibt, ob es in der Natur geschieht oder nicht. Die Gesetze des Müssens sind also nothwendige Gesetze der Natur, die Gesetze des Sollens hingegen nothwendige Gesetze für die Freyheit des vernünftigen Willens. Durch die Gesetzgebung des Müssens und Sollens werden also zwey verschiedene Weltordnungen bestimmt; die erstere gibt die Nothwendigkeit für das Seyn der Dinge in der Natur, die andere gibt eine Nothwendigkeit für die Gemeinschaft vernünftig wollender freyer Wesen.

Diese allgemeinen Gesetzgebungen machen den Gegenstand der Philosophie aus; die erstere gehört der Physik, die andere der Ethik. Die philosophische Rechtslehre, von der wir hier sprechen, ist ein Theil der Ethik. Die philosophische Rechtslehre, welche gemeinhin das Naturrecht genannt wird, wird also die eigentliche Feststellung ihrer Principien von der Ethik oder von der allgemeinen praktischen Philosophie fordern, nur in dieser läßt sich eine strenge Deduktion derselben aus dem Wesen der Vernunft liefern; hier also müssen wir sie als schon sichergestellt aus der Ethik annehmen und können nur durch eine kritische Betrachtung die Rechtslehre genau von der Tugendlehre trennen.

Den Inhalt der Ethik macht überhaupt die Gesetzgebung für die Freyheit, d. h. die nothwendigen Gesetze für die Gemeinschaft vernünftiger Wesen. Die thätige Kraft der Vernunft ist nun der Wille, diese Gesetze sind also nothwendige Gesetze für den freyen Willen. Die Vernunft aber will, indem sie dem Daseyn der Dinge einen Werth zuschreibt und diesem Werthe gemäß ihre Zwecke ansetzt. Die Vernunft gibt ursprünglich nur sich selbst den Werth; jeder Werth, den wir einer angenehmen oder brauchbaren Sache geben, ist nur ein abgeleiteter oder relativer Werth. Dieser wird durch die Erfahrung bestimmt und kann bald größer bald kleiner seyn, je nachdem die Gelegenheit oder der Geschmack es bestimmt. Mit Nothwendigkeit hingegen wird der Werth des vernünftigen Wesens oder der persönliche Werth erkannt, der Person kommt ein absoluter Werth, ein Werth schlechthin zu, d. h. *Würde.* Persönliche Würde läßt keine Vergleichung des größern oder kleinern zu, sondern nur das Verhältniß der Gleichheit. Dadurch wird das nothwendige Gesetz für den vernünftigen Willen bestimmt: *Jeder Person kommt ein absoluter Werth als Würde zu, sie existirt als Zweck schlechthin und ihre Würde gibt jeder Person den gleichen absoluten Werth mit jeder andern. Dieses Gesetz wird das Sittengesetz* genannt.

Durch dieses Gesetz werden also alle vernünftige Wesen, wenn sie in Gemeinschaft kommen, unter der Idee eines Reiches der Zwecke vereinigt, indem ihre Wechselwirkung durch das Gesetz der Würde der Person bestimmt werden soll.

Dieses Gesetz gibt jede Vernunft innerlich sich selbst, vereinigt aber durch dasselbe alle Vernunft in einem Ganzen der vernünftigen Gemeinschaft unter den Gesetzen des Reiches der Zwecke. Die Vernunft jedes Einzelnen gibt sich hier selbst das Gesetz, sie ist autonomisch, bestimmt aber zugleich ihren Willen in der Idee als einen allgemein gesetzgebenden Willen. Jede einzelne Person ist also einmal *Subjekt* des Gesetzes, indem sie sich selbst dem Gesetze unterwirft, dann aber auch *Objekt* desselben, indem ihr durch dasselbe der gleiche persönliche Werth mit jeder andern Person zugeschrieben wird. Jede Person steht also hier unter ihrem eigenen Gesetze, indem sie es sich selbst gibt, zugleich aber unter dem Gesetze jeder andern Person, mit der sie in Gemeinschaft kommt, indem sie sich selbst dem Gesetze ihrer gleichen Würde unterwirft.

Für eine jede endliche Vernunft d. h. eine solche, der ihr eigenes Daseyn nur unter Naturgesetzen erscheint, ist dieses Gesetz nur als eine Idee gegeben, welcher gemäß gehandelt werden *soll,* denn es bleibt in der Natur zufällig, ob das Gesetz der Freyheit wirklich gilt oder nicht. Für die endliche Vernunft spricht sich das Gesetz der Freyheit daher immer durch ein Sollen aus, es gilt als ein *Gebot* und heißt als solches der *kategorische Imperativ*. Neben der Idee des Gesetzes, welche die Gültigkeit desselben aussagt, muß noch eine *Nöthigung*, ein Zwang durch physische Kraft statt finden, um es wirklich gelten zu machen. Dasjenige, was diese physische Nöthigung zum Gesetze hinzubringt, ist die *Gesetzgebung* desselben. Eine solche Gesetzgebung ist nun entweder die nothwendige *innere*, welche nur in dem Bewußtseyn der Idee des Gesetzes besteht, oder eine zufällige *äußere* durch äußern Zwang und Gewalt. Die Stärke der innern Gesetzgebung für die Gesinnung eines jeden Einzelnen heißt seine *Tugend*. Die Nothwendigkeit einer Handlung, wiefern sie durch die innere Gesetzgebung geboten ist, ist *Pflicht*. Pflicht ist der oberste Begriff unserer Ethik.

Der Pflicht stellen wir zunächst entgegen das *Recht*, dem Sollen das Dürfen. Eine Handlung ist in der allgemeinsten Bedeutung *recht*, oder *erlaubt*, sie *darf* geschehen, wenn sie dem Gebote nicht zuwider ist. *Recht* und *unrecht* ist die aller allgemeinste Unterscheidung in der Ethik, praktische Möglichkeit und Unmöglichkeit. Eine freye That, welche allein Gegenstand des Gebotes seyn kann, heißt recht, wenn sie dem Gebote gemäß ist, unrecht, wenn sie ihm zuwider ist. Aber in dieser Bedeutung setzen wir nicht das Recht der Pflicht entgegen. Wenn ich von meinem Rechte zu etwas spreche, so bezieht sich dieß immer auf eine Anforderung, die ich an einen andern mache, oder die er an mich machen will. Ich spreche in meinem Rechte nicht nur von demjenigen, was ich dem Gesetze gemäß darf, sondern davon, wiefern das Gesetz als mein Gesetz für den andern gilt. Das heißt in der Entgegenstellung von Pflicht und Recht betrachte ich mich in Rücksicht meiner Pflicht als das Subjekt des Gebotes, nämlich als den freyen Willen, dem geboten worden ist; hingegen in Rücksicht meines Rechtes betrachte ich mich als den Gegenstand des Gebotes, als die Intelligenz, welche darin als Zweck an sich zu respektiren geboten worden ist. Für mich als den Handelnden legt mir das Gebot Pflichten auf; für als den Behandelten gibt es mir Rechte. Allein die Ethik hält sich nur unmittelbar an die Pflichten und unterscheidet diese in *Tugendpflichten* und *Rechtspflichten*. Denn die Rechte können nur als Folge von Pflichten angesehen werden, indem nur dadurch, daß das Gesetz dem einen gebietet, aus dieser seiner Pflicht ein Recht für den andern entstehen kann.

Die eigentlich für uns entscheidende oberste Eintheilung der Ethik beruht also auf dem Unterschiede von Tugendpflichten und Rechtspflichten. Der Theil der Pflichtenlehre, welcher die Tugendpflichten enthält, wird alsdann die reine *Tugendlehre*, Ethik in engerer Bedeutung genannt; hingegen derjenige, welcher die Rechtspflichten zusammenstellt, heißt *reine Rechtslehre*, gemeinhin *Naturrecht*.

Jakob [Friedrich] Fries: Einleitung. [Alle Rechtspflichten sind ursprünglich negative Pflichten der Unterlassung.] In: Ders.: Philosophische Rechtslehre und Kritik aller positiven Gesetzgebung. Jena 1803, S. 1–9.

GEISTESWISSENSCHAFTLICH-PHILOSOPHISCHE KULTUR

Aufklärung

Karl Leonhard Reinhold (1758 – 1823), seit 1784 in Weimar, seit 1785 mit Christoph Martin Wielands Tochter Sophie verheiratet und seit 1787 Professor für Philosophie an der Universität Jena, geriet trotz seiner entschiedenen Parteinahme für die Transzendentalphilosophie Immanuel Kants (1724 – 1804) rasch in den denkerischen Schatten eines Friedrich Wilhelm Josef Schelling (1775 – 1854) oder Johann Gottlieb Fichte (1762 – 1814), dem er 1794, selbst auf einen Lehrstuhl in Kiel berufen, weichen mußte. In den Jahren seiner Jenaer Wirksamkeit aber hatte er sich große Verdienste um die Popularisierung der Kantischen Philosophie erworben, die er im ›Teutschen Merkur‹ seines Schwiegervaters (vgl. Text 80) kommentierend zu verdeutlichen suchte.
Unermüdlich empfahl er die Transzendentalphilosophie als endgültige Denkform, die alle philosophischen Probleme bis hin zur Gottesfrage rückstandslos zu klären imstande wäre: Glauben und Wissen, Vernunft und Religion seien ein für allemal miteinander versöhnt, das Zeitalter der Dispute vorüber, die Aufklärung so gut wie am Ziel (Text 62).
Die philosophische Diskussion der Folgezeit strafte Reinhold zwar Lügen; daß sich aber auch die verflachende Diktion eines Friedrich Justin Bertuch (1747 – 1822) nicht durchzusetzen vermochte,
der Aufklärung kurzerhand vom Gebrauch ›gesunder Vernunft‹ ersetzt wissen wollte (Text 63), ist nicht zuletzt Reinholds Verdienst.
›Aufklärung‹ blieb ›Ausgang des Menschen aus seiner selbstverschuldeten Unmündigkeit‹
(Immanuel Kant: Beantwortung der Frage: Was ist Aufklärung, 1784).

62. Karl Leonhard Reinhold:
Briefe über die Kantische Philosophie

[...] Die *Kantische* Antwort erfüllt alle diese Bedingungen. Die Gründe, die sie für die Überzeugung vom Daseyn Gottes aus der Vernunft her- und zum Glauben hinleitet, sind so alt als diese Überzeugung selbst. Immer war die Frage vom Daseyn Gottes die angelegenste Beschäftigung der Vernunft, und der allgemeinste Gegenstand des Glaubens. Allein noch nie ist die Beschäftigung der Vernunft mit diesen wichtigen Fragen so scharf geprüft, noch nie ist der Antheil den sowohl Vernunft als Glaube an der Antwort haben müssen, so genau auseinandergesetzt, noch nie sind die rechtmäßigen Ansprüche von beyden an die allgemeine Überzeugung so einleuchtend dargethan und so vollgültig bestätiget worden, als in dieser neuen Beantwortung. Indem sie den von der praktischen Vernunft gebothenen Glauben festsetzt, stürzet sie die Lehrgebäude der *apodiktischen Beweise*[70] und des blinden *Glaubens* um, und stiftet durch die glücklichste Vereinigung der geläuterten Hauptgründe von beyden Lehrgebäuden ein neues System, in welchem die Vernunft anmassend, und der Glaube blind zu seyn aufhören, und anstatt sich, wie bisher, zu widersprechen, in ewiger Eintracht sich wechselseitig unterstützen. Der *Deist*, welcher bey der Überzeugung vom Daseyn Gottes seine Vernunft, und der Gläubige welcher dabey seinen Glauben geltend machen will, finden beyde ihre vernünftigen Foderungen bestätiget, so wie im Gegentheile ihre unstatthaften Ansprüche abgewiesen, nach welchen der eine keinen Glauben neben seiner Vernunft, und der andere keine Vernunft über seinen Glauben zugeben wollte. Beyde treffen nun auf der sichtbar gewordenen Linie zusammen, welche die *Schranken* bezeichnet, über welche das Wissen nicht *hinausgehen*, und die *Gränzen*, von denen sich das *Glauben* nicht *entfernen* darf. Der *Deist*, nimmt den Glauben auf Befehl seiner Vernunft an, und der Gläubige huldiget der Vernunft zum Besten seines Glaubens, und ihre Zwistigkeit ist auf immer beygelegt. – Endlich wird damit der unselige Unterschied zwischen einer esoterischen und exoterischen Religion[71] aufgehoben. Der gewöhnliche Glauben, welcher die Vernunftgründe ausschloß, war eben so wenig für denkende Köpfe, als die gewöhnlichen Vernunftbeweise, welche den Glauben verdrängen, für den gemeinen Mann gemacht. Eben darum aber waren die Religionen dieser beyden Menschenklassen nicht durch eine blosse äussere Verschiedenheit der Vorstellungsarten, sondern in den Grundbegriffen selbst einander entgegengesetzt. Die *Kantische* Antwort vereiniget beyde; in dem sie in ihren Gründen den scharfsinnigsten Denker und in ihrem Resultate den gemeinsten Verstand befriediget. Ihre Gründe, die zum Glauben führen, sind wider alle Einwendungen der geübten Vernunft auf immer gesichert, die Quellen dieser Einwendungen abgeschnitten, und alle dogmatischen Beweise für und wider das Daseyn Gottes, wovon die einen den Glauben überflüssig, die andern aber unmöglich machten, vernichtet. Der geübteste Metaphysiker, oder welches in der Zukunft eines seyn wird, der Philosoph der das Wesen und die Schranken der Vernunft am genauesten kennt, wird also auch am meisten geneigt seyn müssen, der Stimme der praktischen Vernunft die ihm Glauben gebiethet Gehör zu geben. Es ist dieses die Stimme die auch dem gemeinsten Verstande vernehmlich genug ertönt. Indessen die Orakel der *spekulativen Vernunft* für die Philosophen so vieldeutig ausfallen, für den grossen Haufen aber so viel als gar nicht da sind, giebt die *praktische Vernunft* in ihrer Gesetzgebung der Sitten Entscheidungen von sich, die ihrem wesentlichen Inhalt nach allen Menschenklassen gleich verständlich, und einleuchtend sind: und wenn sich der Weise genöthiget sieht, ein *höchstes Wesen* als Prinzip der sittlichen und physischen Naturgesetze vorauszusetzen, welches mächtig und weise genug ist, die Glückseligkeit der vernünftigen Wesen, als den nothwendigen Erfolg der sittlichen Gesetze, zu bestimmen und würklich zu machen: so fühlt sich auch der gemeinste Mann gedrungen, einen künftigen *Belohner* und *Bestrafer* jener Handlungen anzunehmen, die sein Gewissen (auch wider seinen eigenen Willen) billiget und verwirft. In der *Kantischen* Antwort ist es also ein und ebenderselbe Vernunftgrund, welcher dem aufgeklärtesten sowohl als dem gemeinsten Verstande Glauben gebiethet; und zwar einen Glauben der die strengste Prüfung des einen aushält, und den gewöhnlichsten Fähigkeiten des andern einleuchtet. – Welche Empfehlung für die *Kritik der r.[einen] V.[ernunft]*![72] daß sie durch eine Untersuchung, bey der sie alle Tiefen der spekulativen Philosophie gewissermassen erschöpft hat, eben den Erkenntnißgrund für das Daseyn Gottes gefunden und bestätiget hat, den die Geschichte aller Zeiten und Völker für den ältesten, allgemeinsten und würksamsten angiebt; und daß sie endlich die weise Veranstaltung der *Vorsehung*, die, bey einer allen Menschen gleich wichtigen Angelegenheit, dem durch zufällige Umstände gebildeten Verstande vor dem weniger gebildeten nichts vorausgeben konnte, nicht blos wahrscheinlich gemacht, sondern streng bewiesen hat! [...]

Karl Leonhard Reinhold: Briefe über die Kantische Philosophie. Zweyter Brief. In: Der Teutsche Merkur. August 1786, S. 127–141, dort S. 134–137.

63. Friedrich Justin Bertuch:
Vorschlag das Mode-Wort, Aufklärung, abzuschaffen

Ich kenne schlechterdings kein Wort in irgend einer Sprache, das, seit man mit Worten spielte, sich mit Worten täuschte, bezahlte und betrog, oder sich um Worte zankte, verfolgte, raufte, bekriegte und todtschlug, häufiger wäre gebraucht, oder ärger gemißbraucht worden, als das Wort *Aufklärung*, in den lezten 15 Jahren. Ohne im geringsten einen richtigen und bestimmten Begriff damit zu verbinden, brauchte man es ganz willkührlich zu Schimpf und Ernst, zu Ehre und Unehre, mit Sinn und Unsinn. – Bekanntlich hat immer der Ton der großen, verfeinerten Welt eine gewisse Portion von Mode-Wörtern, die, wie Horaz[73] sagt, wie Blätter der Bäume sprossen und wieder abfallen; und unter diesen war das Mode-Wort *Aufklärung*, das wahre Bataillen Pferd[74] das Jeder ritt. Am ärgsten wurde es aber damit seit der Epoque der Französischen Revolution. Als das Schiboleth[75] zweyer gegeneinander erbitterter Partheyn, die um ganz was Anderes als philosophische Begriffe streiten, hat es nun vollends allen wahren Sinn verlohren; ist bey der einen das Losungswort der Proscription[76], so wie bey der andern der Nimbus der Vergötterung, wechselsweise das Brandmark der Infamie und die Strahlenkrone des Volks-Götzen; und keine von beyden weiß mehr was sie damit sagen will.

„Das Wort *Aufklärung* – sagte Herr *Becker*[77], schon im Jahr 1785. – fängt jezt allmählig an, so wie die Wörter *Genie, Kraft, gutes Herz, Empfindsamkeit* und andere, in übeln Ruf zu kommen; und daran sind größtentheils solche Leute Schuld, welche sich die Früchte des Verstandes und der Erfindsamkeit ihrer arbeitenden Mitbürger wohlschmecken lassen, ohne bey der Hervorbringung derselben selbst mit Hand anzulegen. Weil nun der Fortgang einer *Sache* im großen Publikum gar sehr von dem Ansehen ihres *Nahmens* abhängig ist: so wäre es in der That gar nicht gut für die Teutsche Nation, wenn es dahin kommen sollte, daß dieß Wort schon aus unsrer Sprache weggespöttelt würde, da in der wichtigen Sache die es bezeichnet, noch so wenig geschehen ist." – Aber leider sind wir dermalen schon auf dem Punkte, wo es nicht mehr der Gegenstand eines faden Witzes, sondern das Losungs-Wort des Partheygeistes worden ist, von dem gar leicht das Schicksal manches vortreflichen und höchstverdienten Mannes abhängen kann.

Wenn es mit einem Worte in der Sprache erst dahin gekommen ist, daß man keinen reinen und bestimmten Begriff mehr damit verbinden kann; wenn Mißbrauch seinen ganzen wahren Sinn geschändet und vernichtet hat; so ist das Beste, es eine Zeitlang gar nicht mehr zu gebrauchen, und es, so zu sagen, zu begraben, bis eine glückliche Palingenese[78] es wieder erwecken, und verjüngt darstellen kann. Dieß ist um desto nöthiger, damit die Sprache nicht ein gutes Wort, und mit dem Worte die Nation vielleicht auch leider die Sache selbst verliehre.

„Womit soll aber indessen die *Sache*, die das suspendirte Wort vorher bezeichnete, ausgedrückt werden?" – Mit einem Synonim, dessen Sinn eben derselbe ist, und dabey gar keine Zweydeutigkeit oder einen unbestimmten Begriff zuläßt. – „Und wir hätten also ein solches Synonim für das Wort Aufklärung?" – Allerdings! Lassen Sie uns nur den Begriff des Wortes *Aufklärung* rein und philosophisch richtig bestimmen. Aufklärung ist also

1) nicht *Gelehrsamkeit*, nicht ausgebreitete Bekanntschaft mit der physischen, moralischen, politischen und gelehrten Welt; kurz, nicht Vielwisserey;
2) nicht *Verfeinerung unserer Empfindung und Einbildungskraft*, unsers Geschmacks, unserer Sitten, oder des Tons unserer Lebensart;
3) nicht *Neuerungssucht*, oder Prätension[18] gleichgültige Dinge in neue Formen zu gießen, da sie vorher wenigstens eben so gut waren;
4) nicht *Empörungsgeist*, der nur Länder in Flammen setzen, im Wirbel der Anarchie rauben, und einen Despotismus von anderer Art einführen will;

Ich mußte *erst negativ* gehen, und diese vier grundfalschen Bedeutungen wegräumen, die man bisher so ganz willkührlich dem Worte Aufklärung gab, ehe ich seinen Begriff *positiv* bestimmen konnte.

Aufklärung setzt immer, nach dem gewöhnlichen Sprachgebrauche *Wahrheit* und *richtige Verbindung der Begriffe* voraus, und ist also überhaupt *richtige Einsicht der wahren Verhältnisse der Dinge zu unserer Bestimmung*, und bey dem einzelnen Menschen, *richtige Kenntniß seines persönlichen Wirkungskreises in seiner wahren Verbindung mit dem Ganzen, dessen Theil er ist.* Und was ist dies anders als – *gesunde Vernunft?* Hier ist mein Synonim; und ich hoffe man wird es nicht verwerflich finden.

Ich mache also hiermit vor dem großen literarischen Areopagus[79] Teutschlands ganz bescheiden die öffentliche Motion[80]:
von nun an das so höchst gemißbrauchte Wort Aufklärung, so lange bis alle falsche Bedeutungen davon völlig vergessen sind, gänzlich zu suspendiren, und weder im Schreiben noch Reden mehr zu brauchen; dafür aber das Wort *gesunde Vernunft*, und für aufgeklärt, *vernünftig*, anzunehmen.

Mit diesem einzigen Schritte hat dann alles Unheil auf einmal ein Ende. Betrüger, Schwärmer und verkappte Despoten, die zuvor, unter der Firma *Aufklärung*, dem Volke ihren Toll-Trank verkauften, können unter dem neuen Titel wenigstens nicht mehr ihr Unwesen treiben; und ich möchte den Groß-Inquisitor sehen, der, *in dubio*[81] der Aufklärung sonst immer zum Autoda-Fe[82] verdammte, es jezt noch, wenigstens vor den Augen der Welt, wagen wollte, einen rechtschaffnen und verdienstvollen Mann, wegen seiner *gesunden Vernunft*, in eine Criminal-Untersuchung[83] zu nehmen.

F.[riedrich] J.[ustin] Bertuch: Vorschlag das Mode-Wort, Aufklärung, abzuschaffen. In: Journal des Luxus und der Moden. Bd. 7. October 1792, S. 493–497.

Humanität und Klassizität

Humanität und Klassizität bilden die zentralen Leitbegriffe im literarischen Programm der sogenannten ›Weimarer Klassik‹ um Person und Werk Johann Wolfgang Goethes (1749 – 1832), Friedrich Schillers (1759 – 1805), Johann Gottfried Herders (1744 – 1803), Karl Philipp Moritz' (1756 – 1793), Wilhelm von Humboldts (1767 – 1835), Karl Ludwig Fernows (1763 – 1808) u. a. Sie erstreckt sich auf die relativ geringe Zeitspanne zwischen den Jahren 1786 (Beginn der Italienreise Goethes) und 1805 (Tod Schillers); überdies geht sie mit dem Wirken spätaufklärerischer und romantischer Kreise in Berlin und Jena einher. In erheblichem Maße und für lange Jahrzehnte normbildend, wurde sie selbst von normativen Überlegungen geleitet: Autonomie der Kunst, des Künstlers und des Lesers erklärt die ›Weimarer Klassik‹ zum Antrieb ihres Schaffens (Text 64), die ›natürliche Kunst‹ der griechischen Antike zum steten Vorbild (Text 67), eine Humanisierung aller zwischenmenschlichen und gesellschaftlichen Beziehungen zum eigentlichen Ziel (Text 65), die Überwindung der politischen Zeitmisere inmitten eines bedrückenden Feudalismus und der ausufernden Revolution kraft durchaus nicht unpolitischer Kunstbemühung zum immerwährenden Inhalt ihres Schaffens (Text 66). Wilhelm von Humboldt faßt zusammen: ›Das Classische lebt in dem Lichte der Anschauung, knüpft das Individuum an die Gattung, die Gattung an das Universum an, sucht das Absolute in der

Totalität der Welt, und ebnet den Widerstreit, in dem das Einzelne mit ihm steht, in der Idee des Schicksals durch allgemeines Gleichgewicht.‹ (Text 67)

64. Karl Philipp Moritz: Das in sich selbst Vollendete
An Herrn Moses Mendelssohn.[84]

Man hat den Grundsatz von der Nachahmung der Natur, als den Hauptendzwek der schönen Künste und Wissenschaften verworfen, und ihn dem Zwek des Vergnügens untergeordnet, den man dafür zu dem ersten Grundgesetze der schönen Künste gemacht hat. Diese Künste, sagt man, haben eigentlich bloß das Vergnügen, so wie die mechanischen den Nutzen, zur Absicht. – Nun aber finden wir sowohl Vergnügen am Schönen, als am Nützlichen: wie unterscheidet sich also das erstre vom letztern?
Bei dem bloß Nützlichen finde ich nicht sowohl an dem Gegenstande selbst, als vielmehr an der Vorstellung von der Bequemlichkeit oder Behaglichkeit, die mir oder einem andern durch den Gebrauch desselben zuwachsen wird, Vergnügen. Ich mache mich gleichsam zum Mittelpunkte, worauf ich alle Theile des Gegenstandes beziehe, d. h. ich betrachte denselben bloß als Mittel, wovon ich selbst, in so fern meine Vollkommenheit dadurch befördert wird, der Zwek bin. Der bloß nützliche Gegenstand ist also in sich nichts Ganzes oder Vollendetes, sondern wird es erst, indem er in mir seinen Zwek erreicht, oder in mir vollendet wird. – Bei der Betrachtung des Schönen aber wälze ich den Zwek aus mir in den Gegenstand selbst zurük: ich betrachte ihn, als etwas, nicht in mir, sondern in *sich selbst Vollendetes*, das also in sich ein Ganzes ausmacht, und mir um sein selbst willen Vergnügen gewährt; indem ich dem schönen Gegenstande nicht sowohl eine Beziehung auf mich, als mir vielmehr eine Beziehung auf ihn gebe. Da mir nun das Schöne mehr um sein selbst willen, das Nützliche aber bloß um meinetwillen, lieb ist; so gewähret mir das Schöne ein höheres und uneigennützigeres Vergnügen, als das bloß Nützliche. Das Vergnügen an dem bloß Nützlichen ist gröber und gemeiner, das Vergnügen an dem Schönen feiner und seltner. Jenes haben wir, in

gewissem Verstande, mit den Thieren gemein; dieses erhebt uns über sie. Da das Nützliche seinen Zwek nicht in sich, sondern außer sich in etwas anderm hat, dessen Vollkommenheit dadurch vermehrt werden soll; so muß derjenige, welcher etwas Nützliches hervorbringen will, diesen äußern Zwek bei seinem Werke beständig vor Augen haben. Und wenn das Werk nur seinen äußern Zwek erreicht, so mag es übrigens in sich beschaffen sein, wie es wolle; dies kömmt, in so fern es bloß nützlich ist, gar nicht in Betracht. Wenn eine Uhr nur richtig ihre Stunden zeigt, und ein Messer nur gut schneidet; so bekümmre ich mich, in Ansehung des eigentlichen Nutzens, weder um die Kostbarkeit des Gehäuses an der Uhr, noch des Griffes an dem Messer: auch achte ich nicht darauf, ob mir selbst das Werk in der Uhr, oder die Klinge an dem Messer, gut ins Auge fällt oder nicht. Die Uhr und das Messer haben ihren Zwek außer sich, in demjenigen, welcher sich derselben zu seiner Bequemlichkeit bedienet; sie sind daher nichts in sich Vollendetes, und haben an und für sich, ohne die mögliche oder wirkliche Erreichung ihres äußern Zweks, keinen eigenthümlichen Werth. Mit diesem ihren äußern Zwek zusammengenommen als ein Ganzes betrachtet, machen sie mir erst Vergnügen; von diesem Zwek abgeschnitten, lassen sie mich völlig gleichgültig. Ich betrachte die Uhr und das Messer nur mit Vergnügen, in so ferne ich sie brauchen kann, und brauche sie nicht, damit ich sie betrachten kann.

Bei dem Schönen ist es umgekehrt. Dieses hat seinen Zwek nicht außer sich, und ist nicht wegen der Vollkommenheit von etwas anderm, sondern wegen seiner eignen innern Vollkommenheit da. Man betrachtet es nicht, in so fern man es brauchen kann, sondern man braucht es nur, in so fern man es betrachten kann. Wir bedürfen des Schönen nicht so sehr, um dadurch ergötzt zu werden, als das Schöne unsrer bedarf, um erkannt zu werden. Wir können sehr gut ohne die Betrachtung schöner Kunstwerke bestehen, diese aber können, als solche, nicht wohl ohne unsre Betrachtung bestehen. Jemehr wir sie also entbehren können, desto mehr betrachten wir sie um ihrer selbst willen, um ihnen durch unsre Betrachtung gleichsam erst ihr wahres volles

Dasein zu geben. Denn durch unsre zunehmende Anerkennung des Schönen in einem schönen Kunstwerke, vergrößern wir gleichsam seine Schönheit selber, und legen immer mehr Werth hinein. Daher das ungeduldige Verlangen, daß alles dem Schönen huldigen soll, welches wir einmal dafür erkannt haben: je allgemeiner es als schön erkannt und bewundert wird, desto mehr Werth erhält es auch in unsern Augen. Daher das Mißvergnügen bei einem leeren Schauspielhause, wenn auch die Vorstellung noch so vortreflich ist. Empfänden wir das Vergnügen an dem Schönen mehr um unsert- als um sein selbst willen, was würde uns daran liegen, ob es von irgend jemand außer uns erkannt würde? Wir verwenden, wir beeifern uns für das Schöne, um ihm Bewundrer zu verschaffen, wir mögen es antreffen, wo wir wollen: ja wir empfinden sogar eine Art von Mitleid beim Anblick eines schönen Kunstwerks, das in den Staub darniedergetreten, von den Vorübergehenden mit gleichgültigem Blik betrachtet wird. – Auch das süße Staunen, *das angenehme Vergessen unsrer selbst* bei Betrachtung eines schönen Kunstwerks, ist ein Beweis, daß unser Vergnügen hier etwas untergeordnetes ist, das wir freiwillig erst durch das Schöne bestimmt werden lassen, welchem wir eine Zeitlang eine Art von Obergewalt über alle unsre Empfindungen einräumen. Während das Schöne unsre Betrachtung ganz auf sich zieht, zieht es sie eine Weile von uns selber ab, und macht, daß wir uns in dem schönen Gegenstande zu verlieren scheinen; und eben dies Verlieren, dies Vergessen unsrer selbst, ist der höchste Grad des reinen und uneigennützigen Vergnügens, welches uns das Schöne gewährt. Wir opfern in dem Augenblick unser individuelles eingeschränktes Dasein einer Art von höherem Dasein auf. Das Vergnügen am Schönen muß sich daher immer mehr der uneigennützigen *Liebe* nähern, wenn es ächt sein soll. *Jede* specielle Beziehung auf mich in einem schönen Kunstwerke giebt dem Vergnügen, das ich daran empfinde, einen Zusatz, der für einen andern verlohren geht; das Schöne in dem Kunstwerke ist für mich nicht eher rein und unvermischt, bis ich die specielle Beziehung auf mich ganz davon hinwegdenke, und es als etwas betrachte, das bloß um sein selbst willen hervorgebracht ist, damit es etwas in sich Vollendetes sei. –

112

So wie nun aber die Liebe und das Wohlwollen dem edeln Menschenfreunde gewissermaßen zum Bedürfniß werden können, ohne daß er deswegen eigennützig werde; so kann auch dem Mann von Geschmak das Vergnügen am Schönen, durch die Gewöhnung dazu, zum Bedürfniß werden, ohne deswegen seine ursprüngliche Reinheit zu verlieren. Wir bedürfen des Schönen bloß, weil wir Gelegenheit zu haben wünschen, ihm durch Anerkennung seiner Schönheit zu huldigen.

Ein Ding kann also nicht deswegen schön sein, weil es uns Vergnügen macht, sonst müßte auch alles Nützliche schön sein; sondern was uns Vergnügen macht, ohne eigentlich zu nützen, nennen wir schön. Nun kann aber das Unnütze oder Unzwekmäßige unmöglich einem vernünftigen Wesen Vergnügen machen. Wo also bei einem Gegenstande ein äußerer Nutzen oder Zwek fehlt, da muß dieser in dem Gegenstande selbst gesucht werden, sobald derselbe mit Vergnügen erwekken soll; oder: ich muß *in den einzelnen Theilen desselben so viel Zwekmäßigkeit finden, daß ich vergesse zu fragen, wozu nun eigentlich das Ganze soll*? Das heißt mit andern Worten: ich muß an einem schönen Gegenstande nur um sein selbst willen Vergnügen finden; zu dem Ende muß der Mangel der äußern Zwekmäßigkeit durch seine innere Zwekmäßigkeit ersetzt sein; der Gegenstand muß etwas in sich selbst Vollendetes sein.

Ist nun die innere Zwekmäßigkeit in einem schönen Kunstwerke nicht groß genug, um mich die äußere darüber vergessen zu lassen; so frage ich natürlicher Weise: wozu das Ganze? Antwortet mir der Künstler: um dir Vergnügen zu machen; so frage ich ihn weiter: was hast du für einen Grund, mir durch dein Kunstwerk eher Vergnügen als Mißvergnügen zu erwekken? Ist dir an meinem Vergnügen so viel gelegen, daß du dein Werk mit Bewußtsein unvollkommner machen würdest, als es ist, damit es nur nach meinem vielleicht verdorbnem Geschmak wäre; oder ist dir nicht vielmehr an deinem Werke so viel gelegen, daß du mein Vergnügen zu demselben hinaufzustimmen suchen wirst, damit seine Schönheiten von mir empfunden werden? Ist das letztere, so sehe ich nicht ab, wie mein zufälliges Vergnügen der Zwek von deinem Werke sein konnte, da dasselbe durch dein Werk selbst erst in mir erwekt und bestimmt werden mußte. Nur in so fern du weißt, daß ich mich gewöhnt habe, an dem, was wirklich in sich vollkommen ist, Vergnügen zu empfinden, ist dir mein Vergnügen lieb; dies würde aber nicht so sehr bei dir in Betracht kommen, wenn es dir bloß um mein Vergnügen, und nicht vielmehr darum zu thun wäre, daß die Vollkommenheit deines Werks durch den Antheil, den ich daran nehme, bestätiget werden soll. Wenn das Vergnügen nicht ein *so sehr untergeordneter Zwek*, oder vielmehr nur eine natürliche Folge bei den Werken der schönen Künste wäre; warum würde der ächte Künstler es denn nicht auf so viele als möglich zu verbreiten suchen, statt daß er oft die angenehmen Empfindungen von vielen Tausenden, die für seine Schönheiten keinen Sinn haben, der Vollkommenheit seines Werks aufopfert? – Sagt der Künstler: aber wenn mein Werk gefällt oder Vergnügen erwekt, so habe ich doch meinen Zwek erreicht; so antworte ich: umgekehrt! weil du deinen Zwek erreicht hast, so gefällt dein Werk, oder daß dein Werk gefällt, *kann vielleicht ein Zeichen sein*, daß du deinen Zwek in dem Werke selbst erreicht hast. War aber der eigentliche Zwek bei deinem Werke mehr das Vergnügen, das du dadurch bewürken wolltest, als die Vollkommenheit des Werks in sich selber; so wird mir eben dadurch der Beifall schon sehr verdächtig, den dein Werk bei diesem oder jenem erhalten hat.

„Aber ich strebe nur den Edelsten zu gefallen." – Wohl! aber dies ist nicht dein letzter Zwek; denn ich darf noch fragen: warum strebst du gerade den Edelsten zu gefallen? Doch wohl, weil diese sich gewöhnt haben, an dem Vollkommensten das größte Vergnügen zu empfinden? Du beziehst ihr Vergnügen auf dein Werk zurük, dessen Vollkommenheit du dadurch willst bestätiget sehen. Muntre dich immer durch den Gedanken an den Beifall der Edlen zu deinem Werke auf; aber mache ihn selber nicht zu deinem letzten und höchsten Ziele, sonst wirst du ihn am ersten verfehlen. Auch der schönste Beifall will nicht erjagt, sondern nur auf dem Wege mitgenommen sein. Die Vollkommenheit deines Werks fülle während der Arbeit deine ganze Seele, und stelle selbst den süßesten Gedanken des Ruhms in Schatten, daß dieser nur zuweilen hervortrete, dich aufs neue zu beleben, wenn dein Geist anfängt, laß zu werden; dann wirst du ungesucht erhalten, wornach Tausende sich vergeblich bemühen. Ist aber die Vorstellung des Beifalls dein Hauptgedanke, und ist dir dein Werk nur in so fern werth, als es dir Ruhm verschaft; so thu Verzicht auf den Beifall der Edlen. Du arbeitest nach einer eigennützigen Richtung: der Brennpunkt des Werks wird außer dem Werke fallen, du bringst es nicht um sein selbst willen, und also auch nichts Ganzes, in sich Vollendetes, hervor. Du wirst falschen Schimmer suchen, der vielleicht eine Zeitlang das Auge des Pöbels blendet, aber vor dem Blik des Weisen wie Nebel verschwindet.

Der wahre Künstler wird die höchste innere Zwekmäßigkeit oder Vollkommenheit in sein Werk zu bringen suchen; und wenn es dann Beifall findet, wird's ihn freuen, aber seinen eigentlichen Zwek hat er schon mit der Vollendung des Werks erreicht. So wie der wahre Weise die höchste mit dem Lauf der Dinge harmonische Zwekmäßigkeit in alle seine Handlungen zu bringen sucht; und die reinste Glükseligkeit, oder den fortdaurenden Zustand angenehmer Empfindungen, als eine sichre Folge davon, aber nicht als das Ziel derselben betrachtet. Denn auch die reinste Glükseligkeit will nur auf dem Wege zur Vollkommenheit *mitgenommen*, und nicht erjagt sein. Die Glükseligkeitslinie läuft mit der Vollkommenheitslinie nur parallel; sobald jene zum Ziele gemacht wird, muß die Vollkommenheitslinie lauter schiefe Richtungen bekommen. Die einzelnen Handlungen, in so fern sie bloß zu einem Zustande angenehmer Empfindungen abzwekken, bekommen zwar eine anscheinende Zwekmäßigkeit; aber sie machen zusammen kein übereinstimmendes harmonisches Ganze aus. Eben so ist es auch in den schönen Künsten, wenn der Begriff der Vollkommenheit oder des in sich selbst Vollendeten dem Begriff vom Vergnügen untergeordnet wird.

„Also ist das Vergnügen gar nicht Zwek"? – Ich antworte: was ist Vergnügen anders, oder woraus entsteht es anders, als aus dem Anschauen der Zwekmäßigkeit? Gäbe es nun etwas, wovon das Vergnügen selbst allein der Zwek wäre; so könnte ich die Zwekmäßigkeit jenes Dinges bloß aus dem Vergnügen beurtheilen, welches mir daraus erwächst. Mein Vergnügen selbst aber muß ja erst aus dieser Beurtheilung entstehen; es müßte also da sein, ehe es da wäre. Auch muß ja der Zwek immer etwas Einfacheres als die Mittel sein, welche zu demselben abzwekken: nun ist aber das Vergnügen an einem schönen Kunstwerke eben so zusammengesetzt, als das Kunstwerk selber, wie kann ich es denn als etwas Einfacheres betrachten, worauf die einzelnen Theile des Kunstwerks abzwekken sollen? Eben so wenig wie die Darstellung eines Gemäldes in einem Spiegel der Zwek seiner Zusammensetzung sein kann; denn diese wird allemal von selbst erfolgen, ohne daß ich bei der Arbeit die mindeste Rüksicht darauf zu nehmen brauche. Stellt nun ein angelaufner Spiegel mein Kunstwerk desto unvollkommner dar, je vollkommner es ist; so werde ich es doch wohl nicht deswegen unvollkommner machen, damit weniger Schönheiten in dem angelaufenen Spiegel verlohren gehen? –

Karl Philipp Moritz: Versuch einer Vereinigung aller schönen Künste und Wissenschaften unter dem Begriff des in sich selbst Vollendeten. In: Berlinische Monatsschrift. 5. Bd. Januar bis Junius 1785. Drittes Stük. März, S. 225–236.

65. Johann Gottfried Herder:
Briefe zur Beförderung der Humanität

Alle Ihre Fragen über den Fortgang unsres Geschlechts, die eigentlich ein Buch erforderten, beantwortet, wie mich dünkt, ein einziges Wort, *Humanität, Menschheit.* Wäre die Frage: ob der Mensch mehr als Mensch, ein Über- ein Außermensch werden könne und solle? so wäre jede Zeile zu viel, die man deßhalb schriebe. Nun aber, da nur von den *Gesetzen seiner Natur,* vom *unauslöschlichen Charakter seiner Art und Gattung* die Rede ist: so erlauben Sie, daß ich sogar einige Paragraphen schreibe.

Über den Charakter der Menschheit.

1.

Vollkommenheit einer Sache kann nichts seyn, als daß das Ding sei, was es seyn soll und kann.

2.

Vollkommenheit eines *einzelnen* Menschen ist also, daß er im Continuum seiner Exsistenz Er selbst sei und werde. Daß er die Kräfte brauche, die die Natur ihm als Stammgut gegeben hat; daß er damit für sich und andre wuchere.

3.

Erhaltung, Leben und *Gesundheit* ist der Grund dieser Kräfte; was diesen Grund schwächet, oder wegnimmt, was Menschen hinopfert, oder verstümmelt; es habe Namen, wie es wolle, ist unmenschlich.

4.

Mit dem Leben des Menschen fängt seine *Erziehung*[85] an: denn Kräfte und Glieder bringt er zwar auf die Welt, aber den Gebrauch dieser Kräfte und Glieder, ihre Anwendung, ihre Entwicklung muß er lernen. Ein Zustand der Gesellschaft also, der die Erziehung vernachläßigt, oder auf falsche Wege lenkt, oder diese falsche Wege begünstigt, oder endlich die Erziehung der Menschen schwer und unmöglich macht, ist insofern ein unmenschlicher Zustand. Er beraubt sich selbst seiner Glieder und des Besten, das an ihnen ist, des Gebrauchs ihrer Kräfte. Wozu hätten sich Menschen vereinigt, als daß sie dadurch vollkommenere, bessere, glücklichere Menschen würden?

5.

Unförmliche also oder *schiefausgebildete* Menschen zeigen mit ihrer traurigen Exsistenz nichts weiter, als daß sie in einer unglücklichen Gesellschaft von Kindheit auf lebten: denn Mensch zu werden, dazu bringt jeder Anlage gnug mit sich.

6.

Sich allein kann kein Mensch leben, wenn er auch wollte. Die Fertigkeiten, die er sich erwirbt, die Tugenden oder Laster, die er ausübt, kommen in einem kleinern oder größeren Kreise *andern* zu Leid oder zur Freude.

7.

Die gegenseitig-wohlthätigste Einwirkung eines Menschen auf den Andern Jedem Individuum zu verschaffen und zu erleichtern; nur dies kann *der Zweck aller menschlicher Vereinigung* seyn. Was ihn stört, hindert oder aufhebt, ist unmenschlich. Lebe der Mensch kurz oder lange, in diesem oder jenem Stande; er soll seine Exsistenz genießen und das Beste davon andern mittheilen; dazu soll ihm die Gesellschaft, zu der er sich vereinigt hat, helfen.

8.

Gehet ein Mensch von hinnen, so nimmt er nichts als das Bewußtseyn mit sich, seiner Pflicht, Mensch zu seyn, mehr oder minder ein Gnüge gethan zu haben. Alles andre bleibt hinter ihm, *den Menschen*. Der Gebrauch seiner Fähigkeiten, alle Zinsen des Capitals seiner Kräfte, die das ihm geliehene Stammgut oft hoch übersteigen, fallen *seinem Geschlecht* anheim.

9.

An seine Stelle treten junge, rüstige Menschen, die mit diesen Gütern *forthandeln*; sie treten ab, und es kommen andre an ihre Stelle. Menschen sterben, aber die Menschheit perennirt[86] unsterblich. *Ihr* Hauptgut, der Gebrauch ihrer Kräfte, die Ausbildung ihrer Fähigkeiten ist ein gemeines, bleibendes Gut; und muß natürlicher Weise im fortgehenden Gebrauch *fortwachsen*.

10.

Durch Übung *vermehren* sich die Kräfte, nicht nur bei Einzelnen, sondern ungeheuer mehr bei Vielen nach und mit einander. Die Menschen schaffen sich immer mehrere und bessere Werkzeuge; sie lernen sich selbst einander immer mehr und besser als Werkzeuge gebrauchen. Die *physische Gewalt der Menschheit* nimmt also zu: der Ball des Fortzutreibenden wird größer; die Maschienen, die es forttreiben sollen, werden ausgearbeiteter, künstlicher, geschickter, feiner.

11.

Denn die Natur des Menschen ist *Kunst.* Alles, wozu eine Anlage in seinem Daseyn ist, kann und muß mit der Zeit Kunst werden.

12.

Alle *Gegenstände,* die in seinem Reich liegen, (und dies ist so groß als die Erde) laden ihn dazu ein; sie können und werden von ihm, nicht ihrem Wesen nach, sondern nur zu seinem Gebrauch erforscht, gekannt, angewandt werden. Niemand ist, der ihm hierinn Grenzen setzen könne; selbst der Tod nicht: denn das Menschengeschlecht verjünget sich mit immer neuen Ansichten der *Dinge,* mit immer jungen Kräften.

13.

Unendlich sind die Verbindungen, in welche die Gegenstände der Natur gebracht werden können; der Geist der Erfindungen zum Gebrauch derselben ist also *unbeschränkt* und *fortschreitend.* Eine Erfindung weckt die andre auf; Eine Thätigkeit erweckt die andre. Oft sind mit Einer Entdeckung tausend andre, und zehntausend auf sie gegründete, neue Thätigkeiten gegeben.

14.

Nur stelle man sich *die Linie dieses Fortganges* nicht gerade, noch einförmig; sondern nach allen Richtungen, in allen möglichen Wendungen und Winkeln vor. Weder die Asymptote, noch die Ellipse und Cykloide[87] mögen den Lauf der Natur uns vormahlen. Jetzt fallen die Menschen begierig über einen Gegenstand her; jetzt verlassen sie ihn mitten im Werk; entweder seiner müde, oder weil ein andrer neuerer Gegenstand sie zu sich hinreißt. Wenn dieser ihnen alt geworden ist, werden sie zu jenem zurückkehren; oder dieser wird sie gar auf jenen zurückleiten. Denn für den Menschen ist Alles in der Natur verbunden, eben weil der Mensch nur Mensch ist und allein mit *seinen* Organen die Natur siehet und gebrauchet.

15.

Hieraus entspringt ein *Wettkampf* menschlicher Kräfte, der immer *vermehrt* werden muß, je mehr die Sphäre des Erkenntnisses und der Übung zunimmt. Elemente und Nationen kommen in Verbindung, die sich sonst nicht zu kennen schienen; je härter sie in den Kampf gerathen, desto mehr reiben sich ihre Seiten allmälich gegen einander ab, und es entstehen endlich gemeinschaftliche Productionen mehrerer Völker.

16.

Ein *Conflict aller Völker* unsrer Erde ist gar wohl zu gedenken; der Grund dazu ist sogar schon geleget.

17.

Daß zu diesen Operationen die Natur viel Zeit, mancherlei Umwandlungen bedarf, ist nicht zu verwundern; ihr ist keine Zeit zu lang, keine Bewegung zu verflochten. *Alles* was geschehen kann und soll, mag nur in *aller* Zeit, wie im *ganzen* Raum der Dinge zu Stande gebracht werden; was heute nicht wird, weil es nicht geschehen kann, erfolgt morgen.

18.

Der Mensch ist zwar das erste, aber nicht das einzige Geschöpf der Erde; er beherrscht die Welt, ist aber nicht das Universum. Also *stehen ihm oft die Elemente der Natur entgegen*, daher er mit ihnen kämpfet. Das Feuer zerstört seine Werke; Überschwemmungen bedecken sein Land; Stürme zertrümmern seine Schiffe, und Krankheiten morden sein Geschlecht. Alle dies ist ihm in den Weg gelegt, *damit ers überwinde*.

19.

Er hat dazu die Waffen *in sich*. Seine Klugheit hat Thiere bezwungen, und gebraucht sie zu seiner Absicht; seine Vorsicht setzt dem Feuer Grenzen und zwingt den Sturm, ihm zu dienen. Den Fluthen setzt er Wälle entgegen und geht auf ihren Wogen daher; den Krankheiten und dem verheerenden Tode selbst sucht und weiß er zu steuren. Zu seinen *besten Gütern* ist der Mensch durch *Unfälle* gelangt, und tausend Entdeckungen wären ihm verborgen geblieben, hätte sie die Noth nicht erfunden. Sie ist das Gewicht an der Uhr, das alle Räder derselben treibet.

20.

Ein Gleiches ists mit den Stürmen in unsrer Brust, den *Leidenschaften der Menschen*. Die Natur hat die Charaktere unseres Geschlechts so verschieden gemacht, als diese irgend nur seyn konnten; denn alles Innere soll in der Menschheit herausgekehrt, alle ihre Kräfte sollen entwickelt werden.

21.

Wie es unter den Thieren *zerstörende* und *erhaltende Gattungen* giebt; so unter den Menschen. Nur unter jenen und diesen sind die zerstörenden Leidenschaften die *wenigern*; sie können und müssen von den erhaltenden Neigungen unsrer Natur eingeschränkt und bezwungen, zwar nicht ausgetilgt, aber unter eine Regel gebracht werden.

22.

Diese Regel ist *Vernunft*, bei Handlungen *Billigkeit und Güte*. Eine Vernunftlose, blinde Macht ist zuletzt immer eine ohnmächtige Macht; entweder zerstört sie sich selbst, oder muß am Ende dem Verstande dienen.

23.

Deßgleichen ist der wahre Verstand immer auch mit *Billigkeit und Güte* verbunden; sie führet auf ihn, er führet auf sie; Verstand und Güte sind die beiden Pole, um deren Achse sich die Kugel der Humanität beweget.

24.

Wo sie einander entgegengesetzt scheinen, da ists mit einer oder dem andern nicht richtig; eben *diese Divergenz* aber macht *Feh-*

ler sichtbar, und bringt den Calcul[88] des Interesse unsres Geschlechts immer mehr zur Richtigkeit und Bestimmtheit. *Jeder feinere Fehler giebt eine neue, höhere Regel der reinen allumfassenden Güte und Wahrheit.*

25.

Alle Laster und Fehler unsres Geschlechts müssen also *dem Ganzen endlich zum Besten* gereichen. Alles Elend, das aus Vorurtheilen, Trägheit und Unwissenheit entspringt, kann den Menschen seine Sphäre nur mehr kennen lehren; alle Ausschweifungen rechts und links stoßen ihn am Ende auf seinen Mittelpunkt zurück.

26.

Je unwilliger, hartnäckiger, träger das Menschengeschlecht ist, desto mehr thut es sich selbst Schaden; diesen Schaden muß es tragen, büßen und entgelten; desto später kommts zum Ziele.

27.

Dies Ziel ausschließend *jenseit* des Grabes setzen, ist dem Menschengeschlecht nicht förderlich, sondern schädlich. Dort kann nur wachsen, was hier gepflanzt ist, und einem Menschen sein hiesiges Daseyn rauben, um ihn mit einem andern außer unsrer Welt zu belohnen, heißt den Menschen um sein Daseyn betrügen.

28.

Ja dem ganzen menschlichen Geschlecht, das also verführt wird, seinen Endpunkt der Wirkung verrücken, heißt ihm den Stachel seiner Wirksamkeit aus der Hand drehn, und es im Schwindel erhalten.

29.

Je reiner eine *Religion* war, desto mehr mußte und wollte sie die Humanität befördern. Dies ist der Prüfstein selbst der Mythologie der verschiednen Religionen.

30.

Die *Religion Christi*, die Er selbst hatte, lehrte und übte, war die *Humanität* selbst. Nichts anders, als sie; sie aber auch im weitsten Inbegrif, in der reinsten Quelle, in der wirksamsten Anwendung. Christus kannte für sich keinen edleren Namen, als daß er sich den *Menschensohn* d. i. einen Menschen nannte.

31.

Je beßer ein Staat ist, desto angelegentlicher und glücklicher wird in ihm die *Humanität gepfleget*; je inhumaner, desto unglücklicher und ärger. Dies geht durch alle Glieder und Verbindungen desselben von der Hütte an bis zum Throne.

32.

Der Politik ist der Mensch ein *Mittel*; der Moral ist er *Zweck*. Beide Wissenschaften müssen Eins werden, oder sie sind schädlich wider einander. Alle dabei erscheinende Disparaten indeß müssen die Menschen belehren, damit sie, wenigstens durch eigenen Schaden klug werden.

33.

Wie jeden aufmerksamen *einzelnen* Menschen das Gesetz der Natur zur Humanität führt; seine rauhen Ecken werden ihm abgestoßen, er muß sich überwinden, andern nachgeben, und seine Kräfte zum Besten andrer gebrauchen lernen: so wirken die *verschiedenen Charaktere und Sinnesarten* zum Wohl des grösseren Ganzen. Jeder fühlt die Übel der Welt *nach seiner eigenen Lage*; er hat also die Pflicht auf sich, sich ihrer von dieser Seite anzunehmen, dem Mangelhaften, Schwachen, Gedruckten an dem Theil zu Hülfe zu kommen, da es ihm *sein* Verstand und *sein* Herz gebietet. Gelingts, so hat er dabei in ihm selbst die eigenste Freude; gelingts jetzt und ihm nicht, so wirds zu anderer Zeit einem andern gelingen. Er aber hat gethan, was Er thun sollte und konnte.

34.

Ist der Staat das, was er seyn soll, *das Auge der allgemeinen Vernunft, das Ohr und Herz der allgemeinen Billigkeit und Güte*: so wird er jede dieser Stimmen hören, und die Thätigkeit der Menschen nach ihren verschiednen Neigungen, Empfindbarkeiten, Schwächen und Bedürfnissen aufwecken und ermuntern.

35.

Es ist nur *Ein Bau*, der fortgeführt werden soll, der simpelste, größeste; er erstrecket sich über alle Jahrhunderte und Nationen; wie physisch, so ist auch moralisch und politisch die *Menschheit im ewigen Fortgange und Streben*.

36.

Die *Perfectibilität* ist also keine Täuschung; sie ist Mittel und Endzweck zu Ausbildung alles dessen, was der Charakter unsres Geschlechts *Humanität* verlanget und gewähret.

***

Hebet eure Augen auf und sehet. Allenthalben ist die Saat gesäet; hier verweset und keimt, dort wächset sie und reift zu einer neuen Aussaat. Dort liegt sie unter Schnee und Eise; getrost! das Eis schmilzt; der Schnee wärmt und decket die Saat. Kein Übel, das der Menschheit begegnet, kann und soll ihr anders als ersprießlich werden. Es läge ja selbst an ihr, wenn es ihr nicht ersprießlich würde: denn auch Laster, Fehler und Schwachheiten der Menschen stehen als Naturbegebenheiten unter Regeln, und sind oder sie können berechnet werden. Das ist mein *Credo*. *Speremus atque agamus*.[89]

Johann Gottfried Herder: 25. Brief. In: Ders.: Briefe zu Beförderung der Humanität. Zweite Sammlung. Riga 1793, S. 106–126.

66. Friedrich Schiller: An * * *

Edler Freund! Wo öfnet sich dem Frieden,
Wo der Freiheit sich ein Zufluchtsort?
Das Jahrhundert ist im Sturm geschieden,
Und das neue öfnet sich mit Mord.[90]

Und die Grenzen aller Länder wanken,[91]
Und die alten Formen stürzen ein,
Nicht das Weltmeer sezt der Kriegswut Schranken,
Nicht der Nilgott und der alte Rhein.[92]

Zwo gewalt'ge Nationen[93] ringen
Um der Welt alleinigen Besitz,
Aller Länder Freiheit zu verschlingen
Schwingen sie den Dreizack und den Blitz.[94]

Gold muß ihnen jede Landschaft wägen,[95]
Und wie *Brennus*[96] in der rohen Zeit
Legt der Franke seinen ehrnen Degen
In die Waage der Gerechtigkeit.

Seine Handelsflotten streckt der Britte
Gierig wie Polypenarme aus,
Und das Reich der freien Amphitrite[97]
Will er schliessen wie sein eignes Haus.[98]

Zu des Südpols nie erblickten Sternen[99]
Dringt sein rastlos ungehemmter Lauf,
Alle Inseln spürt er, alle fernen
Küsten – nur das Paradies nicht auf.

Ach umsonst auf allen Ländercharten
Spähst du nach dem seligen Gebiet,
Wo der Freiheit ewig grüner Garten,
Wo der Menschheit schöne Jugend blüht.

Endlos liegt die Welt vor deinen Blicken,
Und die Schiffahrt selbst ermißt sie kaum,
Doch auf ihrem unermeßnen Rücken
Ist für zehen Glückliche nicht Raum.

In des Herzens heilig stille Räume
Must du fliehen aus des Lebens Drang,
Freiheit ist nur in dem Reich der Träume,
Und das Schöne blüht nur im Gesang.

Friedrich Schiller: An ***. In: Taschenbuch für Damen auf das Jahr 1802. Hg. von Huber, Lafontaine, Pfeffel u. a. Tübingen 1801, S. 167–168.

67. Wilhelm von Humboldt:
Über den Charakter der Griechen

[...] X. Dieser nur in seinen hauptsächlichsten Zügen und mit Fleiss, damit das Bild ungetheilt bleibe, rasch entworfene Charakter war derselbe unter allen Griechen und in allen Exertionen[100] griechischen Geistes. Es waren nicht mehrere divergirende, sich entweder gegenseitig beschränkende, oder in etwas Drittem vereinigende Richtungen, sondern überall derselbe Stil und derselbe Geist. Was, der Eigenthümlichkeit desselben nach, einseitig hervorragte, das drängte das ihm Entgegenstehende zurück, und der Vorzug bestimmte unmittelbar auch den Mangel. In der Poesie herrscht der Stil der Plastik; die Philosophie geht Hand in Hand mit dem Leben; die Religion verwebt sich in dieses und in die Kunst; das öffentliche und Privatleben schmelzen den Charakter fester zusammen, statt ihn zu trennen und zu zerreissen.

Das Gegenbild hierzu findet sich in uns. Denn bei uns stehen sich moderner und antiker Stil und Charakter, deren keinen wir aufgeben und von welchem ersteren wir uns nicht einmal losmachen können, ewig entgegen, und erregen unaufhörlichen Zwiespalt nicht nur unter verschiedenen Nationen und Individuen, sondern auch in der eigenen Brust, im Anschauen, Empfinden und Hervorbringen.

Diesem an sich und geradezu nicht zu lösenden Widerstreit des Antiken und Modernen müssen wir hier um so mehr einige Worte widmen, als dadurch zugleich auch die Mängel des hier geschilderten idealischen Charakters der Griechen klar werden.

XI. Einen sehr anschaulichen und klaren Begriff des Unterschiedes zwischen beiden giebt die Frage: was gelang den Griechen und was den Neueren so vorzugsweise, dass die einen und die andern es niemals erreichten? und hier ist die Antwort: Bildhauerei und Musik. Zur Plastik der Alten haben die Neueren nie das Mindeste hinzuzusetzen versucht, der einzige Michel Angelo[101] versuchte nur, und vielleicht ohne es zu ahnden, einen neuen Stil, und die schöne Musik hat das Alterthum nie gekannt.

Ohne beständig das Vorragen dieser beiden Künste vor Augen zu haben, bleiben alte und neuere Zeit gleich unerklärlich.

XII. Da in der Bildhauerei die Gestalt, in der Musik das Gefühl herrscht, so ist der allgemeine Charakter des Antiken das Classische, der des Modernen das Romantische, von welchen beiden jenes von der Brust aus die Welt, dieses von der Welt aus die Brust zur Unendlichkeit zu erweitern versucht.

Das Classische lebt in dem Lichte der Anschauung, knüpft das Individuum an die Gattung, die Gattung an das Universum an, sucht das Absolute in der Totalität der Welt, und ebnet den Widerstreit, in dem das Einzelne mit ihm steht, in der Idee des Schicksals durch allgemeines Gleichgewicht.

Das Romantische verweilt vorzugsweise im Helldunkel des Gefühls, trennt das Individuum von der Gattung, die Gattung vom Universum, ringt nach dem Absoluten in der Tiefe des Ichs, und kennt für den Widerstreit, in dem das Einzelne mit ihm steht, keinen Ausweg, als entweder verzweiflungsvolles Aufgeben aller Ausgleichung, oder vollkommene Lösung, in der Idee der Gnade und Versöhnung durch Wunder.

Der höchste symbolische Ausdruck von beiden ist der Mythus und das Christenthum.

XIII. Aus diesen Hauptunterschieden entstehen aber durch die Anwendung derselben auf die verschiedenen Verhältnisse des Lebens so viele andre, dass zuletzt nichts ohne Zwiespalt übrigbleibt. Selbst bis auf diejenigen Dinge, welche die Vorzüge beider Zeitalter zu verbinden geschickt scheinen, dehnt sich noch die unübersteigliche Schwierigkeit aus, die aus ihrer Entgegensetzung entspringt. So z. B. sollte man die Malerei, als die Vermittlerin zwischen Bildhauerei (in der Form) und Musik (in der Farbe) für ganz eigentlich unserer Zeit angemessen halten. Allein die fast absolute Unmöglichkeit einen Stoff und eine Behandlung zu wählen, die dem Mythus und dem Christenthum gleich fremd seyen, beraubt immer wieder der Vorzüge der Seite, zu deren entgegengesetzter der Künstler sich näher gewendet hat.

Eine eigentliche Lösung dieses Widerspruchs, eine wahre und eigentliche Verbindung des antiken und modernen Geschlechts in einem neuen dritten lässt sich, auch bei der freigebigsten Einräumung einer unendlichen Perfectibilität, nicht denken.

Die einzige Ausgleichung ist, dass das wahrhaft nicht bloss (wie bei den Griechen) symbolisch Höchste durchaus nicht bestimmt ist sich in seiner Totalität in dem Wesen eines Menschen oder einer Nation darzustellen, dass es in der Wirklichkeit nur theilweis erscheinen, als Ganzes aber nur von dem Gedanken, nur in der Tiefe der Brust, und nur in einzelnen glücklichen Augenblicken angeschaut und geahndet werden kann.

Wilhelm von Humboldt: Über den Charakter der Griechen, die idealische und historische Ansicht desselben. In: Wilhelm von Humboldts Werke. Hg. Albert Leitzmann. Bd. 7/2. Berlin 1907, S. 609–618, dort S. 614–616.

Geschichte

Als Friedrich Schiller (1759 – 1805) am 26. Mai 1789 seine Antrittsvorlesung als Professor für Geschichte an der Universität Jena (vgl. Abb. 2) absolvierte (Text 68), konnte er sich seines Publikums gewiß sein: Historisches Studium diente allen Anwesenden zur Vergewisserung eines Aufklärungsoptimismus, welcher unbeschadet aller Greuel der Weltgeschichte davon überzeugt sein wollte, daß die ›vorhergehenden Zeitalter‹ nichts weiter bezweckten, denn ›unser menschliches Jahrhundert herbey zu führen‹ (Text 69). ›Er (der Historiker) nimmt also diese Harmonie aus sie selbst heraus, und verpflanzt sie ausser sich in die Ordnung der

Geisteswiss.-philosoph. Kultur Kultur in Thüringen 1772–1819

Dinge d. i. er bringt einen vernünftigen Zweck in dem Gang der Welt, und ein teleologisches Prinzip in die Weltgeschichte.‹ (Text 69) Revolutionsereignisse und Napoleonische Kriege (1789 – 1806) zerschlugen diesen Fortschrittsoptimismus freilich rasch; wieder zentrierte sich der geschichtswissenschaftliche Paradigmenwechsel dabei auf die Universität Jena. In mehreren Vorlesungen ersetzte Heinrich Luden (1778 – 1847) seit 1810 das aufgeklärte Universalgeschichtskonzept Friedrich Schillers durch ein antifranzösisches Nationalgeschichtskonzept aus dem Geist romantischer Verklärung deutscher Vor- und Frühzeit. Womöglich ungewollt gab der überzeugte Liberale dem deutschen ›Ungeist‹ der Zukunft so erhebliche Nahrung (Text 70).

68. Friedrich Schiller an Christian Gottfried Körner

Jena d. 28. May. 89 *Donnerstag.*
Vorgestern als den 26sten habe ich endlich das Abentheuer auf dem Katheder rühmlich und tapfer bestanden, und gleich gestern wiederhohlt. Ich lese nur 2mal in der Woche und zwey Tage hintereinander, so daß ich 5 Tage ganz frey behalte.
Das Reinholdische Auditorium[102] bestimmte ich zu meinem Debut. Es hat eine mäßige Größe und kann ohngefehr 80 sitzende Menschen, etwas über 100 in allem faßen; ob es nun freilich wahrscheinlich genug war, daß meine erste Vorlesung, der Neugierde wegen, eine größre Menge Studenten herbeylocken würde, so kennst Du ja meine Bescheidenheit. Ich wollte die größre Menge nicht gerade *voraussetzen* indem ich gleich mit dem größten Auditorium debutirte. Diese Bescheidenheit ist auf eine für mich sehr brillante Art belohnt worden. Meine Stunden sind Abends von 6 biß 7. Halb 6 war das Auditorium voll. Ich sah aus Reinholds Fenster Trupp über Trupp die Straße heraufkommen, welches gar kein Ende nehmen wollte. Ob ich gleich nicht ganz frey von Furcht war, so hatte ich doch an der wachsenden Anzahl Vergnügen und mein Muth nahm ehr zu. Überhaupt hatte ich mich mit einer gewißen Festigkeit gestählt, wozu die Idee, daß meine Vorlesung mit keiner andern die auf irgend

einem Catheder in Jena gehalten worden die Vergleichung zu scheuen brauchen würde, und überhaupt die Idee von allen die mich hören, als der Überlegene anerkannt zu werden, nicht wenig beytrug. Aber die Menge wuchs nach und nach so, daß Vorsaal Flur und Treppe voll gedrängt waren und ganze Haufen wieder giengen. Jetzt fiel es einem der bey mir war ein, ob ich nicht noch für diese Vorlesung ein anderes Auditorium wählen sollte. Grießbachs Schwager war gerade unter den Studenten, ich ließ ihnen also den Vorschlag thun bei Grießbach[103] zu lesen und mit Freuden ward er aufgenommen. Nun gabs das lustigste Schauspiel. Alles stürzte hinaus und in einem hellen Zug die Johannisstraße hinunter, die eine der längsten in Jena, von Studenten ganz besät war. Weil sie liefen was sie konnten, um in Grießbachs Auditorium einen guten Platz zu bekommen, so kam die Straße in Allarme, und alles an den Fenstern in Bewegung. Man glaubte anfangs es wäre Feuerlerm und am Schloß kam die Wache in Bewegung. Was ists denn? Was gibts denn? hieß es überal. Da rief man denn! Der neue Profeßor wird lesen. Du siehst, daß der Zufall selbst dazu beytrug, meinen Anfang recht brillant zu machen. Ich folgte in einer kleinen Weile von Reinhold begleitet nach, es war mir als wenn ich durch die Stadt, die ich fast ganz durchzuwandern hatte, Spießruthen liefe.

Grießbachs Auditorium ist das größte und kann, wenn es voll gedrängt ist zwischen 3 und 400 Menschen faßen. Voll war es dießmal und so sehr daß ein Vorsaal und noch die Flur biß an die Hausthüre besetzt war, und im Auditorium selbst viele sich auf die Subsellien[104] stellten. Ich zog also durch eine Allee von Zuschauern und Zuhörern ein und konnte den Katheder kaum finden, unter lautem Pochen, welches hier für Beyfall gilt, bestieg ich ihn und sah mich von einem Amphitheater von Menschen umgeben. So schwühl der Saal war, so erträglich wars am Catheder, wo alle Fenster offen waren und ich hatte doch frischen Odem. Mit den zehn ersten Worten, die ich selbst noch fest aussprechen konnte, war ich im ganzen Besitz meiner Contenance[105], und ich las mit einer Stärke und Sicherheit der Stimme, die mich selbst überraschte. Vor der Thüre konnte man mich noch recht gut hören. Meine Vorlesung machte Eindruck, den

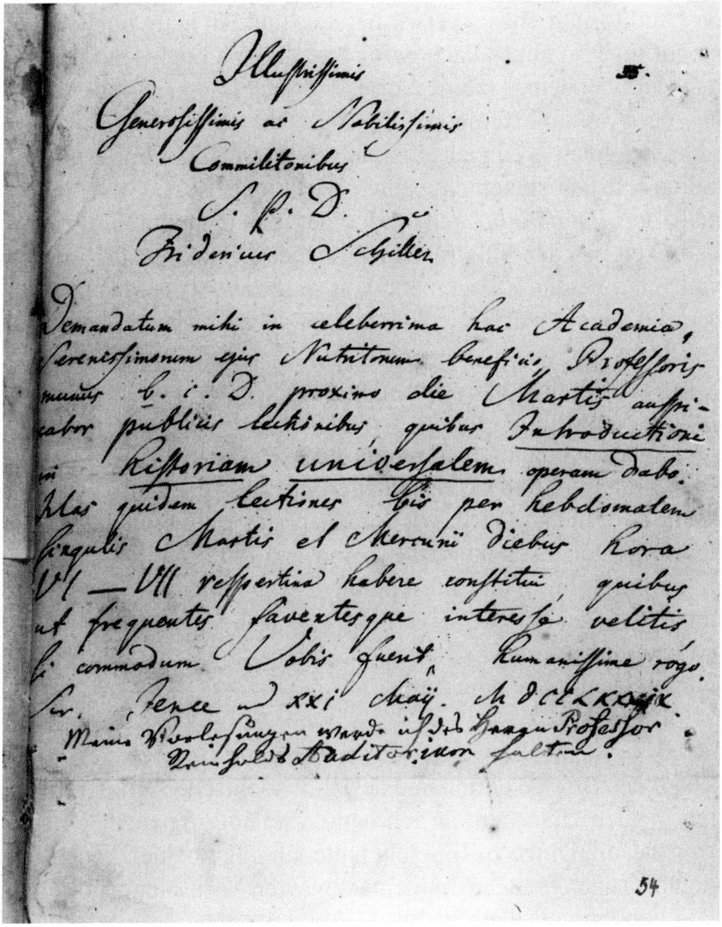
Illustrissimis
Generosissimis ac Nobilissimis
Commilitonibus
S. P. D.
Fridericus Schiller

Demandatum mihi in celeberrima hac Academia,
Serenissimorum eius Nutritorum beneficio, Professoris
munus h. i. D. proximo die Martis auspi-
cabor publicis lectionibus quibus Introductioni
in historiam universalem operam dabo.
Has quidem lectiones bis per hebdomadem
singulis Martis et Mercurii diebus hora
VI — VII vespertina habere constitui quibus
ut frequentes faventesque interesse velitis
si commodum Vobis fuerit humanissime rogo.
Scr. Ienae d. XXI Maji. MDCCLXXXIX.
Meine Vorlesungen werde ich in des Herrn Professor
Reinholds Auditorium halten.

54

Abb. 2 Handschriftliche Vorlesungsankündigung von Friedrich Schillers ›Einführung in die Universalgeschichte‹

ganzen Abend hörte man in der Stadt davon reden und mir wiederfuhr eine Aufmerksamkeit von den Studenten, die bey einem neuen Profeßor das erste Beispiel war. Ich bekam eine Nachtmusik und Vivat[106] wurde 3mal gerufen. Den andern Tag war das Auditorium eben so stark besetzt, und ich hatte mich schon so gut in mein neues Fach gefunden, daß ich mich setzte. Doch habe ich beydemal meine Vorlesung abgelesen und nur wenig bey der zweiten extemporirt.[107]

Indeß kann ich, wenn ich aufrichtig seyn soll, dem Vorlesungenhalten selbst noch keinen rechten Geschmack abgewinnen; wäre man der *Empfänglichkeit* und einer gewißen vorbereitenden Fähigkeit bey den Studirenden versichert, so könnte ich überaus viel Intereße und Zweckmäßigkeit in dieser Art zu Wirken finden. So aber bemächtigte sich meiner sehr lebhaft die Idee: daß zwischen dem Catheder und den Zuhörern eine Art von Schranke ist, die sich kaum übersteigen läßt. Man wirft Worte und Gedanken hin, ohne zu wißen und fast ohne zu hoffen daß sie irgendwo fangen, fast mit der überzeugung, daß sie von 400 Ohren 400mal, und oft abentheuerlich, mißverstanden werden. Keine Möglichkeit sich, wie im Gespräch, an die Faßungskraft des andern anzuschmiegen. Bey mir ist diß der Fall noch mehr, da es mir schwer und ungewohnt ist, zur platten Deutlichkeit herabzusteigen. Die Zeit verbeßert dieß vielleicht – aber groß sind meine Hofnungen doch nicht. Ich tröste mich damit, daß in jedem öffentlichen Amt immer nur der 100ste Theil der Absicht erfüllt wird.

Meine erste Vorlesung handelte vorzüglich von dem Unterschied des Brodgelehrten und des philosophischen Kopfs. Außer den localen Ursachen die ich hatte, die Begriffe meiner Leute über diese 2 Dinge zu fixiren, hatte ich allgemeine, die ich Dir nicht zu sagen brauche. In meiner zweyten Vorlesung gab ich die Idee von Universalgeschichte. [...]

Brief Friedrich Schillers an Christian Gottfried Körner vom 28.5.1789. In: Schillers Werke. Nationalausgabe. Bd. 25: Briefwechsel. Schillers Briefe 1.1.1788–28.2.1790. Hg. Eberhard Haufe. Weimar 1979, S. 256–260, dort S. 256–258.

69. Friedrich Schiller: Was heißt und zu welchem Ende studiert man Universalgeschichte?

[...] *Was* und *wieviel* von diesem historischen Stoff gehört nun der *Universalgeschichte*? Aus der ganzen Summe dieser Begebenheiten hebt der Universalhistoriker diejenigen heraus, welche auf die *heutige* Gestalt der Welt und den Zustand der jetzt lebenden Generation einen wesentlichen, unwidersprechlichen und leicht zu verfolgenden Einfluß gehabt haben. Das Verhältniß eines historischen Datums zu der *heutigen* Weltverfassung ist es also, worauf gesehen werden muß, um Materialien für die Weltgeschichte zu sammeln. Die Weltgeschichte geht also von einem Princip aus, das dem Anfang der Welt gerade entgegenstehet. Die wirkliche Folge der Begebenheiten steigt von dem Ursprung der Dinge zu ihrer neuesten Ordnung herab, der Universalhistoriker rückt von der neuesten Weltlage aufwärts dem Ursprung der Dinge entgegen. Wenn er von dem laufenden Jahr und Jahrhundert zu dem nächst vorhergegangenen in Gedanken hinaufsteigt, und unter den Begebenheiten, die das Letztere ihm darbietet, diejenigen sich merkt, welche den Aufschluß über die nächstfolgenden enthalten – wenn er diesen Gang schrittweise fortgesetzt hat bis zum Anfang – nicht der Welt, denn dahin führt ihn kein Wegweiser – bis zum Anfang der Denkmäler, dann steht es bey ihm, auf dem gemachten Weg umzukehren, und an dem Leitfaden, dieser bezeichneten Fakten, ungehindert und leicht, vom Anfang der Denkmäler bis zu dem neuesten Zeitalter herunter zu steigen. Dies ist die Weltgeschichte, die wir haben, und die Ihnen wird vorgetragen werden.

Weil die Weltgeschichte von dem Reichthum und der Armuth an Quellen abhängig ist, so müssen eben so viele Lücken in der Weltgeschichte entstehen, als es leere Strecken in der Überlieferung giebt. So gleichförmig, nothwendig und bestimmt sich die Weltveränderungen auseinander entwickeln, so unterbrochen und zufällig werden sie in der Geschichte in einander gefügt seyn. Es ist daher zwischen dem Gange der *Welt* und dem Gange der *Weltgeschichte* ein merkliches Mißverhältniß sichtbar. Jenen möchte man mit einem ununterbrochen fortfließenden Strom vergleichen, wovon aber in der Weltgeschichte nur hie und da eine Welle beleuchtet wird. Da es ferner leicht geschehen kann, daß der Zusammenhang einer entfernten Weltbegebenheit mit dem Zustand des laufenden Jahres früher in die Augen fällt, als die Verbindung, worin sie mit Ereignissen stehet, die ihr vorhergiengen oder gleichzeitig waren: so ist es ebenfalls unvermeidlich, daß Begebenheiten, die sich mit dem neuesten Zeitalter aufs genaueste binden, in dem Zeitalter, dem sie eigentlich angehören nicht selten *isolirt* erscheinen. Ein Faktum dieser Art wäre z. B. der Ursprung des Christenthums und besonders der christlichen Sittenlehre. Die christliche Religion hat an der gegenwärtigen Gestalt der Welt einen so vielfältigen Antheil, daß ihre Erscheinung das wichtigste Faktum für die Weltgeschichte wird: aber weder in der Zeit, wo sie sich zeigte, noch in dem Volke, bey dem sie aufkam, liegt (aus Mangel der Quellen) ein befriedigender Erklärungsgrund ihrer Erscheinung.

So würde denn unsre Weltgeschichte nie etwas anders als ein Aggregat von Bruchstücken werden, und nie den Nahmen einer Wissenschaft verdienen. Jezt also kommt ihr der philosophische Verstand zu Hülfe, und, indem er diese Bruchstücke durch künstliche Bindungsglieder verkettet, erhebt er das Aggregat zum System, zu einem vernunftmäßig zusammenhängenden Ganzen. Seine Beglaubigung dazu liegt in der Gleichförmigkeit und unveränderlichen Einheit der Naturgesetze und des menschlichen Gemüths, welche Einheit Ursache ist, daß die Ereignisse des entferntesten Alterthums, unter dem Zusammenfluß ähnlicher Umstände von aussen, in den neuesten Zeitläuften wiederkehren; daß also von den neuesten Erscheinungen, die im Kreis unsrer Beobachtung liegen, auf diejenigen, welche sich in geschichtlosen Zeiten verlieren, rückwärts ein Schluß gezogen und einiges Licht verbreitet werden kann. Die Methode, nach der Analogie zu schließen, ist, wie überall so auch in der Geschichte ein mächtiges Hülfsmittel: aber sie muß durch einen erheblichen Zweck gerechtfertigt, und mit eben soviel Vorsicht als Beurtheilung in Ausübung gebracht werden.

Nicht lange kann sich der philosophische Geist bey dem Stoffe der Weltgeschichte verweilen, so wird ein neuer Trieb in ihm geschäftig werden, der nach Übereinstimmung strebt – der ihn unwiderstehlich reizt, alles um sich herum seiner eigenen vernünftigen Natur zu assimiliren, und jede ihm vorkommende Erscheinung zu der höchsten Wirkung, die er erkannt, zum *Gedanken* zu erheben. Je öfter also und mit je glücklicherm Erfolge er den Versuch erneuert, das Vergangene mit dem Gegenwärtigen zu verknüpfen: desto mehr wird er geneigt, was er als *Ursache* und *Wirkung* in einander greifen sieht, als *Mittel* und *Absicht* zu verbinden. Eine Erscheinung nach der andern fängt an, sich dem blinden Ohngefähr, der gesetzlosen Freyheit zu entziehen, und sich einem übereinstimmenden Ganzen (das freylich nur in seiner Vorstellung vorhanden ist) als ein passendes Glied anzureyhen. Bald fällt es ihm schwer, sich zu überreden, daß diese Folge von Erscheinungen, die in seiner Vorstellung so viel Regelmäßigkeit und Absicht annahm, diese Eigenschaften in der Wirklichkeit verläugne; es fällt ihm schwer, wieder unter die blinde Herrschaft der Nothwendigkeit zu geben, was unter dem geliehenen Lichte des Verstandes angefangen hatte eine so heitre Gestalt zu gewinnen. Er nimmt also diese Harmonie aus sie selbst heraus, und verpflanzt sie ausser sich in die Ordnung der Dinge d. i. er bringt einen vernünftigen Zweck in dem Gang der Welt, und ein teleologisches Prinzip in die *Weltgeschichte*. Mit diesem durchwandert er sie noch einmal, und hält es prüfend gegen jede Erscheinung, welche dieser grosse Schauplatz ihm darbietet. Er sieht es durch tausend beystimmende Fakta *bestätigt*, und durch eben soviele andre *widerlegt*; aber so lange in der Reyhe der Weltveränderungen noch wichtige Bindungsglieder fehlen, so lange das Schicksal über so viele Begebenheiten den letzten Aufschluß noch zurückhält, erklärt er die Frage für *unentschieden*, und diejenige Meinung siegt, welche dem Verstande die höhere Befriedigung, und dem Herzen die größre Glückseligkeit anzubieten hat.

Es bedarf wohl keiner Erinnerung, daß eine Weltgeschichte nach lezterm Plane in den spätesten Zeiten erst zu erwarten steht. Eine vorschnelle Anwendung dieses großen Maaßes könnte den

Geschichtsforscher leicht in Versuchung führen, den Begebenheiten Gewalt anzuthun, und diese glückliche Epoche für die Weltgeschichte immer weiter zu entfernen, indem er sie beschleunigen will. Aber nicht zu frühe kann die Aufmerksamkeit auf diese lichtvolle und doch so sehr vernachläßigte Seite der Weltgeschichte gezogen werden, wodurch sie sich an den höchsten Gegenstand aller menschlichen Bestrebungen anschließt. Schon der stille Hinblick auf dieses, wenn auch nur mögliche, Ziel muß dem Fleiß des Forschers einen belebenden Sporn und eine süsse Erhohlung geben. Wichtig wird ihm auch die kleinste Bemühung seyn, wenn er sich auf dem Wege sieht, oder auch nur einen späten Nachfolger darauf leitet, das Problem der Weltordnung aufzulösen, und dem höchsten Geist in seiner schönsten Wirkung zu begegnen.

Und auf solche Art behandelt, M. H. H.[108] wird Ihnen das Studium der Weltgeschichte eine eben so anziehende als nützliche Beschäftigung gewähren. Licht wird sie in Ihrem Verstande, und eine wohlthätige Begeisterung in ihrem Herzen entzünden. Sie wird Ihren Geist von der gemeinen und kleinlichen Ansicht moralischer Dinge entwöhnen, und, indem sie vor Ihren Augen das große Gemählde der Zeiten und Völker auseinander breitet, wird sie die vorschnellen Entscheidungen des Augenblicks, und die beschränkten Urtheile der Selbstsucht verbessern. Indem sie den Menschen gewöhnt, sich mit der ganzen Vergangenheit zusammen zu fassen, und mit seinen Schlüssen in die ferne Zukunft voraus zu eilen: so verbirgt sie die Grenzen von Geburt und Tod, die das Leben des Menschen so eng und so drückend umschliessen, so breitet sie optisch täuschend sein kurzes Daseyn in einen unendlichen Raum aus, und führt das Individuum unvermerkt in die Gattung hinüber.

Der Mensch verwandelt sich und flieht von der Bühne; seine Meynungen fliehen und verwandeln sich mit ihm: die Geschichte allein bleibt unausgesetzt auf dem Schauplatz, eine unsterbliche Bürgerin, aller Nationen und Zeiten. Wie der homerische Zeus[109] sieht sie mit gleich heitern Blicke auf die blutigen Arbeiten des Kriegs, und auf die friedlichen Völker herab, die sich von der Milch ihrer Heerden schuldlos ernähren. Wie regel-

los auch die Freyheit des Menschen mit dem Weltlauf zu schalten scheine, ruhig sieht sie dem verworrenen Spiele zu: denn ihr weitreichender Blick entdeckt schon von ferne, wo diese regellos schweifende Freyheit am Bande der Nothwendigkeit geleitet wird. Was sie dem strafenden Gewissen eines *Gregors*[110] und *Cromwells*[111] geheim hält, eilt sie der Menschheit zu offenbaren: „daß der selbstsüchtige Mensch niedrige Zwecke zwar verfolgen kann, aber unbewußt vortrefliche befördert."
Kein falscher Schimmer wird sie blenden, kein Vorurtheil der Zeit sie dahin reissen, denn sie erlebt das letzte Schicksal aller Dinge. Alles was *aufhört*, hat für sie gleich kurz gedauert: sie hält den verdienten Olivenkranz frisch, und zerbricht den Obelisken, den die Eitelkeit thürmte. Indem sie das feine Getriebe auseinander legt, wodurch die stille Hand der Natur schon seit dem Anfang der Welt die Kräfte des Menschen planvoll entwickelt, und mit Genauigkeit andeutet, was in jedem Zeitraume für diesen grossen Naturplan gewonnen worden ist: so stellt sie den wahren Maasstab für Glückseligkeit und Verdienst wieder her, den der herrschende Wahn in jedem Jahrhundert anders verfälschte. Sie heilt uns von der übertriebenen Bewunderung des Alterthums, und von der kindischen Sehnsucht nach vergangenen Zeiten; und indem sie uns auf unsre eigenen Besitzungen aufmerksam macht, läßt sie uns die gepriesenen goldnen Zeiten Alexanders[112] und Augusts[113] nicht zurückwünschen.
Unser *menschliches* Jahrhundert herbey zu führen haben sich – ohne es zu wissen oder zu erzielen – alle vorhergehenden Zeitalter angestrengt. Unser sind alle Schätze, welche Fleiß und Genie, Vernunft und Erfahrung im langen Alter der Welt endlich heimgebracht haben. Aus der Geschichte erst werden Sie lernen, einen Werth auf die Güter legen, denen Gewohnheit und unangefochtener Besitz so gern unsre Dankbarkeit rauben: kostbare theure Güter, an denen das Blut der Besten und Edelsten klebt, die durch die schwere Arbeit so vieler Generationen haben errungen werden müssen! Und welcher unter Ihnen, bey dem sich ein heller Geist mit einem empfindenden Herzen gattet, könnte dieser hohen Verpflichtung eingedenk seyn, ohne daß sich ein stiller Wunsch in ihm regte, an das kommende Geschlecht die

Schuld zu entrichten, die er dem vergangenen nicht mehr abtragen kann? Ein edles Verlangen muß in uns entglühen, zu dem reichen Vermächtniß von Wahrheit, Sittlichkeit und Freyheit, das wir von der Vorwelt überkamen und reich vermehrt an die Folgewelt wieder abgeben müssen, auch aus unsern Mitteln einen Beytrag zu legen, und an dieser unvergänglichen Kette, die durch alle Menschengeschlechter sich windet, unser fliehendes Daseyn zu befestigen. Wie verschieden auch die Bestimmung sey, die in der bürgerlichen Gesellschaft Sie erwartet – etwas dazu steuern können Sie alle! Jedem Verdienst ist eine Bahn zur Unsterblichkeit aufgethan, zu der wahren Unsterblichkeit meyne ich, wo die That lebt und weiter eilt, wenn auch der Nahme ihres Urhebers hinter ihr zurückbleiben sollte.

Friedrich Schiller: Was heißt und zu welchem Ende studiert man Universalgeschichte? Eine akademische Antrittsrede. Jena 1789, S. 24–32.

70. Heinrich Luden: Einige Worte über das Studium der vaterländischen Geschichte

Dritte Vorlesung.

Der Unmuth über die Ereignisse unserer Tage hat Manchen unter uns ungerecht gemacht nicht nur gegen unsere Zeitgenossen und uns, sondern auch gegen unsere Väter. Man hat behauptet: die Deutschen hätten von jeher darauf hingearbeitet, das Schicksal herbei zu führen, das sie erlitten haben. In einem gewissen Sinn: insofern alles Spätere durch das Frühere bedingt ist, und insofern von den Menschen kommt, was durch die Menschen geschieht, ist dieses allerdings richtig. Aber wenn man ihnen dieses Schicksal zur Last legt, sie dafür verantwortlich macht, sie deßwegen verdammt, so hat man großes Unrecht. Das ist das Erfreuliche in Betrachtung der deutschen Geschichte, daß die Deutschen nie zu der Schlechtigkeit hinabgesunken sind, welche wol die Schmach anderer Völker ausmacht, sondern daß sie stets mit kräftigem Ernst dem nachgestrebt haben, was sie für die eigentliche Würde des Menschen hielten: auch in den Verirrungen der letzten Zeiten ist dieser Ernst noch zu erkennen. Von den ältesten Zeiten bis gegen die letzten bleibt der Charakter der Deutschen sich gleich; sie offenbarten ihn in den Wäldern des alten Germaniens und bewahrten ihn unter allem Wechsel. Ein hoher, frommer Glaube, wie manches Andere, mag ihnen mit mehrern Völkern gemein seyn; aber eigen ist ihnen ein stetes ernstes Streben nach häuslicher individueller Freiheit, nach freier individuell menschlicher Cultur. Dieses ist der Grundcharakter der Deutschen, und in diesem Grunde des deutschen Lebens wurzeln viele schöne Tugenden, durch welche die Deutschen aller Zeit herrlich geglänzt haben: unaussprechliche Treue gegen den guten Fürsten, der tapfer an ihrer Spitze stand, und dem sie freiwillig folgen mochten; fromme Anhänglichkeit an Haus und Familie, wie kein anderes Volk sie je bewiesen hat; große Einfalt der Sitten, wie das häusliche Leben sie nur erzeugen mag; redliche Freundschaft; schöne Liebe; Sinn für Recht und Pflicht; hohen Muth und ein tiefes Gefühl der Ehre. Dieser Charakter giebt der deutschen Geschichte eine eigenthümliche Würde, in welcher ihr vielleicht die Geschichte keines andern Volks gleich kommt. [...]

Vierte Vorlesung.

[...] Viele Völker früherer Zeit sind untergegangen. Wenn aber auch gewiß seyn mag, daß ein Volk den Untergang nicht abwehren kann, den ihm die Götter bestimmt haben: so beweiset doch die Geschichte aller Zeiten, daß es wenigstens in der Macht eines jeden Volks steht, im Untergang ehrwürdig zu bleiben, und selbst die Achtung seines Besiegers zu erzwingen. Dieses geschieht dann nothwendig, wenn das Volk, die Fehler, Irrthümer und Laster, durch welche es untergegangen ist, vermeidend, zur ursprünglichen Reinheit seines eigenthümlichen Lebens zurückkehrt, und seinem Charakter bei allem Wechsel treu bleibt, so daß es einzig der Gewalt erliegt. – Deutschland als Reich ist untergegangen; die Menschen, die unter demselben zuletzt gelebt haben, sind noch. Wir gehören zu ihnen. Wenn es uns, der gegenwärtigen Generation, nicht vergönnt war, unser künftiges Schicksal zu lenken: so ist wenigstens das in unsere Hand gegeben, das Urtheil der Nachwelt über uns und unsere Generation zu bestimmen. Mag uns ein schweres Gericht künftiger Zeiten bevorstehen: vor der Verdammung wird uns das Eine retten, daß wir, indem wir mit männlicher Fassung und Ruhe das Unglück tragen, zurückkehren zu dem reinen Sinn unserer Altvordern, und vermeiden den großen Irrthum, der Deutschlands Unglück gewesen ist – einen Irrthum, der nicht unsern Vätern zum Vorwurfe gereicht, der uns aber zum größten Vorwurfe gereichen würde, weil wir ihn als höchstverderblichen Irrthum erkannt haben. Schön ist im Leben der Deutschen die unverletzte Treue gegen ihre Fürsten; schön der hohe Freisinn, der jedem Despotismus widerstrebt; schön die freudige Aufopferung für Glauben, Überzeugung und Freiheit; schön die Einfalt der Sitten; schön die Biederherzigkeit in jeglichem Verhältnisse; schön der heilige Ernst nach höherer Bildung des Geistes; schön endlich der kindlich fromme Glaube an die allwaltende Gottheit, und das feste Vertrauen auf Den, Der die Schicksale der Länder und Völker bestimmt. Zu dieser Treue, zu diesem Freisinn, zu dieser freudigen Todesverachtung, zu dieser Sitteneinfalt, zu diesem heiligen Ernst, zu diesem kindlichfrommen Glauben – mußt Du zurückstreben, deutscher Jüngling, wenn Du würdig seyn willst der Altvordern, wenn Du entgehen willst der Schande der Gegenwart und der Verachtung der Nachwelt. Aber zugleich mußt Du (was die Väter versäumten) den Sinn lenken auf das Gemeinsame, auf das Vaterland und auf die Ehre des Vaterlandes, fest überzeugt, daß Du nur dadurch werden könnest, was Du seyn sollst. Folge nicht Denen, die unglückselig genug sind, Deutschland zu trennen in den Norden und den Süden; nicht Denen, welche ruchlos genug sind, den alten Religionshaß erneuern zu wollen; auch ihnen folge nicht, die aus den Deutschen soviele einzelne Völker machen möchten als in Deutschland Staaten sind; sondern halte fest an dem Grundsatze, daß wir Alle, die wir Deutsch reden, Kinder Einer Mutter sind, und suche das Vaterland da, wo man vaterländisch handelt, denkt, empfindet. Glaube nicht Patriotismus dadurch zu beweisen, daß Du Dich einmal laut desselben rühmst, beim Mahle, beim Becher, dessen Wirkung morgen vorüber ist; glaube ihn nicht in einzelnen Ausbrüchen gegen Einzelne zu zeigen, durch Handlungen oder Worte, zu welchen auch die Rohheit fähig wäre; auch nicht darinn, daß Du das Wort: Deutsch beständig auf der Zunge führst; sondern zeige Deinen Patriotismus durch ein frommes Festhalten am Leben der Väter im stillen Gemüthe, durch Pflege und Wartung Alles dessen, was in deutschem Sinn erzeugt und geboren ist. Vergeude nicht Deine jugendliche Kraft leichtsinnig in Spielerei und Thorheit: die Zeit ist ernst und erfordert einen ernsten Sinn; verliere Dich nicht in leere Allgemeinheiten und spitzfindige Grübeleien: auf sehr einfachen Grundsätzen ruht die Ehre wie die Freude des Lebens; sondern bewahre den freien, treuen Sinn; zeige die höchste Strenge in der Wissenschaft wie im Leben, im Handeln wie im Urtheil, aber lenke Alles auf das Eine, was Noth thut, auf Volk und Vaterland. Das und nur das ist Deine Ehre vor Welt und Nachwelt. –

Indem ich es unternehme, die Geschichten des Vaterlandes zu erzählen, ist es mein Hauptwunsch, etwas dazu beizutragen, daß der nothwendige Vaterlandsgeist in uns geweckt, erhalten, genährt werde. Ich kenne die Schwierigkeiten der Aufgabe, die mir vorliegt, und weiß, daß meine Kräfte nicht hinreichen, die Geschichte Deutschlands so darzustellen, wie sie dargestellt werden könnte und sollte. Allein das darf ich hoffen, daß mir zweierlei gelingen wird, einmal Ihnen stets das Vaterland in seiner Geschichte gegenwärtig zu erhalten, und zweitens, zu zeigen, wie die Geschichte des Vaterlandes studirt werden müsse; und das darf ich versichern, daß ich diese Geschichte mit einem wahrhaftig deutschen Gemüthe, mit dem reinsten und besten Willen darstellen werde. Kommen Sie mir mit einem eben solchen Gemüthe, mit eben so reinem Willen entgegen: so werden diese Stunden gewiß weder ohne Bedeutung für unser Leben noch für die Menschheit bleiben.

Heinrich Luden: Einige Worte über das Studium der vaterländischen Geschichte. Jena 1810, S. 51–53; S. 99–104.
(Dritte / Vierte Vorlesung)

Frau-Sein

Daß Frau-Sein an der Wende vom 18. zum 19. Jahrhundert entgegen aller Humanitäts-Beteuerungen einer ›Weimarer Klassik‹ (vgl. Text 65) und den emanzipatorischen Lippenbekenntnissen ihrer Opponenten aus dem Kreis der ›Jenaer Romantik‹ um die Brüder Schlegel (August Wilhelm Schlegel, 1767 – 1845; Friedrich Schlegel, 1759 – 1805) keine unbedingt ersprießliche Angelegenheit war, belegen philosophische Darlegungen Johann Gottlieb Fichtes (1762 – 1814; vgl. Text 71) ebenso wie gelegentliche Programmgedichte Friedrich Schillers (1759 – 1805; Text 73, vgl. auch Abb. 3). Von Rollenvorstellungen der bürgerlichen Gesellschaft ganz und gar gefangen, versuchten beide Autoren die Unterschiede zwischen den Geschlechtern im Naturrecht festzumachen: Die Männer tätig, die Frauen passiv, – die Männer auf jedwede geschlechtliche Erfüllung aus, die Frauen auf liebende Hingabe an den Einen beschränkt, – die Männer zur öffentlichen Karriere bestellt, die Frauen auf ihre regenerierende Zerstreuung nach Feierabend bestimmt. Dagegen protestierten die Jenaer Romantiker zurecht. Friedrich Schlegel (Text 72) forderte den Ausgleich der Geschlechter, August Wilhelm Schlegel unterzog Friedrich Schillers Programmgedicht ›Würde der Frauen‹ einer beißenden Satire (Text 74). Von Emanzipation der Frau freilich sprachen beide Brüder gleichfalls nicht; konsequenterweise veröffentlichte Friedrich Schlegel den Roman ›Florentin‹ seiner Frau Dorothea unter seinem Herausgeber-Namen (1801).

71. Johann Gottlieb Fichte:
Grundriss des Familienrechts

§ 4.

Das Weib kann sich nicht gestehen, dass sie sich hingebe – und da in dem vernünftigen Wesen etwas nur insofern ist, inwiefern es sich desselben bewusst wird – das Weib kann überhaupt sich nicht hingeben der Geschlechtslust, um ihren eigenen Trieb zu befriedigen; und da sie sich denn doch zufolge eines Triebes hingeben muss, kann dieser Trieb kein anderer seyn, als der, den Mann zu befriedigen. Sie wird in dieser Handlung Mittel für den Zweck eines andern; weil sie ihr eigener Zweck nicht seyn konnte, ohne ihren Endzweck, die Würde der Vernunft, aufzugeben. Sie behauptet ihre Würde, ohnerachtet sie Mittel wird, dadurch, dass sie sich freiwillig, zufolge eines edlen Naturtriebes, des der *Liebe*, zum Mittel macht.

Liebe also ist die Gestalt, unter welcher der Geschlechtstrieb im Weibe sich zeigt. Liebe aber ist es, wenn man um des andern willen, nicht zufolge eines Begriffs, sondern zufolge eines Naturtriebes, sich aufopfert. Blosser Geschlechtstrieb sollte nie Liebe genannt werden; dies ist ein grober Misbrauch, der darauf auszugehen scheint, alles edle in der menschlichen Natur in Vergessenheit zu bringen. Überhaupt sollte, meiner Meinung nach, nichts Liebe genannt werden, als das so eben beschriebene. Im Manne ist *ursprünglich* nicht Liebe, sondern Geschlechtstrieb; sie ist überhaupt in ihm kein ursprünglicher, sondern nur ein *mitgetheilter, abgeleiteter*, erst durch Verbindung mit einem liebenden Weibe *entwickelter* Trieb, und hat bei ihm eine ganz andere Gestalt; wie wir dies tiefer unten sehen werden. Nur dem Weibe ist die Liebe, der edelste aller Naturtriebe, angebohren; nur durch dieses kommt er unter die Menschen; so wie andere gesellige Triebe mehr, von welchen tiefer unten. Im Weibe erhielt der Geschlechtstrieb eine moralische Gestalt, weil er in seiner natürlichen die Moralität derselben ganz aufgehoben hätte. Liebe ist der innigste Vereinigungspunkt der Natur, und der Vernunft; sie ist das einzige Glied, wo die Natur in die Vernunft eingreift; sie ist sonach das vortreflichste unter allem natürlichen. Das Sittengesez fodert, dass man sich in andern vergesse; die Liebe giebt sich selbst hin für den andern.

Dass ich alles kurz zusammenfasse: Im unverdorbenen Weibe äussert sich kein Geschlechtstrieb, und wohnt kein Geschlechtstrieb, sondern nur Liebe; und diese Liebe ist der Naturtrieb des Weibes, einen Mann zu befriedigen. Es ist allerdings ein Trieb, der dringend seine Befriedigung heischt: aber diese seine Befriedigung ist nicht die sinnliche Befriedigung des Weibes, sondern die des Mannes; für das Weib ist es nur Befriedigung des Herzens. Ihr Bedürfniss ist nur das, zu lieben und geliebt zu seyn. So nur erhält der Trieb, sich hinzugeben, den Charakter der Freiheit und Thätigkeit, den er haben musste, um neben der Vernunft bestehen zu können. – Es ist wohl kein Mann, der nicht die Absurdität fühle, es umzukehren, und dem Manne einen ähnlichen Trieb zuzuschreiben, ein Bedürfniss des Weibes zu befriedigen, welches er weder bei ihr voraussetzen, noch sich als das Werkzeug desselben denken kann, ohne bis in das innerste seiner Seele sich zu schämen.

Darum ist auch das Weib in der Geschlechtsvereinigung nicht in jedem Sinne Mittel für den Zweck des Mannes; sie ist Mittel für ihren eigenen Zweck, ihr Herz zu befriedigen; und nur, inwiefern von sinnlicher Befriedigung die Rede ist, ist sie es für den Zweck des Mannes.

In dieser Denkart des Weibes eine Täuschung erkünsteln, und etwa sagen: so ist es denn doch am Ende der Geschlechtstrieb, der nur verstekter Weise sie treibt, wäre eine dogmatische Verirrung. Das Weib sieht nicht weiter, und ihre Natur geht nicht weiter, als bis zur Liebe: sonach *ist* sie nur so weit. Dass ein Mann, der die weibliche Unschuld nicht hat, noch haben soll, und der sich alles gestehen kann, diesen Trieb zergliedere, geht dem Weibe nichts an; *für sie* ist er einfach, denn das Weib ist kein Mann. Wenn sie Mann wäre, würde man Recht haben; aber dann wäre sie auch nicht *sie*; und alles wäre anders. – Oder will man uns etwa den Grundtrieb der weiblichen Natur als *Ding an sich* zu Tage fördern?

§ 5.

Das Weib giebt, indem sie sich zum Mittel der Befriedigung des Mannes macht, ihre Persönlichkeit; sie erhält dieselbe, und ihre ganze Würde nur dadurch wieder, dass sie es aus Liebe für diesen Einen gethan habe.

Aber, wenn diese Stimmung je ein Ende nehmen sollte, und das Weib einst aufhören müsste, in dem befriedigten Manne den über alle seines Geschlechts liebenswürdigen zu erblicken; ja, wenn sie nur die Möglichkeit davon denken könnte, so würde sie durch diesen Gedanken in ihren eigenen Augen verächtlich werden. Wenn es möglich ist, dass er für sie nicht der liebenswürdigste seines Geschlechts sey, so wäre, da sie doch ihm allein unter dem ganzen Geschlechte sich hingiebt, kein anderer Grund anzunehmen, als dass verstekter Weise die Natur sie getrieben habe, sich nur bald, und mit dem ersten, dem besten zu befriedigen; welches ohne Zweifel ein entehrender Gedanke wäre. Es ist also, so gewiss sie mit Erhaltung ihrer Würde sich hingiebt, nothwendig ihre Voraussetzung, dass ihre gegenwärtige Stimmung nie endigen könne, sondern ewig sey, so wie sie selbst ewig ist. Die sich einmal giebt, giebt sich auf immer.

§ 6.

Diejenige, welche ihre Persönlichkeit mit Behauptung ihrer Menschenwürde hingiebt, giebt nothwendig dem Geliebten alles hin, was sie hat. Wäre die Ergebung nicht unumschränkt, und behielte sie in derselben sich das geringste vor, so legte sie dadurch an den Tag, dass das vorbehaltne einen höhern Werth für sie hätte, als ihre eigene Person: welches ohne Zweifel eine tiefe Herabwürdigung ihrer Person wäre. Ihre eigene Würde beruht darauf, das sie ganz, so wie sie lebt, und ist, ihres Mannes sey, und sich ohne Vorbehalt an ihn und in ihm verloren habe. Das geringste, was daraus folgt, ist, dass sie ihm ihr Vermögen und alle ihre Rechte abtrete, und mit ihm ziehe. Nur mit ihm vereinigt, nur unter seinen Augen und in seinen Geschäften hat sie noch Leben, und Thätigkeit. Sie hat aufgehört, das Leben eines Individuum zu führen; ihr Leben ist ein Theil seines Lebens geworden, (dies wird treflich dadurch bezeichnet, dass sie den Namen des Mannes annimmt.)

Johann Gottlieb Fichte: Grundriss des Familienrechts (als erster Anhang des Naturrechts.). Erster Abschnitt. Deduktion der Ehe. In: Ders.: Grundlage des Naturrechts nach Principien der Wissenschaftslehre. Zweiter Theil oder Angewandtes Naturrecht. Jena, Leipzig 1797, S. 166–170.

72. Friedrich Schlegel:
Über die Diotima

[...] Nachdem die Eigenheiten der Griechischen Stämme sich verwischten, nachdem die Blüthe Dorischer Tugend verwelkte (welches schon im Peloponnesischen Kriege[114] geschah), ging auch bald die bestimmte Kenntniß davon verloren. Da konnte man von der Dorischen Tugend überhaupt sagen, was schon Eupolis[115] von den Dorischen Gesängen des Thebanischen Adlers sagte: *„Sie sind verstummt, durch die Gefühllosigkeit des Haufens."** War sie auch kurz, so gab es doch eine Zeit, wo man behaupten konnte, daß Lakonische Frauen[116] männliche Kraft und Selbstständigkeit, Lakonische Jünglinge aber weibliche Bescheidenheit, Schaamhaftigkeit und Sanftmuth besaßen.**
Aber mussten nicht diese männlichen Übungen der Spartanischen Mädchen, wie die wissenschaftliche Bildung der Pythagoreischen Frauen[117], die Weiblichkeit vertilgen? Sie scheinen uns so vernunftwidrig, wie die Behauptungen Plato's, und beleidigen unsre ganze Eigenthümlichkeit. *Ihre Rechtfertigung* ist diese. Manche Eigenheit jener Sitten und Meinungen findet ihre Entschuldigung in der frühern Stuffe der Wissenschaft; manche andre, ihre völlige Rechtfertigung in der Natur der Griechischen Freistaaten. Trennen wir aber das Wesentliche vom Zufälligen, so ist der Grundsatz unwiderleglich: die Weiblichkeit soll wie die Männlichkeit zur höhern Menschlichkeit gereinigt werden; und der Versuch, wenn er gleich mißlang, bleibt immer ruhmwürdig, in den Sitten und im Staate das zu erreichen, was die Idealkunst der Attischen Tragödie wirklich erreicht hat: das Geschlecht, ohne es zu vertilgen, dennoch der Gattung unterzuordnen. Die Richtung der Griechischen Sitten ging auf das Nothwendige; der unsrigen, auf das Zufällige und Einzelne. Was ist häßlicher als die überladne Weiblichkeit,[118] was ist ekelhafter als die übertriebne Männlichkeit, die in unsern Sitten, in unsern

---

* Athen. libr. I, p. 3.
** Xenoph, rep. Lac. p. 537.[118]

Meinungen, ja auch in unsrer bessern Kunst, herrscht? – Ja sogar auf künstlerische Darstellungen, welche *idealisch* sein sollen, auf Versuche, den Begriff der Weiblichkeit *rein* zu entwickeln, äußert diese verderbliche Denkart ihren Einfluß. Man betrachtet die Bestandtheile der reinen Weiblichkeit oder Männlichkeit als nothwendige Eigenschaften, die die Freiheit des Gemüths vernichten würden. Sie sind aber nur Lockungen oder Erleichterungen der Natur; und sie zu lenken, ohne sie zu zerstören, mit Schonung der Natur der Nothwendigkeit gehorchen, ist das höchste Kunstwerk der Freiheit. Man nimmt zweitens in den Begriff der reinen Weiblichkeit – der vielleicht nur zwei Bestandtheile: Innigkeit und Zartheit, wie der Begriff der Männlichkeit: Umfang und Bestimmtheit, hat – zu viel Merkmaale auf, Merkmaale die aus der Erfahrung geschöpft sind, und nur einer übertriebenen Weiblichkeit zukommen: *Beharrlichkeit* und *Einfachheit*, als einen Vorzug des Geschlechts. Man versteht darunter nichts anders als die absolute Charakterlosigkeit, die das Gesetz ihrer Sitten von einem fremden Wesen empfängt; und die von Außen *gegebne* Einheit ist hier freilich vollendeter als die selbstthätige von innen mühsam erkämpfte Beharrlichkeit des Mannes. Aber eben der herrschsüchtige Ungestüm des Mannes, und die selbstlose Hingegebenheit des Weibes, ist schon übertrieben und häßlich. Nur selbstständige Weiblichkeit, nur sanfte Männlichkeit, ist gut und schön. [...]

Friedrich Schlegel: Über die Diotima. In: Berlinische Monatsschrift. Hg. Julius Biester. 26. Band. Julius bis Dezember, 1795, Julius Nr. 3, dort S. 60–63. [Auszug]

73. Friedrich Schiller:
Würde der Frauen

Ehret die Frauen! Sie flechten und weben
Himmlische Rosen ins irrdische Leben,
Flechten der Liebe beglückendes Band.
Sicher in ihren bewahrenden Händen
Ruht, was die Männer mit Leichtsinn verschwenden,
Ruhet der Menschheit geheiligtes Pfand.

Ewig aus der Wahrheit Schranken
Schweift des Mannes wilde Kraft,
Und die irren Tritte wanken
Auf dem Meer der Leidenschaft.
Gierig greift er in die Ferne,
Nimmer wird sein Herz gestillt,
Rastlos durch entlegne Sterne
Jagt er seines Traumes Bild.

Aber mit zauberisch fesselndem Blicke
Winken die Frauen den Flüchtling zurücke,
Warnend zurück in der Gegenwart Spur.
In der Mutter bescheidener Hütte
Sind sie geblieben mit schamhafter Sitte,
Treue Töchter der frommen Natur.

Feindlich ist des Mannes Streben,
Mit zermalmender Gewalt
Geht der Wilde durch das Leben,
Ohne Rast und Aufenthalt.
Was er schuf, zerstört er wieder,
Nimmer ruht der Wünsche Streit,
Nimmer, wie das Haupt der Hyder[119]
Ewig fällt und sich erneut.

Aber zufrieden mit stillerem Ruhme,
Brechen die Frauen des Augenblicks Blume,
Pflegen sie sorgsam mit liebendem Fleiss,
Freier in ihrem gebundenen Wirken
Reicher, als er in des Denkens Bezirken,
Und in der Dichtung unendlichem Kreis.

Seines Willens Herrschersiegel
Drückt der Mann auf die Natur,
In der Welt verfälschtem Spiegel
Sieht er Seinen Schatten nur,
Offen liegen ihm die Schätze
Der Vernunft, der Phantasie,

Abb. 3 Vertonung von Friedrich Schillers Gedicht
›Würde der Frauen‹ durch Johann Friedrich Reichardt
(Beilage zu Schillers ›Musen-Almanach auf das Jahr 1796‹)

Nur das Bild auf seinem Netze[120],
Nur das *Nahe* kennt er nie.

Aber die Bilder, die ungewiss wanken
Dort auf der Flut der bewegten Gedanken,
In des Mannes verdüstertem Blick,
Klar und getreu in dem sanfteren Weibe
Zeigt sie der Seele krystallene Scheibe,
Wirft sie der ruhige Spiegel zurück.

Immer widerstrebend, immer
Schaffend, kennt des Mannes Herz
Des Empfangens Wonne nimmer,
Nicht den süssgetheilten Schmerz,
Kennet nicht den Tausch der Seelen,
Nicht der Thränen sanfte Lust,
Selbst des Lebens Kämpfe stählen
Fester seine feste Brust.

Aber wie, leise vom Zephyr[121] erschüttert,
Schnell die Aolische Harfe[122] erzittert,
Also die fühlende Seele der Frau.
Zärtlich geängstigt vom Bilde der Qualen,
Wallet der liebende Busen, es strahlen
Perlend die Augen von himmlischen Thau.

In der Männer Heerschgebiete
Gilt der Stärke stürmisch Recht,
Mit dem Schwerdt beweist der Scythe[123],
Und der Perser wird zum Knecht.
Es befehden sich im Grimme
Die Begierden – wild und roh!
Und der Eris[124] rauhe Stimme
Waltet, wo die Charis[125] floh.

Aber mit sanftüberredender Bitte
Führen die Frauen den Zepter der Sitte,
Löschen die Zwietracht, die tobend entglüht,
Lehren die Kräfte, die feindlich sich hassen.

150

Sich in der lieblichen Form zu umfassen.
Und vereinen, was ewig sich flieht.

Seiner Menschlichkeit vergessen,
Wagt des Mannes eitler Wahn
Mit Dämonen[126] sich zu messen,
Denen nie Begierden nahn.
Stolz verschmäht er das Geleite
Leise warnender Natur,
Schwingt sich in des Himmels Weite,
Und verliert der Erde Spur.

Aber auf treuerem Pfad der Gefühle
Wandelt die Frau zu dem göttlichen Ziele,
Das sie still, doch gewisser erringt,
Strebt, auf der Schönheit geflügeltem Wagen
Zu den Sternen die Menschheit[127] zu tragen,
Die der Mann nur ertödtend bezwingt.

Auf des Mannes Stirne thronet
Hoch als Königinn der Pflicht,
Doch die Herrschende verschonet
Grausam das Beherrschte nicht.
Des Gedankens Sieg entehret
Der Gefühle Widerstreit,
Nur der ewge Kampf gewähret
Für des Sieges Ewigkeit.

Aber für Ewigkeiten entschieden
Ist in dem Weibe der Leidenschaft Frieden;
Der Nothwendigkeit heilige Macht
Hütet der Züchtigkeit köstliche Blüthe,
Hütet im Busen des Weibes die Güte,
Die der Wille nur treulos bewacht.

Aus der Unschuld Schooss gerissen
Klimmt zum Ideal der Mann
Durch ein ewig streitend Wissen,
Wo sein Herz nicht ruhen kann,

Schwankt mit ungewissem Schritte,
Zwischen Glück und Recht getheilt,
Und verliert die schöne Mitte,
Wo die Menschheit fröhlich weilt.

Aber in kindlich unschuldiger Hülle
Birgt sich der hohe geläuterte Wille
In des Weibes verklärter Gestalt.
Aus der bezaubernden Einfalt der Züge
Leuchtet der Menschheit Vollendung und Wiege,
Herrschet des Kindes, des Engels Gewalt.

Friedrich Schiller: Würde der Frauen. In: Musen-Almanach für das Jahr 1796. Hg. Friedrich Schiller. Neustrelitz 1796, S. 186–192.

74. August Wilhelm Schlegel: Schillers Lob der Frauen. Parodie

Ehret die Frauen! Sie stricken die Strümpfe,
Wollig und warm, zu durchwaten die Sümpfe,
Flicken zerrißene Pantalons[128] aus;
Kochen dem Manne die kräftigen Suppen,
Putzen den Kindern die niedlichen Puppen,
Halten mit mäßigem Wochengeld Haus.

Doch der Mann, der tölpelhafte
Find't am Zarten nicht Geschmack.
Zum gegohrnen Gerstensafte
Raucht er immerfort Taback;
Brummt, wie Bären an der Kette,
Knufft die Kinder spat und fruh;
Und dem Weibchen, nachts im Bette,
Kehrt er gleich den Rücken zu. u. s. w.

August Wilhelm Schlegel: Schillers Lob der Frauen. Parodie. In: Ders.: Sämmtliche Werke. Hg. Eduard Böcking. Bd. 2. Leipzig 1846, S. 172.

Bildende Kunst

Nach dem Tode Friedrich Schillers (am 9. Mai 1805; vgl. Texte 30 – 32) milderte sich der Klassizismus in den Kunstauffassungen der verbliebenen ›Weimarer Klassiker‹ erheblich. Der Kunstschriftsteller Karl Ludwig Fernow (1763 – 1808) etwa beschrieb das ›Kunstschöne‹ (Text 75) zwar nach wie vor mit den Kategorien der Briefe Friedrich Schillers ›Über die ästhetische Erziehung des Menschengeschlechts‹ (1795); dem romantischen Kunstverständnis legte er jedoch kein unüberwindliches Hindernis mehr in den Weg: ›Wer seinen Flug noch höher richten und auf den Fittichen einer filosofirenden Fantasie (...) sich zu den überirdischen Sfären emporschwingen, und das Urschöne in Gott, oder im Universum aufsuchen, und im Absoluten erkennen wil, dem wünschen wir eine glükliche Reise. (...) Wir wollen ihn hier unten erwarten.‹ (Text 75) Johann Wolfgang Goethe dagegen zögerte (vgl. Abb. 4), öffnete sich unter dem Einfluß der Kunstsammlung Sulpiz Boisserées (1783 – 1854) jedoch endgültig dem neuen Blick auf die Werke der bildenden Kunst: ›Und so ist unser wiederholtes, aufrichtiges Bekenntniß, daß keiner Zeit versagt sey das schönste Talent hervorzubringen, daß aber nicht einer jeden gegeben ist es vollkommen würdig zu entwickeln. (...) Jeder sey auf seine Art ein Grieche! Aber er sey's.‹ (Text 76) Seiner literarischen Produktion kam diese Öffnung durchaus zugute (›West-Östlicher Divan‹, 1819).

75. Karl Ludwig Fernow: Über das Kunstschöne

Das Schöne ist, seinem Wesen nach, nur *Eines*; aber in der Wirklichkeit ist es unendlich mannigfaltig und verschieden. Eine vollständige und befriedigende Erklärung des Schönen ist also nur aus dem *Wesen* oder der *Idee*, nicht aus den Erscheinungen desselben, möglich.

Wer das Schöne aus den Erscheinungen zu erklären glaubt, der täuscht sich, und sucht Etwas da, wo es nicht gefunden werden kan. Denn, um einen volständigen Erfahrungsbegriff vom Schönen aufzustellen, müste man nicht nur alles wirklich vorhandene Schöne, sondern auch alles Schöne das bereits gewesen ist und noch seyn wird, kennen und in *einen* Überblik zu umfassen vermögen. Dass ein Gegenstand schön ist, und dass es mehrere schöne Gegenstände gibt, mus freilich die Erfahrung lehren; daraus folgt aber noch nicht, dass sie auch lehren könne, *was* das Schöne ist.

Eben so unfruchtbar für diesen Zwek sind etimologische Erklärungen[129]. Wenn man auch die Entdeckung gemacht hat, dass *schön* von *scheinen* abgeleitet ist, so hat man dadurch nichts mehr gelernt, als was man ohne das schon wuste, nämlich dass das Schöne – *erscheint*. Aber man wil ja nicht das *Wort*, sondern den *Begrif* kennen lernen, den es ausdrükt; und zwar den Begrif, den es *jezt* für uns bezeichnet, nicht den, welchen es etwa bei seiner Entstehung bezeichnet haben mag. Wenn wir den Begrif der *Tugend* erklären wollen, so ist es für diesen Zwek ganz gleichgültig, ob das Wort von *thun* oder von *taugen* oder anderswo her entsprungen ist; denn es ist uns um den *Begrif*, um die *Sache* zu thun.

In Hinsicht des Wortes bemerken wir, um einander zu verstehen, hier nur soviel: Das *Schöne* ist als eine *Eigenschaft der Dinge* zu betrachten, die abgesondert gedacht und zur Selbstständigkeit erhoben, *Schönheit* genant wird; und in sofern giebt es wesentlich *nur eine* Schönheit. Aber in der Erscheinung unterscheidet man mehrere Arten derselben, da gibt es *Schönheiten*; und im Sprachgebrauche nennt man oft blos die Eigenschaft stat des Gegenstandes dem sie anhängt, indem man ein schönes Ding auch *eine Schönheit*, und die schönen Theile eines Gegenstandes die *Schönheiten* desselben nennt.

Da wir hier *eine Art des Schönen* besonders betrachten wollen, so werden wir vom *Schönen überhaupt* nur so viel voranschicken, als davon zur Erklärung jener nothwendig ist, ohne uns auf eine ausfürliche und volständige Entwickelung und Erklärung seines Wesens einzulassen.

Das Wesen des Schönen läst sich zuvorderst nur *subjektiv* aus dem menschlichen Gemüthe entwickeln und befriedigend erklären: und diese Erklärung bringt uns dann auch auf die *objek-*

tive Spur seines Wesens. Denn das Schöne ist für uns nur in sofern da, als der Sin für dasselbe in uns entwickelt ist. Die anderen Sinne gibt und entwickelt die Natur ohne unser Zuthun; zu dem ästhetischen Sinne gibt sie blos in der Menschheit die Anlage, mit der zugleich er durch eine zwekmässige Erziehung entwickelt wird; daher auch dieser Sin in der Geselschaft sehr ungleich vorhanden, und bei vielen Individuen wenig oder gar nicht entwickelt ist, welches theils in der Ungleichheit der Anlage dazu, theils in den verschiedenen Arten und Graden der Ausbildung seinen Grund hat.

Das Resultat der bisherigen Nachforschungen der Filosofen in *subjektiver* Hinsicht ist, dass dasselbe nur in einer freien harmonischen Thätigkeit der Gemüthskräfte zum Bewustsein gelangt. Wo eine solche Thätigkeit der Gemüthskräfte stat findet, da ist auch das Gefühl des Schönen rege. Nur durch das Gefühl des Schönen können wir uns der freien Thätigkeit des Gemüths, – und nur durch die freie Thätigkeit des Gemüths können wir uns des Schönen bewust werden; denn beide sind wie Ursach' und Wirkung unzertrenlich verbunden; und wir nennen alle die Gegenstände schön, deren Eindruk die freie Harmonie der Gemüthskräfte in uns bewirkt, und durch diese Wirkung das Gefühl des Schönen in uns erregt.

Durch diese Erklärung kennen wir nun zwar unsern Zustand, wenn wir das Schöne anschauen und fühlen, und den inneren Grund unsers Urtheils, durch das wir einen Gegenstand für schön erklären; aber von der *objektiven* Ursache dieses Zustandes, von der Schönheit als einer *den Dingen anhängenden Eigenschaft*, von dem was sie ist? worin sie besteht? wo sie ihren Siz hat? erfahren wir in der obigen Erklärung noch nichts.

Wenn wir das menschliche Gemüth als einen treuen Spiegel der Natur, sowohl der *inneren*, die unser Wesen ausmacht, als der *äusseren*, die uns in den Erscheinungen umgiebt, betrachten müssen, dessen Auffassungsvermögen dem Aufzufassenden, so wie dieses jenem, genau entspricht, wodurch überhaupt bestimmtes Bewustsein, Anschauung und Erkentnis, und verständliche Mittheilung desselben, möglich wird, obgleich wir die höhere Ursache dieser Zusammenstimmung nicht zu erkennen vermögen: so müssen wir nothwendig auch annehmen, dass *die* Beschaffenheit oder Eigenschaft der Dinge, durch deren Eindruk genöthigt wir ihnen, vor andern Dingen die diesen Eindruk nicht bewirken, Schönheit beilegen, mit jenem Gemüthszustande, dessen wir uns bei der Betrachtung eines schönen Gegenstandes bewustwerden, zusammenstimmend und analog, d. h. nach denselben formalen Gesetzen bestehend, sei. Die Ursache mus der Wirkung angemessen seyn, und wir müssen, wie in so vielen anderen Fällen, jene aus dieser zu erkennen und zu erklären suchen.

Da das Schöne, wie die Erfahrung lehrt, nur angeschauet, und in der Anschauung gefühlt wird, so mus es als Eigenschaft nothwendig an der *Form* der Dinge enthalten seyn. Das, was wir in der Anschauung eines schönen Gegenstandes fühlen, ist nicht die materielle Einwirkung desselben auf das körperliche Organ, und die derselben entsprechende Empfindung: sondern es ist der durch die Anschauung in uns bewirkte Zustand der freien harmonischen Thätigkeit des Gemüthes selbst, dessen wir uns in einem Gefühle bewust werden, welches eigentlich das *Gefühl des Schönen* ist. Nur dadurch dass die Anschauung ein *Gefühl* in uns erregt, kan der Gegenstand eine schöne Wirkung thun. Diese, den schönen Gegenständen ausschliessend eigene, Wirkung besteht aber darin, dass sie nicht dieses oder jenes Vermögen des Gemüths, sondern *das Gemüth selbst*, als lebendige Einheit der gesamten Vermögen der Selenkraft, in Anspruch nehmen, und in Thätigkeit setzen. Regte die Anschauung des Gegenstandes blos den *Verstand* zur *Erkentnis* desselben auf, oder reizte der Eindruk desselben blos einen *sinlichen Trieb*, so würde die Thätigkeit des Gemüths eine blos *einseitige* Richtung nehmen; nur *eine* Kraft des Gemüths würde beschäftigt seyn, wärend die übrigen entweder in Unthätigkeit gehalten, oder der *einen* thätigen zur Dienstleistung untergeordnet würden. Die Thätigkeit des Gemüths wäre also in solchen Fällen weder frei noch harmonisch; und es würde uns unter solchen Umständen nicht einfallen, den Gegenstand schön zu nennen.

Ist also, wie gesagt, die Eigenschaft der Dinge, die wir schön nennen, an der *Form* oder *Erscheinungsart* der Gegenstände enthalten, so mus dieselbe in der Anschauung sowohl die *sinlichen* als die *geistigen* Kräfte des Gemüths aufregen und beschäftigen; sie mus, ohne eine oder die andere Gemüthskraft ausschliessend in Anspruch zu nehmen, die *gesamten Kräfte* desselben zu harmonischer Thätigkeit beleben.

Da nun die *Einbildungskraft* dasjenige Vermögen des Gemüths ist, welches die Vorstellungen aller übrigen in sich aufnimt, sie in ein anschauliches Gewand kleidet, sie nach Wilkür mit einander verbindet, und durch diese Verbindung mit freier Schöpferkraft aus dem von allen übrigen Gemüthsvermögen ihr dargebotenen mannigfaltigen Stoffe *Ideen* und *Bilder* anschaulich für den innern Sin erzeugt, die wir *ästhetische Ideen* nennen; und die dadurch, dass sie ein Mannigfaltiges von Vorstellungen aller Art, von Ideen, Begriffen, Anschauungen und Empfindungen, enthalten, fähig sind, die gesamten Kräfte des Gemüths ins Spiel zu setzen; so folgt daraus: dass die Gegenstände, welche auf Schönheit Anspruch machen, im Stande seyn müssen der Einbildungskraft einen solchen mannigfaltigen Stof zu ästhetischen Ideen darzubieten, und sowohl die sinlichen als die geistigen Kräfte des Gemüths so ins Spiel zu setzen, dass alle soviel möglich gleichmässig beschäftigt, und keine auf Kosten oder durch Zwang der übrigen, oder im Widerstreite mit ihnen, ausschliessend in Thätigkeit gesezt werde; oder wenn auch ein solcher Widerstreit stat findet, derselbe doch nur scheinbar sei, und sich im *Ganzen der Anschauung* durch eine vermittelnde Idee in Harmonie auflöse. Nur unter diesen Bedingungen ist eine freie und harmonische Beschäftigung des Gemüths, und nur so das Gefühl des Schönen möglich.

Das Schöne wirkt also vornemlich und zunächst auf und durch die *Einbildungskraft*. Dies ist vorzugsweise bei Gegenständen des *Gesichts* der Fal, welche ihr *Anschauungen* und *Bilder* im eigentlichsten Sinne darbieten. Bei Gegenständen des *Gehörs* wendet der Eindruk sich oft mit überwiegender Macht an die *Empfindung*, wie z. B. in der *Tonkunst*, oder an den *Verstand*, wie in der *Redekunst*, oder an die *Fantasie*, wie in der *Dichtkunst*, welche alle Kräfte des Geistes in ihren unendlichen Spielraum zieht, und aufs mannigfaltigste beschäftigt.

Das Schöne ist, als *Eigenschaft der Erscheinungen*, zu mannigfaltig als dass es sich je durch ein bestimbares äusseres Merkmal bezeichnen liesse; es mus sich unmittelbar dem Gefühle ankündigen. Alle *Bedingungen des Schönen* lassen sich angeben und an den Gegenständen durch den Verstand erkennen; *das Schöne selbst* entschlüpft wie ein unkörperlicher Schatten wenn der Begrif es als ein bestimtes Merkmal auffassen und festhalten wil. Nur im *Algemeinen* läst sich dasselbe als *freie Übereinstimmung des Inhalts und der Form zur Einheit eines in der blossen Betrachtung wohlgefälligen Ganzen erklären.*

Wil man das objektive Wesen des Schönen in der unendlichen Mannigfaltigkeit der Erscheinungen unter einen Vernunftbegrif zusammengefast, mit *Schiller lebende Gestalt* nennen, und diesen Begrif nur richtig, d. h. in seiner ganzen natürlichen und figürlichen Bedeutung, so wie *Schiller* ihn in seinen *Briefen über die ästhetische Erziehung des Menschengeschlechts*[130] entwickelt und aufgestellt hat, verstehen, so haben wir nichts dagegen. Ein algemeiner Begrif ist nothwendig um sich mit ihm in dem Labirinte schöner Erscheinungen zu orientiren.

Wer seinen Flug noch höher richten und auf den Fittichen einer filosofirenden Fantasie, oder einer fantasirenden Vernunft (in der Sprache der Eingeweihten *intellektuelle Anschauung* genant) sich zu den überirdischen Sfären emporschwingen, und das *Urschöne* in *Gott*, oder im *Universum* aufsuchen, und im *Absoluten erkennen* wil, dem wünschen wir eine glükliche Reise, und er sol uns gegrüst seyn, wenn er uns aus den Regionen des Lichts nicht dunkle Orakelsprüche, sondern klare, heitere, für die Theorie der Kunst und für die Anwendung fruchtbare, Einsichten zurükbringt. Wir wollen ihn hier unten erwarten.

Carl Ludwig Fernow: Über das Kunstschöne. In: Ders.: Römische Studien. Erster Theil. Zürich 1806, S. 291–302.

76. Johann Wolfgang Goethe: Antik und modern

Da ich in vorstehendem[131] genöthigt war zu Gunsten des Alterthums, besonders aber der damaligen bildenden Künstler, so viel Gutes zu sagen, so wünschte ich doch nicht mißverstanden zu werden, wie es leider gar oft geschieht, indem der Leser sich eher auf den Gegensatz wirft, als daß er zu einer billigen Ausgleichung sich geneigt fände. Ich ergreife daher eine dargebotene Gelegenheit um beispielweise zu erklären, wie es eigentlich gemeynt sey und auf das ewig fortdauernde Leben des menschlichen Thuns und Handelns, unter dem Symbol der bildenden Kunst, hinzudeuten.

Ein junger Freund, Karl Ernst *Schubart*[132], in seinem Hefte *zur Beurtheilung Goethe's*, welches ich in jedem Sinne zu schätzen und dankbar anzuerkennen habe, sagt: „Ich bin nicht der Meinung wie die meisten Verehrer der Alten, unter die Göthe selbst gehört, daß in der Welt für eine hohe, vollendete Bildung der Menschheit nichts ähnlich Günstiges sich hervorgethan habe wie bey den Griechen." Glücklicher Weise können wir diese Differenz mit Schubarts eigenen Worten ins Gleiche bringen, indem er spricht: „Von unserem Göthe aber sey es gesagt, daß ich Shakespeare ihm darum vorziehe, weil ich in Shakespeare einen solchen tüchtigen, sich selbst unbewußten Menschen gefunden zu haben glaube, der mit höchster Sicherheit, ohne alles Raisonniren, Reflectiren, Subtilisiren, Classificiren und Potenziren den wahren und falschen Punkt der Menschheit überall so genau, mit so nie irrendem Griff und so natürlich hervorhebt, daß ich zwar am Schluß bey Göthe immer das nämliche Ziel erkenne, von vorn herein aber stets mit dem Entgegengesetzten zuerst zu kämpfen, es zu überwinden und mich sorgfältig in Acht zu nehmen habe, daß ich nicht für blanke Wahrheit hinnehme, was doch nur als entschiedener Irrthum abgelehnt werden soll."

Hier trifft unser Freund den Nagel auf den Kopf, denn gerade da, wo er mich gegen Shakespeare im Nachtheil findet, stehen wir im Nachtheil gegen die Alten. Und, was reden wir von den Alten? Ein jedes Talent, dessen Entwickelung von Zeit und Umständen nicht begünstigt wird, so daß es sich vielmehr erst durch vielfache Hindernisse durcharbeiten, von manchen Irrthümern sich losarbeiten muß, steht unendlich im Nachtheil gegen ein gleichzeitiges, welches Gelegenheit findet sich mit Leichtigkeit auszubilden und was es vermag, ohne Widerstand auszuüben.

Bejahrten Personen fällt aus der Fülle der Erfahrung oft, bey Gelegenheit, ein was eine Behauptung erläutern und bestärken könnte, deßhalb sey folgende Anekdote zu erzählen vergönnt. Ein geübter Diplomat, der meine Bekanntschaft wünschte, sagte nachdem er mich, bey dem ersten Zusammentreffen, nur überhin angesehen und gesprochen, zu seinen Freunden: *Voila un homme qui a eu de grands chagrins!*[133] Diese Worte gaben mir zu denken: Der gewandte Gesichtsforscher hatte recht gesehen, aber das Phänomen bloß durch den Begriff von Duldung ausgedrückt, was er auch der Gegenwirkung hätte zuschreiben sollen. Ein aufmerksamer, gerader Deutscher hätte vielleicht gesagt: Das ist auch einer der sichs hat sauer werden lassen!

Wenn sich nun in unseren Gesichtszügen die Spur überstandenen Leidens, durchgeführter Thätigkeit nicht auslöschen läßt, so ist es kein Wunder, wenn Alles was von uns und unserem Bestreben übrig bleibt dieselbe Spur trägt und dem aufmerksamen Beobachter auf ein Daseyn hindeutet das, in einer glücklichsten Entfaltung, so wie in der nothgedrungensten Beschränkung, sich gleich zu bleiben und, wo nicht immer die Würde, doch wenigstens die Hartnäckigkeit des menschlichen Wesens durchzuführen trachtete.

Lassen wir also Altes und Neues, Vergangenes und Gegenwärtiges fahren und sagen im Allgemeinen: jedes künstlerisch Hervorgebrachte versetzt uns in die Stimmung, in welcher sich der Verfasser befand. War sie heiter und leicht, so werden wir uns frei fühlen; war sie beschränkt, sorglich und bedenklich, so zieht sie uns gleichmäßig in die Enge.

Nun bemerken wir bey einigem Nachdenken, daß hier eigentlich nur von der Behandlung die Rede sey, Stoff und Gehalt kommt nicht in Betracht. Schauen wir sodann diesem gemäß in der Kunstwelt frey umher, so gestehen wir daß ein jedes Erzeugniß uns Freude macht, was dem Künstler mit Bequemlichkeit und Leichtigkeit gelungen. Welcher Liebhaber besitzt nicht mit Vergnügen eine wohlgerathne Zeichnung oder Radirung unseres Chodowiecky[134]? Hier sehen wir eine solche Unmittelbarkeit an der uns bekannten Natur, daß nichts zu wünschen übrig bleibt.

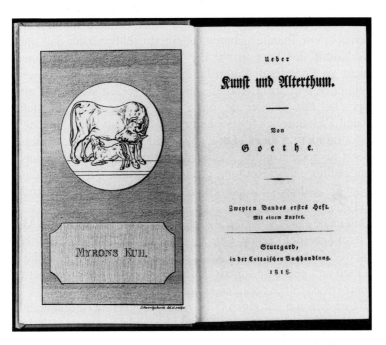

Abb. 4 Titelblatt zu Johann Wolfgang Goethes Zeitschrift
›Über Kunst und Alterthum‹
(Bd. 2. Heft 1. 1818)

Nur darf er nicht aus seinem Kreise, nicht aus seinem Format herausgehen, wenn nicht alle seiner Individualität gegönnten Vortheile sollen verloren seyn.
Wir wagen uns weiter und bekennen, daß *Manieristen*[135] sogar, wenn sie es nur nicht allzuweit treiben, uns viel Vergnügen machen, und daß wir ihre eigenhändigen Arbeiten sehr gern besitzen. Künstler die man mit diesem Namen benennt sind mit entschiedenem Talente geboren; allein sie fühlen bald, daß nach Verhältniß der Tage so wie der Schule worein sie gekommen, nicht zu Federlesen Raum bleibt, sondern daß man sich entschließen und fertig werden müsse. Sie bilden sich daher eine Sprache, mit welcher sie, ohne weiteres Bedenken, die sichtbaren Zustände leicht und kühn behandeln und uns, mit mehr oder minderm Glück, allerley Weltbilder vorspiegeln, wodurch denn manchmal ganze Nationen mehrere Decennien hindurch angenehm unterhalten und getäuscht werden, bis zuletzt einer oder der andere wieder zur Natur und höheren Sinnesart zurückkehrt.
Daß es bey den Alten auch zuletzt auf eine solche Art von Manier hinauslief, sehen wir an den Herkulanischen Alterthümern[136]; allein die Vorbilder waren zu groß, zu frisch, wohlerhalten und gegenwärtig, als daß ihre Dutzend-Maler sich hätten ganz ins Nichtige verlieren können.
Treten wir nun auf einen höhern und angenehmern Standpunkt und betrachten das einzige Talent *Raphaels*[137]. Dieser, mit dem glücklichsten Naturell geboren, erwuchs in einer Zeit, wo man redlichste Bemühung, Aufmerksamkeit, Fleiß und Treue der Kunst widmete. Vorausgehende Meister führten den Jüngling bis an die Schwelle, und er brauchte nur den Fuß aufzuheben um in den Tempel zu treten. Durch Peter Perugin[138] zur sorgfältigsten Ausführung angehalten, entwickelt sich sein Genie an Leonard da Vinci[139] und Michel Angelo[101]. Beyde gelangten während eines langen Lebens, ungeachtet der höchsten Steigerung ihrer Talente, kaum zu dem eigentlichen Behagen des Kunstwirkens. Jener hatte sich, genau besehen, wirklich müde gedacht und sich allzusehr am Technischen abgearbeitet, dieser, anstatt uns, zu dem was wir ihm schon verdanken, noch Über-

schwengliches im Plastischen zu hinterlassen, quält sich die schönsten Jahre durch in Steinbrüchen, nach Marmorblöcken und Bänken, so daß zuletzt von allen beabsichtigten Heroen des Alten und Neuen Testamentes der einzige Moses[140] fertig wird, als ein Musterbild dessen was hätte geschehen können und sollen. Raphael hingegen wirkt seine ganze Lebenszeit hindurch mit immer gleicher und größerer Leichtigkeit. Gemüths- und Thatkraft stehen bey ihm in so entschiedenem Gleichgewicht, daß man wohl behaupten darf, kein neuerer Künstler habe so rein und vollkommen gedacht als er und sich so klar ausgesprochen. Hier haben wir also wieder ein Talent das uns aus der ersten Quelle das frischeste Wasser entgegen sendet. Er gräcisirt nirgends; fühlt, denkt, handelt aber durchaus wie ein Grieche. Wir sehen hier das schönste Talent zu eben so glücklicher Stunde entwickelt, als es, unter ähnlichen Bedingungen und Umständen, zu Perikles[141] Zeit geschah.

Und so muß man immer wiederholen: das geborne Talent wird zur Production gefordert, es fordert dagegen aber auch eine natur- und kunstgemäße Entwickelung für sich: es kann sich seiner Vorzüge nicht begeben und kann sie ohne äußere Zeit-Begünstigung nicht gemäß vollenden.

Man betrachte die Schule der Carracci.[142] Hier lag Talent, Ernst, Fleiß und Consequenz zum Grunde, hier war ein Element, in welchem sich schöne Talente natur- und kunstgemäß entwickeln konnten. Wir sehen ein ganzes Dutzend vorzüglicher Künstler von dort ausgehen, jeden in gleichem, allgemeinen Sinn sein besonderes Talent üben und bilden, so daß kaum nach der Zeit ähnliche wieder erscheinen konnten.

Sehen wir ferner die ungeheuren Schritte welche der talentreiche Rubens[143] in die Kunstwelt hinein thut! Auch er ist kein Erdgeborner[144], man schaue die große Erbschaft in die er eintritt, von den Urvätern des 14. und 15. Jahrhunderts durch alle die trefflichen des 16ten hindurch, gegen dessen Ende er geboren wird.

Betrachtet man neben und nach ihm die Fülle niederländischer Meister des 17ten, deren große Fähigkeiten sich bald zu Hause, bald südlich, bald nördlich ausbilden, so wird man nicht leugnen können daß die unglaubliche Sagazität[145], womit ihr Auge die Natur durchdrungen, und die Leichtigkeit, womit sie ihr eignes gesetzliches Behagen ausgedrückt, uns durchaus zu entzücken geeignet sey. Ja, in so fern wir dergleichen besitzen, beschränken wir uns gern ganze Zeiten hindurch auf Betrachtung und Liebe solcher Erzeugnisse und verargen es Kunstfreunden keineswegs, die sich ganz allein im Besitz und Verehrung dieses Faches begnügen.

Und so könnten wir noch hundert Beyspiele bringen das was wir aussprechen zu bewahrheiten. Die Klarheit der Ansicht, die Heiterkeit der Aufnahme, die Leichtigkeit der Mittheilung das ist es was uns entzückt, und wenn wir nun behaupten, dieses alles finden wir in den ächt griechischen Werken, und zwar geleistet am edelsten Stoff, am würdigsten Gehalt, mit sicherer und vollendeter Ausführung, so wird man uns verstehen, wenn wir immer von dort ausgehen, und immer dort hinweisen. Jeder sey auf seine Art ein Grieche! Aber er sey's.

Eben so ist es mit dem schriftstellerischen Verdienste. Das Faßliche wird uns immer zuerst ergreifen und vollkommen befriedigen, ja wenn wir die Werke eines und desselben Dichters vornehmen, so finden wir manche die auf eine gewisse peinliche Arbeit hindeuten, andere dagegen, weil das Talent dem Gehalt und der Form vollkommen gewachsen war, wie freye Naturerzeugnisse hervortreten. Und so ist unser wiederholtes, aufrichtiges Bekenntniß, daß keiner Zeit versagt sey das schönste Talent hervorzubringen, daß aber nicht einer jeden gegeben ist es vollkommen würdig zu entwickeln.

Johann Wolfgang Goethe: Antik und modern. In: Über Kunst und Alterthum. Von Goethe. Bd. 2. Stuttgart 1818, S. 145–156.

Um Gott und Welt

Unbeschadet der fortschreitenden Säkularisierung spätestens seit der Französischen Revolution (1789) entzündeten sich um die Gottesfrage existenzgefährdende Kontroversen zwischen traditionalistisch gesinnten Theologen und transzendental denkenden Philosophen. Wieder avancierte die Doppelstadt Jena-Weimar zum Angelpunkt entsprechender Auseinandersetzungen. Der Philosoph Johann Gottlieb Fichte (1762 – 1814), selbst erst 1794 durch die freiwillige Demission Karl Leonhard Reinholds (vgl. Einführung zu den Texten 62 f., S. 103) auf einen philosophischen Lehrstuhl gelangt, fiel einer dieser aufsehenerregenden Kontroversen, dem sogenannten ›Jenaer Atheismusstreit‹, zum Opfer (Text 77). Nachdem Fichte den persönlichen Gott der christlichen Religion als ›Gottesidee‹ in das menschliche Erkenntnisvermögen versetzt, auf bloßes Moralbewußtsein reduziert (›Jene lebendige und wirkende moralische Ordnung ist selbst Gott; wir bedürfen keines andern Gottes, und können keinen andern fassen.‹) und zudem ein ungeschicktes Rechtfertigungsschreiben an die Weimarer Regierung gesandt hatte, wurde er im Jahre 1799 fristlos entlassen. Besser stand es wenigstens nach außen hin um die Identitätsphilosophie Friedrich Wilhelm Joseph Schellings (1775 – 1854; vgl. Einführung Texte 57 f., S. 72), war dessen ›Panentheismus‹ doch weit schwieriger als Fichtes ›Moralismus‹ gegen die Lehre der herrschenden Theologie abzuheben: ›Die höchste Macht also oder der wahre Gott ist der, außer welchem nicht die Natur ist, so wie die wahre Natur die, außer der nicht Gott ist.‹ (Text 78) Im Grunde verschärfte Schelling freilich Fichtes Kritik der ›Gottesidee‹ noch einmal, weil er ›Gott‹ nicht mehr über das menschliche Bewußtsein, sondern die ›Natur‹ definierte. Schließlich gab der ›Querdenker‹ Arthur Schopenhauer (1788 – 1860) der Fichteschen ›Gottesidee‹ sogar eine negative Wendung: Neben vielen anderen Setzungen des ›Willens‹ verhindere auch sie die Erlösung aus leidvollem Erdendasein ins lautere ›Nichts‹ (Text 79). Über Fichte, Schelling und Schopenhauer führt der Weg in die philosophische Moderne; hier würde später Friedrich Nietzsche (1844 – 1900) anknüpfen.

77. Johann Gottlieb Fichte: Über den Grund unsers Glaubens an eine göttliche Welt-Regierung

[...] Ich muß schlechthin den Zweck der Moralität mir vorsetzen, seine Ausführung ist möglich, sie ist durch mich möglich, heißt, zufolge der bloßen Analyse: jede der Handlungen, die ich vollbringen soll, und meine Zustände, die jene Handlungen bedingen, verhalten sich wie Mittel zu dem mir vorgesetzten Zwecke. Meine ganze Existenz, die Existenz aller moralischen Wesen, die SinnenWelt, als unser gemeinschaftlicher Schauplatz, erhalten nun eine Beziehung auf Moralität, und es tritt eine ganz neue Ordnung ein, von welcher die SinnenWelt, mit allen ihren immanenten Gesetzen, nur die ruhende Grundlage ist. Jene Welt geht ihren Gang ruhig fort, nach ihren ewigen Gesetzen, um der Freiheit eine Sphäre zu bilden; aber sie hat nicht den mindesten Einfluß auf Sittlichkeit, oder Unsittlichkeit, nicht die geringste Gewalt über das freie Wesen. Selbstständig, und unabhängig schwebt dieses über aller Natur. Daß der VernunftZweck wirklich werde, kann nur durch das Wirken des freien Wesens erreicht werden; aber es wird dadurch auch ganz sicher erreicht, zufolge eines höhern Gesetzes. Rechtthun ist möglich, und jede Lage ist durch jenes höhere Gesetz darauf berechnet; die sittliche That gelingt, zufolge derselben Einrichtung, unfehlbar, und die unsittliche mislingt unfehlbar. Die ganze Welt hat für uns eine völlig veränderte Ansicht erhalten.

Diese Veränderung der Ansicht wird noch deutlicher erhellen, wenn wir uns in den transcendentalen Gesichtspunkt erheben. Die Welt ist nichts weiter, als die nach begreiflichen Vernunft-Gesetzen versinnlichte Ansicht unsers eignen innern Handelns, als bloßer Intelligenz, innerhalb unbegreiflicher Schranken, in die wir nun einmal eingeschlossen sind, – sagt die transcendentale Theorie; und es ist dem Menschen nicht zu verargen, wenn ihm bei dieser gänzlichen Verschwindung des Bodens unter ihm unheimlich wird. Jene Schranken sind ihrer Entstehung nach allerdings unbegreiflich; aber was verschlägt dir auch dies? – sagt die praktische Philosophie; die *Bedeutung* derselben ist das klarste, und gewisseste, was es giebt, sie sind deine bestimmte Stelle in der moralischen Ordnung der Dinge. Was du zufolge ihrer wahrnimmst, hat Realität, die einzige, die dich angeht, und die es für dich giebt; es ist die fortwährende Deutung des PflichtGebots, der lebendige Ausdruck dessen, *was* du sollst, da du ja sollst. Unsre Welt ist das versinnlichte Materiale unsrer Pflicht; dies ist das eigentliche Reelle in den Dingen, der wahre GrundStoff aller Erscheinung. Der Zwang, mit welchem der Glaube an die Realität derselben sich uns aufdringt, ist ein moralischer Zwang; der einzige, welcher für das freie Wesen möglich ist. Niemand kann ohne Vernichtung seine moralische Bestimmung so weit aufgeben, daß sie ihn nicht wenigstens noch in diesen Schranken für die künftige höhere Veredlung aufbewahre. – So, als das Resultat einer moralischen WeltOrdnung angesehen, kann man das Princip dieses Glaubens an die Realität der SinnenWelt gar wohl Offenbarung nennen. Unsre Pflicht ist's, die in ihr sich offenbart.

Dies ist der wahre Glaube; diese moralische Ordnung ist das *Göttliche*, das wir annehmen. Er wird construirt durch das Rechtthun. Dieses ist das einzig mögliche GlaubensBekenntniß: frölich, und unbefangen vollbringen, was jedesmal die Pflicht gebeut, ohne Zweifeln, und Klügeln über die Folgen. Dadurch wird dieses Göttliche uns lebendig, und wirklich; jede unsrer Handlungen wird in der Voraussetzung desselben vollzogen, und alle Folgen derselben werden nur in ihm aufbehalten.

Der wahre Atheismus, der eigentliche Unglaube, und Gottlosigkeit besteht darin, daß man über die Folgen seiner Handlungen klügelt, der Stimme seines Gewissens nicht eher gehorchen will, bis man den guten Erfolg vorherzusehen glaubt, so seinen eignen Rath über den Rath Gottes erhebt, und sich selbst zum Gotte macht. Wer Böses thun will, damit Gutes daraus komme, ist ein Gottloser. In einer moralischen WeltRegierung kann aus dem Bösen nie Gutes folgen, und so gewiß du an die erstere glaubst, ist es dir unmöglich, das letztere zu denken. – Du darfst nicht lügen, und wenn die Welt darüber in Trümmern zerfallen sollte. Aber dies ist nur eine Redensart; wenn du im Ernste glauben dürftest, daß sie zerfallen würde, so wäre wenigstens dein Wesen schlechthin widersprechend, und sich selbst vernichtend.

Aber dies glaubst du eben nicht, noch kannst, noch darfst du es glauben; du weißt, daß in dem Plane ihrer Erhaltung sicherlich nicht auf eine Lüge gerechnet ist.
Der eben abgeleitete Glaube ist aber auch der Glaube ganz und vollständig. Jene lebendige und wirkende moralische Ordnung ist selbst Gott; wir bedürfen keines andern Gottes, und können keinen andern fassen. Es liegt kein Grund in der Vernunft, aus jener moralischen WeltOrdnung herauszugehen, und vermittelst eines Schlusses vom Begründeten auf den Grund noch ein besonderes Wesen, als die Ursache desselben, anzunehmen; der ursprüngliche Verstand macht sonach diesen Schluß sicher nicht, und kennt kein solches besonderes Wesen; nur eine sich selbst misverstehende Philosophie macht ihn. Ist denn jene Ordnung ein Zufälliges, welches seyn könnte, oder auch nicht, so seyn könnte, wie es ist, oder auch anders; daß ihre ihr Existenz und Beschaffenheit erst aus einem Grunde erklären, erst vermittelst Aufzeigung dieses Grundes den Glauben an dieselbe legitimiren müsstet? Wenn ihr nicht mehr auf die Foderungen eines nichtigen Systems hören, sondern euer eignes Inneres befragen werdet, werdet ihr finden, daß jene WeltOrdnung das absolut erste aller objectiven Erkenntniß ist, gleichwie eure Freiheit, und moralische Bestimmung das absolut erste aller subjectiven; daß alles übrige objective Erkenntniß durch sie begründet und bestimmt werden muß, sie aber schlechthin durch kein anderes bestimmt werden kann, weil es über sie hinaus nichts giebt. Ihr könnt jene Erklärung gar nicht versuchen, ohne in euch selbst dem Range jener Annahme Abbruch zu thun, und sie wankend zu machen. Ihr Rang ist der, daß sie absolut durch sich gewiß ist, und keine Klügelei duldet. Ihr macht sie abhängig von Klügelei.
Und dieses Klügeln, wie gelingt es euch denn? Nachdem ihr die unmittelbare Überzeugung wankend gemacht habt, wodurch befestigt ihr sie denn? O, es steht misslich um euren Glauben, wenn ihr ihn nur mit der Behauptung jenes Grundes, den ihr aufstellt, zugleich behaupten könnt, und mit dem Hinfallen desselben hinfallen lassen müsst.
Denn wenn man euch nun auch erlauben wollte, jenen Schluß zu machen, und vermittelst desselben ein besonderes Wesen, als die

Ursache jener moralischen WeltOrdnung anzunehmen, was habt ihr denn nun eigentlich angenommen? Dieses Wesen soll von euch, und der Welt unterschieden seyn, es soll in der letztern nach Begriffen wirken, es soll sonach der Begriffe fähig seyn, Persönlichkeit haben und Bewusstseyn. Was nennt ihr denn nun Persönlichkeit und Bewusstseyn? Doch wohl dasjenige, was ihr in euch selbst gefunden, an euch selbst kennen gelernt, und mit diesem Namen bezeichnet habt? Daß ihr aber dieses ohne Beschränkung und Endlichkeit schlechterdings nicht denkt, noch denken könnt, kann euch die geringste Aufmerksamkeit auf eure Construction dieses Begriffs lehren. Ihr macht sonach dieses Wesen durch die Beilegung jenes Prädicats zu einem Endlichen, zu einem Wesen eures gleichen, und ihr habt nicht, wie ihr wolltet, Gott gedacht, sondern nur euch selbst im Denken vervielfältigt. Ihr könnt aus diesem Wesen die moralische WeltOrdnung eben so wenig erklären, als ihr sie aus euch selbst erklären könnt; sie bleibt unerklärt, und absolut, wie zuvor; und ihr habt in der That, indem ihr dergleichen Worte vorbringt, gar nicht gedacht, sondern bloß mit einem leeren Schalle die Luft erschüttert. Daß es euch so ergehen werde, konntet ihr ohne Mühe voraussehen. Ihr seyd endlich; und wie könnte das Endliche die Unendlichkeit umfassen und begreifen?

So bleibt der Glaube bei dem unmittelbar Gegebenen, und steht unerschütterlich fest; wird er abhängig gemacht vom Begriffe, so wird er wankend, denn der Begriff ist unmöglich, und voller Widersprüche.

Es ist daher ein Misverständniß, zu sagen: es sey zweifelhaft, ob ein Gott sey, oder nicht. Es ist gar nicht zweifelhaft, sondern das gewisseste, was es giebt, ja der Grund aller andern Gewissheit, das einzige absolut gültige objective, daß es eine moralische WeltOrdnung giebt, daß jedem vernünftigen Individuum seine bestimmte Stelle in dieser Ordnung angewiesen, und auf seine Arbeit gerechnet ist; daß jedes seiner Schicksale, inwiefern es nicht etwa durch sein eignes Betragen verursacht ist, Resultat ist von diesem Plane, daß ohne ihn kein Haar fällt von seinem Haupte, und in seiner Wirkungs-Sphäre kein Sperling vom Dache;[146] daß jede wahrhaft gute Handlung gelingt, jede böse sicher mislingt, und daß denen, die nur das gute recht lieben, alle Dinge zum Bessten dienen müssen. Es kann eben so wenig von der andern Seite dem, der nur einen Augenblick nachdenken, und das Resultat dieses Nachdenkens sich redlich gestehen will, zweifelhaft bleiben, daß der Begriff von Gott, als einer besondern Substanz, unmöglich, und widersprechend ist: und es ist erlaubt, dies aufrichtig zu sagen, und das SchulGeschwäz niederzuschlagen, damit die wahre Religion des freudigen Rechtthuns sich erhebe.

Zwei vortreffliche Dichter haben dieses GlaubensBekenntniß des verständigen, und guten Menschen unnachahmlich schön ausgedrückt. „Wer darf sagen, lässt der eine[147] eine seiner Personen reden,

> wer darf sagen,
> Ich glaub an Gott?
> Wer darf ihn *nennen* (Begriff und Wort für ihn suchen)
> Und *bekennen*,
> Ich glaub' ihn?
> Wer empfinden,
> Und sich unterwinden
> Zu sagen, ich glaub ihn nicht?
> Der Allumfasser (nachdem man ihn nämlich erst durch moralischen Sinn, nicht etwa durch theoretische Speculation ergriffen hat, und die Welt schon als den Schauplatz moralischer Wesen betrachtet)
> Der Allerhalter,
> Fasst und erhält er nicht
> Dich, mich, sich selbst?
> Wölbt sich der Himmel nicht da droben?
> Liegt die Erde nicht hier unten fest?
> Und steigen freundlich blickend
> Ewige Sterne nicht hier auf?
> Schau ich nicht Aug' in Auge dir,
> Und dringt nicht alles
> Nach Haupt und Herzen dir,
> Und webt in ewigem Geheimniß
> Unsichtbar sichtbar neben dir?

Erfüll davon dein Herz, so groß es ist,
Und wenn du ganz in dem Gefühle seelig bist,
Nenn es dann, wie du willst,
Nenn's Glück! Herz! Liebe! Gott!
Ich habe keinen Namen
Dafür. Gefühl ist alles,
Name ist Schall und Rauch,
Umnebelnd Himmelsglut.

Und der zweite[148] singt:

    ein heiliger *Wille* lebt,
Wie auch der menschliche wanke;
Hoch über der Zeit, und dem Raume webt
Lebendig der höchste *Gedanke*;
Und ob alles in ewigem Wechsel kreist,
Es beharret im Wechsel ein ruhiger Geist.

Johann Gottlieb Fichte: Über den Grund unsers Glaubens an eine göttliche WeltRegierung. In: Philosophisches Journal einer Gesellschaft Teutscher Gelehrten. Hg. Johann Gottlieb Fichte u.a. Achten Bandes Erstes Heft. Jena, Leipzig 1798, S. 1–20, dort S. 11–20.

78. Friedrich Wilhelm Joseph Schelling: Bruno

BRUNO. [...] Wer daher den Ausdruck fände, für eine Thätigkeit, die so ruhig wie die tiefste Ruhe, für eine Ruhe, die so thätig wie die höchste Thätigkeit, würde sich einigermaßen in Begriffen der *Natur des Vollkommensten* annähern.

So wenig aber genügt es das Endliche, Unendliche und Ewige im Realen, als es im Idealen erkennen, und nimmer erblickt die Wahrheit an und für sich selbst, wer sie nicht im Ewigen anschaut.

Die Trennung aber der beyden Welten, jener, welche das ganze Wesen des Absoluten im Endlichen, und jener welche es im Unendlichen ausdrückt, ist auch die des göttlichen von dem natürlichen Princip der Dinge. Denn dieses zwar erscheint als leidend, jenes aber als thätig. Weshalb die Materien z. B. wegen ihrer leidenden und empfänglichen Natur dem natürlichen Princip anzugehören, das Licht aber wegen seiner schaffenden und thätigen göttlicher Art scheint.

Selbst aber das Einzelne, welches in der dem Endlichen unterworfnen Welt oder auch in der dem Unendlichen durch seine Art zu seyn, am unmittelbarsten die Natur des Absoluten ausdrückt, kann so wenig wie dieses bloß als Seyn oder bloß als Thätigkeit begriffen werden.

Wo nur Seele und Leib gleichgesetzt sind an einem Ding, ist an ihm ein Abdruck der Idee, und wie diese im Absoluten auch das Seyn und das Wesen selbst ist, so ist in jenem, dem Abbild, die Form auch die Substanz, die Substanz die Form.

Von dieser Art ist unter den realen Dingen der Organismus, unter den idealen das, was durch Kunst hervorgebracht und schön ist, indem jener das Licht oder die im Endlichen, dieses aber das Licht jenes Lichtes oder die im Unendlichen ausgedrückte ewige Idee, als das göttliche Princip, dem Stoffe, als dem natürlichen, verbindet. Nur jener, weil er nothwendig als ein einzelnes Ding erscheint, hat zu der absoluten Einheit noch immer das Verhältniß, welches auch die Körper, indem sie schwer sind, das Verhältniß namlich der Differenz. In seiner Form also ist Thätigkeit und Seyn zwar immer gleichgesetzt, (so daß das Handelnde auch das Bestehende, und hinwiederum das Bestehende auch das Handelnde ist), aber, sofern er einzeln ist, ist die Gleichheit nicht durch ihn selbst, sondern bewirkt durch die Einheit, zu der er sich, für sich selbst, wie zu seinem Grunde verhält. Weshalb auch jene beyden in ihm noch nicht zur höchsten Ruhe in der höchsten Thätigkeit, sondern nur zur Wirksamkeit als einem Mittleren oder Gemeinschaftlichen aus Bestehen und aus Handeln vereinigt erscheinen.

Die Welt aber, in welcher Seyn durch Thätigkeit, Endliches durch Unendliches gesetzt scheint, wird der Natur, wo die es vielmehr in jenem und durch jenes ist, entgegengesetzt, und als die Welt und gleichsam als die durch Freyheit gebaute Stadt Gottes betrachtet.

Durch diese Entgegensetzung haben die Menschen gelernt, die Natur außer Gott, Gott aber außer der Natur zu sehn, und, indem sie jene der heiligen Nothwendigkeit entzogen, sie der unheiligen, welche sie mechanisch nennen, untergeordnet, die ideale Welt aber eben dadurch zum Schauplatz einer gesetzlosen Freyheit gemacht. Zugleich, indem sie jene als ein bloß leidendes Seyn bestimmten, glaubten sie sich das Recht erworben zu haben, Gott, den sie über die Natur erheben, als reine Thätigkeit, lautere Aktuosität[149] zu bestimmen, als ob nicht der eine dieser Begriffe mit dem andern stünde und fiele, keiner aber Wahrheit für sich hätte.

Sagt man ihnen aber, daß die Natur nicht außer Gott, sondern in Gott sey, so verstehen sie darunter diese eben durch die Trennung von Gott getödtete Natur, als ob diese überhaupt etwas an sich, oder überhaupt etwas anderes, als ihr selbst gemachtes Geschöpf wäre.

So wenig aber als der natürliche Theil der Welt ist auch der freye etwas, getrennt von dem, worin beyde nicht sowohl Eines als vielmehr überhaupt nicht gesondert sind. Unmöglich aber ist, daß sie in dem, worin beyde Eines sind, durch das seyen, wodurch sie außer ihm sind, der eine also durch Nothwendigkeit, der andre durch Freyheit.

Die höchste Macht also oder der wahre Gott ist der, außer welchem nicht die Natur ist, so wie die wahre Natur die, außer der nicht Gott ist.

Jene heilige Einheit nun, worin Gott ungetrennt mit der Natur ist, und die im Leben zwar als Schicksal erprobt wird, in unmittelbarer, übersinnlicher Anschauung zu erkennen, ist die Weihe zur höchsten Seligkeit, die allein in der Betrachtung des Allervollkommensten gefunden wird.

Das Versprechen nun, das ich euch gethan, im Allgemeinen so viel ich vermöchte, den Grund der wahren Philosophie zu enthüllen, glaube ich erfüllt und in verschiedenen Gestalten immer das Eine aufgezeigt zu haben, welches Gegenstand der Philosophie ist.

Wie aber auf diesem Grunde weiter gebaut und der göttliche Keim der Philosophie zur höchsten Entwickelung gebracht werden könne, und welche Form ihr einer solchen Lehre zukommend glaubt, mögt ihr selbst ferner erforschen.

ANSELMO. Gar sehr aber, o Vortrefflicher, scheint es mir, daß wir uns um die Formen zu bekümmern haben, denn obwohl überhaupt, nicht im Allgemeinen nur das Höchste zu erkennen, sondern es in dauernden und bleibenden Zügen gleich der Natur und mit unveränderlicher Festigkeit und Klarheit darzustellen, das ist, was die Kunst zur Kunst, die Wissenschaft zur Wissenschaft erhebt, und von der Liebhaberey unterscheidet, so ist doch insbesondere die Materie des Edelsten und Herrlichsten, wovon die Philosophie ist, so lange sie der Form und Gestalt entbehrt, der Verderblichkeit nicht entzogen, und vielleicht haben die unvollkommneren Formen vergehen, der edle Stoff aber, der an sie gebunden war, nachdem er von ihnen befreyt worden, mit unedlem versetzt, verflüchtigt und zuletzt völlig unkenntlich gemacht werden müssen, um zu dauernderen und weniger wandelbaren Formen aufzufodern.

Niemals aber scheint der Stoff der Philosophie dem Wechsel unterworfener gewesen zu seyn, als eben zu dieser Zeit unter uns, wo zugleich mit der regsten Unruhe nach dem Unvergänglichen gestrebt wird. Denn indeß er einigen in dem Untrennbarsten und Einfachsten gefunden wird, ist er bey jenen in Wasser übergegangen, bey diesen aber in dürren Sand, andern aber wird er immer dünner, durchsichtiger und gleichsam luftähnlicher.

Weswegen es wenig zu verwundern, wenn die meisten die Philosophie nur meteorischer Erscheinungen fähig halten, und auch die größeren Formen, in denen sie sich geoffenbart hat, das Schicksal der Kometen bey dem Volk theilen, das sie nicht zu den bleibenden und ewigen Werken der Natur, sondern zu den vergänglichen Erscheinungen feuriger Dünste zählt.

Daher es ferner von den meisten fast angenommen ist, daß es verschiedene Philosophieen geben könne, ja beynahe daß von allen, die überhaupt sich bestreben zu philosophiren, ein jeder nothwendig seine besondere Philosophie habe. Übermächtig aber drückt alle die Zeit, sie sind in einen und denselben Ring geschmiedet und gehen nur so weit als die Kette reicht, die sich aber am weitesten entfernen wollen, fallen in der Regel am tiefsten zurück.

Genau betrachtet leiden sie alle unter demselben Übel, daß sie nur eine Erkenntnißart kennen, die, welche von der Wirkung auf die Ursache schließt. Nachdem sie nun bloß die dem Verstande dienstbare Vernunft gerichtet, und damit von der Vernunft selbst bewiesen zu haben glauben, daß sie nur in unvermeidliche Fehlschlüsse und eitle Widersprüche verwickele, so sind sie berechtigt, aus ihrer Scheu vor der Vernunft die Philosophie selbst zu machen. Wollen sie aber diese Schranken überschreiten, so fürchten sie sich doch vor nichts so sehr als dem Absoluten, so wie vor der kategorischen und apodiktischen Erkenntniß[150]. Sie können keinen Schritt thun, ohne vom Endlichen auszugehn, und von diesem aus fortzuschließen, wie es kommt, ob sie zu etwas gelangen mögen, das schlechthin und durch sich selbst wäre. Was sie aber auch als Absolutes setzen, setzen sie nothwendig und immer mit einem Gegensatz, damit es nicht zum Absoluten werde. Zwischen jenem aber und dem Entgegengesetzten giebt es wiederum kein anderes, als das Verhältniß der Ursache und der Wirkung, und unter allen Formen wiederholt sich doch Ein Beginnen, Ein Streben, nicht die Einheit dessen zuzugeben, was sie im Verstande getrennt haben, und die angebohrne und unüberwindliche Entzweyung ihrer Natur zur Philosophie selbst zu machen.

Doch dieses gilt von dem Pöbel der jetzt Philosophirenden. Selbst aber das Bessere, was dieses Zeitalter getragen hat und was noch für das Höchste gilt, hat sich in der Darstellung und dem Verständniß der meisten in eine bloße Negativität verwandelt. Sie würden das Endliche vollkommen durch die Form erklären, verweigerte nicht das Ewige hartnäckig den Stoff. Ihre Philosophie besteht in dem Beweis, daß was allerdings Nichts ist, die Sinnenwelt wirklich Nichts sey, und diese nur dem Nichts gegenüber kategorische Philosophie nennen sie Idealismus.

Friedrich Wilhelm Joseph Schelling: Bruno oder über das göttliche und natürliche Princip der Dinge. Ein Gespräch. Berlin 1802, S. 175–184.

79. Arthur Schopenhauer: Die Welt als Wille und Vorstellung

Indem ich hier die Grundzüge der Ethik und mit ihnen die ganze Entwickelung jenes einen Gedankens, dessen Mittheilung mein Zweck war, beendige, will ich einen Vorwurf der diesen letzten Theil der Darstellung trifft, keineswegs verhehlen, sondern vielmehr zeigen, daß er im Wesen der Sache liegt und ihm abzuhelfen schlechthin unmöglich ist. Es ist dieser, daß nachdem unsre Betrachtung zuletzt dahin gelangt ist, daß wir in der vollkommenen Heiligkeit das Verneinen und Aufgeben alles Wollens und eben dadurch die Erlösung von einer Welt, deren ganzes Daseyn sich uns als Leiden darstellte, vor Augen haben, uns nun eben dieses als ein Übergang in das leere *Nichts* erscheint.

Hierüber muß ich zuvörderst bemerken, daß der Begriff des *Nichts* wesentlich relativ ist und immer sich nur auf ein bestimmtes Etwas bezieht, welches er negirt. Man hat (namentlich Kant[151]) diese Eigenschaft nur dem *nihil privativum*, welches das im Gegensatz eines + mit − Bezeichnete ist, zugeschrieben, welches −, bei umgekehrtem Gesichtspunkt zum + werden könnte, und hat im Gegensatz dieses *nihil privativum* das *nihil negativum* aufgestellt, welches in jeder Beziehung Nichts wäre, wozu man als Beispiel den logischen, sich selbst aufhebenden Widerspruch gebraucht. Näher betrachtet aber ist kein absolutes Nichts, kein ganz eigentliches *nihil negativum* auch nur denkbar; sondern jedes dieser Art ist, von einem höhern Standpunkt aus betrachtet, oder einem weitern Begriff subsumirt, immer wieder nur ein *nihil privativum*. Jedes Nichts ist ein solches nur im Verhältniß zu etwas anderm gedacht und setzt dieses Verhältniß, also auch jenes Andere, voraus. Selbst ein logischer Widerspruch ist nur ein relatives Nichts. Er ist kein Gedanke der Vernunft: aber er ist darum kein absolutes Nichts. Denn er ist eine Wortzusammensetzung, er ist ein Beispiel des Nichtdenkbaren, dessen man in der Logik nothwendig bedarf um die Gesetze des Denkens nachzuweisen: daher, wenn man, zu diesem Zweck, auf ein solches Beispiel ausgeht, man den Unsinn, als das Positive welches man eben sucht, festhalten, den Sinn, als das Negative, überspringen wird. So wird also jedes *nihil negativum*, oder absolute Nichts, wenn einem höhern Begriff untergeordnet, als ein bloßes *nihil privativum*, oder relatives Nichts, erscheinen, welches auch immer mit dem was es negirt die Zeichen vertauschen kann, so daß dann jenes als Negation, es selbst aber als Position gedacht würde.

Das allgemein als positiv angenommene, welches wir das *Seiende* nennen und dessen Negation der Begriff *Nichts* in seiner allgemeinsten Bedeutung ausspricht, ist eben die Welt der Vorstellung, welche ich als die Objektität des Willens, als seinen Spiegel, nachgewiesen habe. Dieser Wille und diese Welt sind eben auch wir selbst, und zu ihr gehört die Vorstellung überhaupt, als ihre eine Seite, zu dieser auch der Begriff, das Material der Philosophie, endlich das Wort, das Zeichen des Begriffs. – Verneinung, Aufhebung, Wendung des Willens ist auch Aufhebung und Verschwinden der Welt, seines Spiegels. Erblicken wir ihn in diesem Spiegel nicht mehr, so fragen wir vergeblich, wohin er sich gewendet, und klagen dann, er sei ins Nichts verloren gegangen.

Ein umgekehrter Standpunkt, wenn er für uns möglich wäre, würde die Zeichen vertauschen lassen, und das für uns Seiende als das Nichts und jenes Nichts als das Seiende zeigen. So lange wir aber der Wille zum Leben selbst sind, kann jenes letztere von uns nur negativ erkannt und bezeichnet werden, weil der alte Satz der Pythagoreer, daß Gleiches nur von Gleichem erkannt wird, grade hier uns alle Erkenntniß benimmt, so wie umgekehrt eben auf ihm die Möglichkeit aller unserer wirklichen Erkenntniß, d. h. die Welt als Vorstellung, oder die Objektität des Willens, zuletzt beruht. Denn die Welt ist die Selbsterkenntniß des Willens.

Würde dennoch schlechterdings darauf bestanden, von dem, was die Philosophie nur negativ, als Verneinung des Willens, ausdrücken kann, irgendwie eine positive Erkenntniß zu erlangen; so bliebe uns nichts übrig, als auf den Zustand zu verweisen, den alle die, welche zur vollkommnen Verneinung des Willens gelangt sind, erfahren haben, und den man mit den Namen Ekstase, Entrückung, Erleuchtung, Vereinigung mit Gott, u. s. w.

bezeichnet hat, welcher Zustand aber nicht eigentlich Erkenntniß zu nennen ist, weil er nicht mehr die Form von Subjekt und Objekt hat, und auch übrigens nur der eigenen, nicht weiter mittheilbaren Erfahrung zugänglich ist.

Wir aber, die wir ganz und gar auf dem Standpunkt der Philosophie stehn bleiben, müssen uns hier mit der negativen Erkenntniß begnügen, zufrieden den letzten Gränzstein der positiven erreicht zu haben. Haben wir also das Wesen an sich der Welt als Wille und in allen ihren Erscheinungen nur seine Objektität erkannt und diese verfolgt vom erkenntnißlosen Drange dunkler Naturkräfte bis zum bewußtvollsten Handeln des Menschen; so weichen wir keineswegs der Konsequenz aus, daß mit der freien Verneinung, dem Aufgeben des Willens, nun auch alle jene Erscheinungen aufgehoben sind, jenes beständige Drängen und Treiben ohne Ziel und ohne Rast, auf allen Stufen der Objektität, in welchem und durch welches die Welt besteht, aufgehoben die Mannigfaltigkeit stufenweise folgender Formen, aufgehoben mit dem Willen seine ganze Erscheinung, endlich auch die allgemeinen Formen dieser, Zeit und Raum, und auch die letzte Grundform derselben, Subjekt und Objekt. Kein Wille: keine Vorstellung; keine Welt.

Vor uns bleibt allerdings nur das Nichts. Aber das, was sich gegen dieses Zerfließen ins Nichts sträubt, unsre Natur, ist ja eben nur der Wille zum Leben, der wir selbst sind, wie er unsre Welt ist. Daß wir so sehr das Nichts verabscheuen, ist nichts weiter, als ein andrer Ausdruck davon, daß wir so sehr das Leben wollen und nichts sind, als dieser Wille und nichts kennen, als eben ihn. – Wenden wir aber den Blick von unsrer eigenen Dürftigkeit und Befangenheit auf diejenigen, welche die Welt überwanden, in denen der Wille, zur vollen Selbsterkenntniß gelangt, sich in Allem wiederfand und dann sich selbst frei verneinte, und welche dann nur noch seine letzte Spur, mit dem Leibe den sie belebt, verschwinden zu sehn abwarten; so zeigt sich uns, statt des rastlosen Dranges und Treibens, statt des steten Überganges von Wunsch zu Furcht und von Freude zu Leid, statt der nie befriedigten und nie ersterbenden Hoffnung, daraus der Lebenstraum des wollenden Menschen besteht, jener Friede, der höher ist als alle Vernunft, jene gänzliche Meeresstille des Gemüthes, jene tiefe Ruhe, unerschütterliche Zuversicht und Heiterkeit, deren bloßer Abglanz im Antlitz, wie ihn Raphael[137] und Correggio[152] dargestellt haben, ein ganzes und sicheres Evangelium ist: nur die Erkenntniß ist geblieben; der Wille ist verschwunden. Wir aber blicken dann mit tiefer und schmerzlicher Sehnsucht auf diesen Zustand, neben welchem das jammervolle und heillose unseres eigenen, durch den Kontrast, in vollem Lichte erscheint. Dennoch ist diese Betrachtung die einzige, welche uns dauernd trösten kann, wann wir einerseits unheilbares Leiden und endlosen Jammer als der Erscheinung des Willens, der Welt, wesentlich erkannt haben, und andrerseits, bei aufgehobenem Willen, die Welt zerfließen sehn und nur das leere Nichts vor uns behalten. Also auf diese Weise, durch Betrachtung des Lebens und Wandels der Heiligen, welchen in der eigenen Erfahrung zu begegnen freilich selten vergönnt ist, aber welche ihre aufgezeichnete Geschichte und, mit dem Stempel innerer Wahrheit verbürgt, die Kunst uns vor die Augen bringt, haben wir den finstern Eindruck jenes Nichts, das als das letzte Ziel hinter aller Tugend und Heiligkeit schwebt, und das wir, wie die Kinder das Finstere, fürchten, zu verscheuchen, statt selbst es zu umgehen, wie die Indier, durch Mythen und bedeutungsleere Worte, wie Resorbtion in den Urgeist, oder *Nieban* der Buddhaisten. Wir bekennen es vielmehr frei: was nach gänzlicher Aufhebung des Willens übrig bleibt, ist für alle die, welche noch des Willens voll sind, allerdings Nichts. Aber auch umgekehrt ist denen, in welchen der Wille sich gewendet und verneint hat, diese unsre so sehr reale Welt mit allen ihren Sonnen und Milchstraßen – Nichts.

Arthur Schopenhauer: Die Welt als Wille und Vorstellung: vier Bücher, nebst einem Anhange, der die Kritik der Kantischen Philosophie enthält. Bd. 4. Leipzig 1819, S. 585–590.

JOURNAL-KULTUR

Christoph Martin Wielands ›Teutscher Merkur‹

Nach dem Vorbild des seit 1724 existierenden ›Mercure de France‹ gegründet, avancierte Christoph Martin Wielands (1733 – 1813) Zeitschriftenprojekt ›Der Teutsche Merkur‹ (1773 – 1789; danach 1790 – 1810 unter dem Titel ›Der neue Teutsche Merkur‹) rasch zur führenden Literaturzeitschrift Deutschlands. In den siebziger Jahren des 18. Jahrhunderts zählte die Zeitschrift 2.000 Abonnenten, 1798 immerhin noch 800. Diese enormen Leserzahlen waren mit erheblichen Zugeständnissen an den wechselnden Publikumsgeschmack erkauft. Den Rang einer Programmzeitschrift (wie die ›Horen‹ Friedrich Schillers oder Salzmanns ›Bote aus Thüringen‹; vgl. Texte 81 f.) erlangte der ›Teutsche Merkur‹ daher nie. Unbeschadet dessen erhebt ihn die enorme Themenvielfalt (Dichtungen, Rezensionen, philosophische und popularwissenschaftliche Abhandlungen, politische Essays, Reiseberichte, Biographien u. a.) zu einer literatur- und kulturgeschichtlichen Quelle ohnegleichen. Überdies erweiterte Wieland mit seinem ›Teutschen Merkur‹ das bürgerliche Lesepublikum erheblich und prägte seine Denkweise: ›Auf das Publikum überhaupt war die Wirkung groß und bedeutend; denn wenn auf der einen Seite das Lesen und Urteilen über eine größere Masse sich verbreitete, so ward auch die Lust, sich augenblicklich mitzuteilen, bei einem jeden rege, der irgendetwas zu geben hatte.‹ (Johann Wolfgang Goethe: Zu brüderlichem Andenken Wielands, 1813)

80. Christoph Martin Wieland: *Vorrede des Herausgebers*

Die gute Aufnahme, welche die erste Ankündigung dieses neuen Journals allenthalben gefunden hat, überhebt mich der Mühe, die Unternehmung desselben zu rechtfertigen, und von dem

Nutzen, den das Publicum mit einigem Grunde davon erwarten kan, viele Worte zu machen. Ich werde mich also in dieser Vorrede, wodurch ich den deutschen Merkur bey dem lesenden Theile der Nation aufführen soll, blos darauf einschränken, von der Einrichtung desselben, und von den Bedingungen, wozu die Unternehmer sich anheischig machen, vorläuffig Rechenschaft zu geben.

Ohne eine Anzahl auserlesener Gehülfen, welche sich mit mir zu Einem Zweck verbunden haben, und ohne die Hofnung einer allgemeinen Mitwürkung unsrer besten Köpfe würd' ich nie daran gedacht haben, mich mit einem Periodischen Werke zu beladen, welches nur durch eine gewisse Vollkommenheit und durch nähere Beziehungen auf den gegenwärtigen Zustand unsrer Litteratur der allgemeinen Erwartung würdig werden kan. Die Unternehmer wünschen also Beyträge zu erhalten, und laden dazu nicht nur die Schriftsteller ein, welche bereits im Besiz der allgemeinen Hochachtung sind: sie sind gar nicht ungeneigt, auch für angehende Schriftsteller einen Schauplaz zu eröffnen, wo sie sich dem Publico zeigen können, und es würde ihnen sehr angenehm seyn, wenn sie durch diese Unternehmung Gelegenheit erhielten, ein hier oder da noch schlummerndes Genie aufzuwecken, oder ein vielleicht noch unentschlossenes in die ihm angemeßne Laufbahn einzuleiten. Indessen können wir doch nicht umhin, voraus zu erklären, daß wir von den etwan einlauffenden Beyträgen nicht ohne Prüfung und Auswahl Gebrauch machen können, und in dieser Wahl, ohne einige Rücksicht auf Personen und besondere Verhältnisse, den Vortheil des Publicums ganz allein zu Rathe ziehen werden. Wir befinden uns, was diesen Punct betrifft, gar nicht in dem Falle des Französischen Merkurs[153], dem alles willkommen seyn muß, was man ihm zuwirft, weil er jährlich sechzehn Bände, es sey nun womit es wolle, anzufüllen hat. Wir haben uns nur zum vierten Theile einer so starken Lieferung anheischig gemacht, und alles müßte uns betrügen, oder diese Bescheidenheit wird uns in den Stand setzen, das Publicum, wenigstens in einigen Artikeln, merklich besser zu bedienen.

Aus Gelegenheit des so eben erwähnten *Mercure de France*, find' ich nöthig zu erinnern, daß die Benennung des deutschen Merkurs, welche einigen Patrioten ein wenig anstößig gewesen ist, in Ermanglung einer schicklichern, blos darum gewählt worden, weil man glaubte, sie würde dem Publico, wenn man ihrer einmal gewohnt wäre, die bequemste seyn. Übrigens soll und kan der deutsche Merkur, weder was die Ausführung, noch was die Anzahl und Beschaffenheit der Artikel betrifft, völlig nach dem Französischen gemodelt werden. Selbst die wesentliche Verschiedenheit der Nationalverfassung läßt dies nicht zu. Wir haben keine Hauptstadt, welche die allgemeine Akademie der *Virtuosen der Nation*, und gleichsam die Gesetzgeberin des Geschmacks wäre. Wir haben kein feststehendes National-Theater; unsre besten Schauspieler, so wie unsre besten Schriftsteller, Dichter und Künstler, sind durch alle Kreise des deutschen Reiches zerstreut, und größtentheils der Vortheile eines nähern Umgangs und einer vertraulichen Mittheilung ihrer Einsichten, Urtheile, Entwürfe, u. s. w. beraubt, welche zur Vervollkommnung ihrer Werke so viel beytragen würde. Aus diesem Grunde wird der Artikel, Schauspiele, der im *Mercure* einer der beträchtlichsten ist, im Merkur keinen grossen Raum einnehmen. Neueste Beyspiele haben uns überzeugt, wie wenig man sich oft auf die Nachrichten von dieser oder jener Schauspielergesellschaft verlassen darf, welche durch dabey intereßirte Personen, vielleicht auch wohl zuweilen durch gedungne Lobredner, in die Welt geschickt werden. Wir können uns also einsweilen noch zu keinen historisch-kritischen Nachrichten von allen Schaubühnen Deutschlands anheischig machen, und, ausser einer Art von *allgemeinen Ephemeriden*[154] *des deutschen Theaters*, welche von Zeit zu Zeit geliefert werden sollen, wird von besondern Schauspielergesellschaften nur alsdann die Rede seyn, wenn wir etwas zuverläßiges und interessantes von ihnen zu sagen haben.

Den *Künsten* wird aus verschiedenen *Ursachen* kein besonderer Artikel eingeräumt. Die hauptsächlichste ist, weil wir bereits Journale besitzen, welche dem Liebhaber und selbst dem Kenner wenig zu wünschen übrig lassen. Gleichwohl, da alles, wobey der Ruhm der Nation vorzüglich betroffen ist, innerhalb unsers Gesichtskreises liegt, werden wir nicht unterlassen, von solchen Kunstwerken, die in ihrer Art eine Epoche machen, und wodurch, so zu sagen, der National-Reichthum vermehrt wird, so, wie wir dazu Gelegenheit bekommen, Anzeige zu thun.

Von den *Politischen Begebenheiten in Europa* wird das *Neueste* und *Wichtigste* in einer zusammenhängenden Erzählung jederzeit einen besondern Artikel des letzten Stücks eines jeden Bandes einnehmen.

Litterarische Neuigkeiten, kurze Nachrichten, Todesfälle, an welcher die Nation Antheil nimmt, und andre Dinge dieser Art sollen jedem Stücke zum Schluß angehängt werden.

Die Artikel, *vermischte Aufsätze, Beurtheilung neuer Schriften* und *Revision* bereits gefällter Urtheile, werden also diejenigen seyn, wodurch sich der Merkur dem Publico vorzüglich zu empfehlen suchen wird. Auch sind es, dem Anscheinen nach, gerade diejenige, auf welche die Erwartung der Liebhaber am meisten gerichtet ist.

Was die ersten betrifft, so haben wir uns zum Gesetze gemacht, allem, was sich nicht in seiner Art über das mittelmäßige erhebt, den Ausschluß zu geben. Dies soll zwar nicht alle *Kleinigkeiten* ausschliessen. Es giebt auch interessante Kleinigkeiten, und bey solchen gewinnt der gute Geschmack und das Herz oft mehr, als bey der schwehrfälligen Ernsthaftigkeit, über welche die Langeweile ihre Schlummerkörner ausgestreut hat. Gleichwohl werden diese Aufsätze größtentheils aus solchen bestehen, welche den Verstand denkender oder das Herz empfindsamer Leser zu unterhalten geschickt sind. Einige meiner Mitarbeiter werden aus dem Gebiete der Geschichte, andre aus der Naturkunde und Moral-Philosophie, andre aus der Litteratur und Critik Stoff zu Ausarbeitungen holen, welche vielleicht für die Wissenschaften, wenigstens dadurch, daß sie andre zum Denken veranlassen, nicht ohne Nutzen seyn werden.

Von dem, was ich selbst zu diesem Artikel beytragen werde, will ich nur so viel sagen als vonnöthen ist, diejenigen von meinen Freunden zu beruhigen, welche sich, nicht ohne Grund, beredet haben, daß ich kein Schriftsteller nach der Uhr sey. Meine dermalige Bestimmung und Umstände sind bekannt. Aber vielleicht ist nicht allen, die mich lesen, gleich bekannt, daß *Agathon, Don Silvio* und *Musarion*[155] zu einer Zeit geschrieben worden, da die Canzley der löblichen, damals ziemlich unruhigen, Reichsstadt B***[156] auf meinen schwachen Schultern lag. Dem ungeachtet wurden meine Herren und Obern so wenig von den Arbeiten meiner Nebenstunden gewahr, daß einige von Ihnen erst zu Wien erfuhren, daß ich ein Schriftsteller sey. Ich war damals weit entfernt so einsam zu seyn, als mein Freund *Zimmermann*[157] aus gewissen vermeynten Ähnlichkeiten der Stadt *Abdera* mit der Stadt *** geschlossen hat:[158] und wenn ich an alle die Zerstreuungen zurück denke, welche mir den größten Theil meiner Nebenstunden raubten, so begreiffe ich selbst beynahe eben so wenig von der Sache, als meine lieben Mitbürger. Wie dem auch gewesen seyn mag, dies ist gewiß, daß ich mich zwar nicht anheischig mache etwas witziges, geschweige dessen viel, zu schreiben: Aber (wenn ich anders das, was einige meinen Genie oder meine Laune zu nennen belieben, recht kenne:) so werden die Leser des Merkurs (sie müßten denn nur Trauben von den Dornen und Feigen von den Disteln lesen wollen) noch ganz erträglich mit dem Herausgeber zufrieden seyn.

Wessen man sich zu den sogenannten *Recensionen* im Merkur versehen könne, wird erhellen, wenn ich versichre, daß ich und meine Conföderierten einen Bund geschworen haben, nicht etwann – daß niemand Verstand haben soll als wir und unsre Freunde – sondern, daß wir der Wahrheit und Pop's *Essay on Criticism*[159] getreu bleiben wollen, es entstehe daraus was entstehen kan. Wir werden in unsern Urtheilen so bescheiden seyn, als ob wir – keine Kunstrichter wären, und so aufrichtig, daß die Autoren, deren Werke in *vicum vendentem thus et odores*[160] gehören, sich ärger vor dem Merkur fürchten sollen, als die Bedienten im Gespenst mit der Trommel vor dem verkappten Zauberer. Doch dies ist gerade die Classe, die am wenigsten von uns zu besorgen hat. Nur gute Schriftsteller verdienen eine scharfe Beurtheilung, denn an ihnen ist alles, bis auf die Fehler selbst, merkwürdig und unterrichtend.

Unser Tadel wird daher öfter den Ton des Zweifels, der sich zu belehren sucht, als den herrischen Ton der Unfehlbarkeit haben, die ihre Richtersprüche wie Orakel von sich giebt. Man wird uns ansehen, daß wir lieber Schönheiten als Fehler bemerken; daß wir die letztern nicht mühsam suchen, aber uns eben so wenig scheuen, sie anzuhalten, wenn sie uns aufstossen. Wir befinden uns nicht in dem Falle der kritischen Herostraten[161], welche, aus Verzweiflung sich durch irgend ein löbliches Werk hervorthun zu können, die Tempel der Musen und der Grazien[162] in Brand zu stecken versuchen, und zufrieden sind, daß man das schlimmste von ihnen spreche, wenn sie nur erhalten können, daß von ihnen gesprochen wird. Wir sind uns bewußt, daß nichts als die Schranken unsrer Einsichten uns verhindern könnte, allezeit gerecht zu seyn: aber eben darum werden wir über nichts urtheilen, das wir nicht verstehen. Wir können uns zuweilen irren, aber wenigstens werden wir alle mögliche Behutsamkeit anwenden, damit es nicht geschehe. Kurz, wir wünschen dem deutschen Merkur das Ansehn des *Areopagus*[79] zu Athen zu erwerben, welches nicht auf Gerichtszwang, sondern auf den Ruhm der Weisheit und Unbestechlichkeit gegründet und so befestiget war, daß Götter selbst kein Bedenken trugen, ihre Fehden vor diesem ehrwürdigen Senat entscheiden zu lassen.

Die gelehrte Republick in Deutschland hat seit einiger Zeit die Gestalt einer im Tumult entstandnen Demokratie gewonnen, worinn ein jeder, den der Kitzel sticht, oder der sonst nichts zu thun weiß, sich zum Redner aufwirft, wohl oder übel über die Angelegenheiten des Staats spricht, und, wenn es nicht durch Verdienste geschehen kan, durch Ränke, Cabalen[163] und verwegne Streiche, sich wichtig zu machen sucht. Man muß gestehen, die Nachläßigkeit und nicht selten auch die Partheylichkeit, womit zuweilen die ordentlichen Richter ihr kritisches Amt verwalten, giebt zu Beschwerden Anlaß, von welchen jene anmaßliche *Demagogen* den Vorwand nehmen, die gelehrte Republik in Verwirrung zu setzen, und die Verfassung dieses Staats, der seiner Natur nach *Aristokratisch* seyn muß, gänzlich umzukehren.

Eine Art von Litterarischem Revisions-Gericht, worinn über die Beurtheilungen geurtheilt, und was von andern gelehrten Richtern entweder versehen oder gesündiget worden, vergütet oder gerüget würde, möchte vielleicht eines von den würksamsten Mitteln seyn, jenen Mißbräuchen und Unordnungen nach und nach abzuhelfen; und dies ist es, was wir in dem Artikel, *Revision*, mit Freymüthigkeit, Bescheidenheit und Unpartheylichkeit zu leisten versuchen werden.

Es versteht sich wohl von selbst, daß unsre Meynung nicht seyn kan, den Merkur dadurch gleichsam zum Oberrichter über die deutsche Litteratur aufzuwerfen. Einzelne Gelehrte und besondere Gesellschaften derselben, haben nur Eine Stimme; der nahmenloseste Erdensohn hat, wenn er was kluges zu sagen hat, die seinige so gut als der Präsident einer Akademie; die Kunstrichter sind nur Sachwalter; das Publicum allein ist Richter, aber die Zeit spricht das Endurtheil aus.

So wie es begegnen kan, daß ein Werk des Genies ein halb Jahrhundert zu früh kömmt: so geschieht es auch oft, daß ein Werk vom Publico für gut angenommen wird, nicht weil es gut ist, sondern weil das Publicum noch nicht weiß was gut ist. Zur Zeit, da der feinere Theil unsrer Nation der Haupt- und Staats-Actionen und des Hans-Wursts müde war, mußte das erste regelmäßige Trauerspiel mit einer Art von Entzückung aufgenommen werden; und in Vergleichung mit *Posteln* und *Menantes*[164] mußten *Neukirch* und *Gottsched*[165] Virgil und Horaz[166] seyn; so wie die gleichgültigste Figur in einer Gesellschaft von häßlichen Zwergen zur Schönheit wird. Der Beyfall, der von dem größten Theile des lesenden Publici noch izt so vielen mittelmässigen Werken zugejauchzt wird; die noch immer herrschende Nachsicht gegen wesentliche Mängel; die Gewohnheit, bey vortreflichen Werken um weniger kleiner vielleicht nur eingebildeter Flecken willen kaltsinnig zu bleiben; die überhand nehmende Gleichgültigkeit gegen das wahre Einfache, und Grosse; und um alles in Ein Wort zusammen zu fassen, die beynahe allgemeine *Willkührlichkeit* des Geschmacks, sind sichre Merkzeichen, daß gesunder Verstand und unverdorbne Empfindung in Sachen der Litteratur noch nicht so gemein unter uns sind, als sie es bey einer aufgeklärten Nation seyn sollten. Ich könnte einen Dichter nennen, von welchem seine Freunde und ihre Nachsprecher nie anders als mit Entzücken und Anbetung sprechen, während daß man in der besten Gesellschaft sich lächerlich machen würde, wenn man mit besonderer Hochachtung von seinen Werken spräche. Die Frage ist nicht, ob diese oder jene Parthey recht habe. Ich will mit diesem Beyspiel blos so viel sagen, daß wir in diesem Punct (wie in so vielen andern) weit unter den Engländern sind, bey welchen es keine Frage ist, was von einem Milton oder Shakespear[167] zu halten sey. Die ganze Nation hat über den Werth dieser Dichter, über ihre Schönheiten und Fehler nur Eine Stimme.

[Christoph Martin Wieland:] Der Deutsche Merkur. Vorrede des Herausgebers. In: Der Deutsche Merkur. Jenner 1773. Des ersten Bandes Erstes Stück, S. III–XXII, dort S. III–XVI.

Christian Gotthilf Salzmanns ›Bote aus Thüringen‹

Im Jahre 1788 gründete der Volksaufklärer Christian Gotthilf Salzmann (1744 – 1811; vgl. Text 39 f.) das Journal ›Der Bote aus Thüringen‹ (vgl. Abb. 5). Es bestand bis zum Jahre 1816 und erreichte zu seinen besten Zeiten 745 Jahresabonnenten und die Zahl von 39.000 abgesetzten Einzelexemplaren. Zugeschnitten war Salzmanns ›Bote aus Thüringen‹ auf städtische Handwerker und die einfache Landbevölkerung. Das Programm war klar formuliert: ›Nicht nur den Lesern durch Zeitungsnachrichten die wichtigsten Neuigkeiten, die auf unserer Erde sich zutragen, zu melden, sondern ihnen auch guten Rat zu geben, wie sie sich vor Krankheiten verwahren, ihre Kinder gut ziehen, eine vergnügte Ehe führen, vor Zank und Prozeß sicher sein und überhaupt in ihren Hütten ein frohes Leben führen können.‹ (Der Bote aus Thüringen. 51. Stück. 1788, S. 810) Eine emanzipatorische Funktion maß Salzmann seiner Volksaufklärung dabei allerdings nicht zu: Verbesserung der Lebenssituation von Unterprivilegierten hieß sein Ziel, nicht Veränderung ihres gesellschaftlichen Status. Besonders deutlich wird dies in seinen literarischen Versuchen über die Ursachen und Folgen der Französischen Revolution seit 1793 (Text 81).

81. Die Geschichte der Schildbürger

[...] Vor alten Zeiten lebte weit, sehr weit von hier ein Volk, das immer böse und schlechte Regenten hatte. Sie dachten Tag und Nacht auf nichts, als wie sie dem armen Volke das Mark aus den Knochen saugen wollten. Da wurde ein Zoll, ein Geschoß, eine Accise[168], eine Kopfsteuer nach der andern erfunden. Der Handel mit Korn, Salz und fast allen Lebensmitteln wurde verpachtet, der Pacht an den Regenten gezahlt, und das arme Volk gezwungen, den Pachtern für ihre Waaren zu geben, was sie nur verlangten. Und was machte der Regent mit alle diesem Gelde? er kaufte sich Edelgesteine, ließ sich prächtiges Tafelgeschirre machen, große Palläste bauen, schaffte sich Kutschen an, davon manche mehr kostete, als alle Häuser in manchem Dorfe; hielt sich Pferde und Hunde. Wann der Landmann ernten wollte: so kam das Wild und fraß ihm das Getreide weg; schoß er nach einem, so wurde er ohne Barmherzigkeit aufgehängt.
Dabey hielt sich der Regent auch viele Maitressen, die eigentlich das Land regiereten. Hatte er eine überdrüßig, so verheyrathete er sie, und, wer sie heyrathete, der wurde geheimer Rath, Staatsminister, Freyherr, oder so etwas. Wer hingegen so eine Maitresse beleidigte, dem war sein Brod gebacken; ehe er es sich versahe: so saß er in einem schrecklichen Gefängnisse, welches die *Spadille* hieß. Kein Hahn krähete darnach. Selten bekam so ein armer Mensch das Tageslicht wieder zu sehen, es müßte denn eine andere gute Freundin des Regenten ein gutes Wort für ihn eingeleget haben.
Diese Wirthschaft dauerte wohl hundert Jahre, und das Volk ließ sich alles gefallen. Am Ende giengen ihm aber die Augen doch auf. Es fieng an zu murmeln. Wozu sagte es, entrichten wir Abgaben? etwa um Maitressen, Pferde und Jagdhunde zu ernähren?

Abb. 5 Titelblatt von Christian Gotthilf Salzmanns Zeitschrift
›Der Bote aus Thüringen‹
(Jahrgang 1793)

Schlösser zu bauen, oder Gefängnisse für uns und unsre Kinder? Nein! deßwegen entrichten wir Abgaben, daß davon des Landes Beste besorgt werden soll. Das geschieht aber nicht. Es ist kein Recht, keine Gerechtigkeit mehr im Lande. Wir müssen uns also selbst helfen.

Was geschahe? Einige kluge Köpfe versammelten sich, giengen zum Regenten, kündigten ihm den Gehorsam auf und sagten, sie wollten sich selber Gesetze geben, und der Regent sollte nur darauf sehen, daß sie ordentlich befolgt würden. Da ihnen das Volk beystund: versprach der Regent, er wolle in allen Stücken nachgeben. Man trauete ihm aber nicht, man glaubte, er spiele heimlich Cabalen[163]. Dadurch wurde das Volk erbittert, und setzte ihn gar ab.

Nun war Freude in allen Ecken; man pflanzte Freyheitsbäume, tanzte drum herum, und sang: *Lustig sind wir lieben Brüder*!

Nun lag nicht weit von diesem Lande ein anderes, wo ein gewaltig guter Fürst regierete, der auf nichts mehr dachte, als wie er die Ruhe und Sicherheit im Lande erhalten, jedem zu seinem Rechte helfen, alles Gute befördern, summa summarum[169], sein Volk recht glücklich machen wollte.

Wann nun sein Volk die Zeitungen[170] bekam, und von den großen Unruhen las, die bey den Nachbaren vorfielen: so schüttelte es die Köpfe, und sagte: Gott sey Lob und Dank! daß wir unter einer Regierung leben, wo solche Unruhen nicht nöthig sind.

Alle dachten aber doch nicht so. Unter andern war da ein unruhiger Kopf: Hans Rübezahl, der war der Meynung: besser wäre besser, sie wären freye Leute, wozu sie nöthig hätten, sich Gesetze geben und Abgaben aufbürden zu lassen?

Da einmal viele Bürger an einer Hochzeit beysammen waren: so trug er seine Meynung ganz laut vor. Die andern lachten ihn aus, und sagten: *Rübezahl* du rappelst.* Wie kann denn Ordnung im Lande seyn, ohne Gesetze? Wie kann denn Gehorsam gegen die Gesetze erhalten werden, wenn nicht ein Mann von Ansehen darüber wacht? wie kann denn des Landes Beste besorgt werden

---

* bist nicht klug.

ohne Geld? und wer soll denn das Geld anders geben, als das Volk, das im Lande lebt?
Rübezahl lachte aber, und sagte: das versteht ihr nicht.
So gieng die Sache etliche Wochen hin, man lachte über Rübezahlen und Rübezahl lachte über die andern.
Nach und nach bekam Rübezahl aber doch einen Anhang, der immer stärker wurde, und von nichts, als Freyheit, sprach. Da nun einmal der Regent die Abgaben einfordern ließ: so sagten diese Leute: wir geben nichts, und da man mit Execution[171] drohete: so sagten sie: den ersten Exequier[172], der über ihre Thürschwelle käme, den wollten sie todt schlagen.
Das gieng immer weiter, und es war sehr wahrscheinlich, daß es zu einem öffentlichen Aufstande kommen würde.
Der Regent betrübte sich, ließ das Volk zusammen kommen, und hielt folgende Rede: „Lieben Kinder! ich habe nun so lange über euch regieret, und, wie ich glaube, nach meinem besten Gewissen. Wann ihr alle schliefet: so wachte ich oft; wann ihr bey euren Weibern und Kindern ruhig euer Abendbrod verzehrtet: so saß ich oft auf meinem Zimmer traurig und überlegte, wie ich diesen und jenen Klagen, welche einige von euch führten, abhelfen möchte; wann ihr freudig an euer Tagewerk giengt: so lag mein Tisch voll Suppliken[173], die ich alle lesen mußte, die ich alle gewähren sollte, und doch nicht alle gewähren konnte. Denn wie war denn das möglich? kann denn Gott selbst alle die Gebete erhören, die ihr alle Morgen zu ihm schicket? Wenn ich dann nun diese und jene Supplik zurückweisen mußte: so schrieen die Supplikanten über Ungerechtigkeit und Härte.
Dieß alles habe ich nun so viele Jahre ausgehalten, und immer geglaubt, es ist einmal dein Stand, in den dich Gott gesetzt hat, der seine Beschwerden eben so gut, wie alle andere Stände hat. Du willst die Beschwerden tragen. Wenn du nur so glücklich bist, die Liebe und das Zutrauen deines Volks zu erhalten: so bist du reichlich belohnet.
Bedenkt also selbst, wie tief es mich kränken muß, da ich höre, daß ihr mit meiner Regierung unzufrieden seyd! Hört also an! Ist jemand da, den ich gedruckt? ist jemand da, dem ich nicht zu seinem Rechte geholfen habe, wenn er anders Recht hatte? Ist je

ein Unglück im Lande gewesen, da ich euch nicht beygestanden hätte? habe ich eine wirklich gute Anstalt eingehen lassen? habe ich keine neue gemacht? Alles schwieg stille; ein großer Theil verbarg die Gesichter hinter die Schnupftücher und weinte.

Endlich trat Rübezahl auf und sagte: Ihro Durchlaucht! von dem allen ist jetzt die Rede nicht; kurz und gut, wir wollen frey seyn, uns keine Gesetze mehr geben lassen, und keine Abgaben entrichten; dabey bleibts ein für allemal! Der Fürst gab sich alle Mühe Rübezahlen und seine Parthey zu belehren; da sie aber auf ihren Köpfen beharreten: so wurde er unwillig und fuhr fort.

Nun überlegte er die Sache mit seinen Räthen. Da waren nun die mehresten der Meynung: die Ursache von der Widerspenstigkeit dieser Leute, wäre blos diese, weil sie nicht gehörig unterrichtet wären, und keine richtige Begriffe von Regierung, Gesetzen, Abgaben u. d. g. hätten; man müsse das Volk gehörig *aufklären*: so würde es unter einer weisen und guten Regierung sehr gern leben.

Dieß ist meine Meynung auch, sagte der Regent.

Ich aber glaube, sagte ein junger Rath, der immer seine besondern Meynungen hatte, daß die Aufklärung gerade zur Rebellion verleite. Woher sind die Unruhen in unserer Nachbarschaft entstanden? blos von der Aufklärung. So lange das Volk unwissend war, ließ es sich niemand einfallen, sich zu widersetzen; so bald aber den Leuten die Aufklärung durch die Köpfe fuhr, so gieng der Lärmen los.

Sie haben Recht und Unrecht, nachdem man es nimmt, sagte der Regent. Die Aufklärung ist freylich einem Regenten nachtheilig, wenn er blos für sein Vergnügen lebt, und glaubt, das Volk sey nur deßwegen da, daß es für ihn arbeite, und seinen Verdienst an ihn zahle, damit er alle Tage herrlich und in Freuden leben könne. Deßwegen scheuen solche Regenten auch die Aufklärung, so wie sie Quacksalbern, Rabbulisten[174], gewissenlosen Geistlichen, kurz allen Leuten, die ihre Pflicht nicht thun, ein Dorn im Auge ist. Ein guter Regent gewinnt aber allemal durch die Aufklärung. Je klüger das Volk ist, desto leichter begreift es die Nothwendigkeit der Regierung, der Gesetze und der Abgaben, desto mehr weiß es die Treue und die Arbeitsamkeit seines Regenten zu schätzen. Und ich will durchaus nicht zu den

schlechten Regenten gezählet seyn; wenigstens bin ich mir bewußt, daß ich es mit Jedermann redlich gemeynet und das Wohl meines Volks zu befördern gesucht habe, so gut ich konnte.
Der Feind der Aufklärung wollte noch eines und das andere einwenden; aber der Fürst machte ihm ein so finsteres Gesicht, daß ihm das Wort im Munde erstarb.
Nach einigen Tagen ließ der Fürst die Vornehmsten von allen Gemeinen zusammen kommen, und hielt folgende Rede:
„Es betrübt mich sehr, daß einige von euch Unruhen erregen! da ich immer nichts mehr gewünschet habe, als daß wir alle in Ruhe und Friede zusammen leben möchten. Weswegen seyd ihr unruhig? wegen der Gesetze und wegen der Abgaben. Wahr ists, daß euch Gesetze gegeben sind. Wißt ihr denn aber, warum? blos zu eurem Besten. Was haben die Gesetze wegen des Diebstahls zur Absicht? die Sicherheit eures Vermögens. Wozu dient die Forstordnung? dazu, daß die Wälder nicht sollen verwüstet werden, und ihr und eure Kindeskinder immer einen hinlänglichen Holzvorrath haben solltet. Wozu ist das Gesetz wegen Zank und Schlägerey? um Ruhe in euern Gesellschaften zu erhalten. Die Feuerordnung ist da, um auf das möglichste eure Häuser gegen Brand zu schützen. So gehet unsere ganze Landesordnung durch; ihr werdet bey jeder Verordnung finden, daß sie zu eurem Besten gemacht worden sey. Ich gebe es zu, daß einem und dem andern ein Gesetz nachtheilig seyn kann. Wenn man aber in der menschlichen Gesellschaft lebt, und darinne Ruhe, Sicherheit und andere Vortheile genießt, so muß man es sich auch gefallen lassen, um des allgemeinen Besten willen einiges aufzuopfern.
Ihr seyd verdrüßlich wegen der Abgaben. Wißt ihr denn aber, wem ihr die Abgaben entrichtet? ihr glaubt vielleicht mir. Darinne irrt ihr euch gewaltig. Euch entrichtet ihr sie. Ihr legt das Geld nur zusammen, und ich wende es hernach zum Besten des Landes an. Ich besolde eine Menge Personen, die für euch arbeiten, ich unterhalte zur Sicherheit des Landes Soldaten, ich erhalte öffentliche Gebäude, Landstraßen u. d. g.[175] ist denn dieß Geld nicht alles zu eurem Besten angewendet? Wahr ist es, daß ich meinen Antheil auch davon nehme. Haltet ihr denn dieß für

unbillig? Bekommt denn nicht ein jeder, der ein Amt hat, dafür Besoldung? Warum denn nicht auch der Fürst? Wahr ist es auch, daß ich mehr nehme, als irgend jemand im Lande für sein Amt bekommt; muß ich denn aber, als Fürst, nicht auch größern Aufwand machen? Ach oft Aufwand, der mir sehr verdrüßlich ist.
Sehet, lieben Leute! so verhält sich die Sache eigentlich. Nun können wir bald aus einander kommen. Ich finde das größte Vergnügen in meiner Familie. Dieß habe ich bisher wenig genießen können: weil ich bloß für euch gelebt habe. Ich bin nirgends lieber, als auf dem Lande. Dieses Vergnügen habe ich mir versagt, damit ich desto besser eure Supplikan annehmen, lesen, und, so viel als möglich gewähren könnte. So manche Reise hätte ich gerne gemacht, meine Regierungsgeschäffte haben es mir aber immer nicht erlaubt. Wäre ich euer Fürst nicht, so könnte ich alles dieses Vergnügen genießen, und so recht nach meiner Neigung leben.
Ich kann euch also entbehren. Glaubt ihr, daß ihr mich auch entbehren könnt: so können wir uns leicht ohne Zorn und Widerwillen trennen.
Da erhub sich ein lautes Geschrey, welches den Fürsten bat, daß er doch sein Volk nicht verlassen möchte. Da es aber vorbey war, rief doch Rübezahl mit seiner Parthey: wir brauchen keinen Fürsten.
Gut! lieben Leute! antwortete der Fürst, wenn ihr glaubt, daß ihr ohne mich leben könnet: so sollt ihr auch ohne mich leben.
Binnen hier und acht Tagen schreibe nur jeder, der ohne mich leben will, seinen Nahmen auf ein Blatt, welches ich, zu dieser Absicht auf das hiesige Rathhaus will legen lassen. Da schrieben wirklich achtzig Personen ihre Nahmen ein.
Da der Fürst sie gelesen hatte: schüttelte er den Kopf und sagte: dieß ist ja nur eine Handvoll Leute. Um dieser willen kann ich die Sorge für mein treues Volk nicht aufgeben.

Christian Gotthilf Salzmann: [Die Geschichte der Schildbürger.] Bote. Wirth; Fortsetzung von der Geschichte der Schildbürger. In: Der Bote aus Thüringen. Erstes Stück. 1793; Zweytes Stück. 1793, S. 1–8, 17–23, dort S. 4–8, 17–23.

Friedrich Schillers ›Horen‹

Mit der von Friedrich Schiller herausgegebenen Zeitschrift ›Die Horen. Eine Monatsschrift‹ (12 Bde., 1795 – 1797; vgl. Abb. 6) verbanden die führenden Autoren der ›Weimarer Klassik‹ (vgl. Einführung Texte 64 – 67, S. 109 f.) von Anfang an höchste Ansprüche und größte Hoffnungen. So bedeuten die ›Horen‹ einen Meilenstein in der deutschen Buchwerbung, wurde doch sogar ein regelrechter Vertrag mit dem Herausgeber der Jenaer ›Allgemeinen Litteraturzeitung‹ geschlossen, welcher diesen dazu verpflichtete, jedes Monatsstück der ›Horen‹ ausführlich rezensieren zu lassen; persönliche Beziehungen der Weimarer Autoren halfen in allen anderen Fällen. Der Verleger Johann Friedrich Cotta (1764 – 1832) wiederum verpflichtete sich zu allergrößter Sorgfalt bei der Auswahl von Papier, Drucktypen und Umschlaggestaltung. Friedrich Schiller selbst schließlich erlegte sich nichts weniger auf als den Ausschluß aller unbedeutenden Schriftsteller von seinem Zeitschriftenunternehmen; die bekannten Autoren gedachte er dagegen mit überdurchschnittlich hohen Honoraren anzulocken. So sollte ein ›berühmtes Weltjournal‹ entstehen, das alle Konkurrenten vom deutschen Buchmarkt verdrängen wollte. Das Projekt scheiterte nach hohen Anfangsauflagen ziemlich rasch: Schillers Programmatik, zugunsten einer ›ästhetischen Erziehung‹ politischen oder religiösen Themen in den ›Horen‹ keinerlei Raum einzuräumen (Text 82), wurde als unpolitisch mißverstanden und trug ebenso zur Abwendung der Leser bei, wie schleppend eingehende Beiträge bekannterer Autoren und unvermeidbare Kompromisse Schillers in Fragen des literarischen Niveaus.

82. Friedrich Schiller: Literarische Anzeigen

Zu einer Zeit, wo das nahe Geräusch des Kriegs[176] das Vaterland ängstiget, wo der Kampf politischer Meynungen und Interessen diesen Krieg beynahe in jedem Zirkel erneuert, und nur allzuoft Musen und Grazien daraus verscheucht, wo weder in den Gesprächen noch in den Schriften des Tages vor diesem allverfolgenden Dämon der Staatscritik Rettung ist, möchte es eben so gewagt als verdienstlich seyn, den so sehr zerstreuten Leser zu einer Unterhaltung von ganz entgegengesetzter Art einzuladen. In der That scheinen die Zeitumstände einer Schrift wenig Glück zu versprechen, die sich über das Lieblingsthema des Tages ein strenges Stillschweigen auferlegen, und ihren Ruhm darinn suchen wird, durch etwas anders zu gefallen, als wodurch jetzt alles gefällt. Aber jemehr das beschränkte Interesse der Gegenwart die Gemüther in Spannung setzt, einengt und unterjocht, desto dringender wird das Bedürfniss, durch ein allgemeines und höheres Interesse an dem, was *rein menschlich* und über allen Einfluss der Zeiten erhaben ist, sie wieder in Freyheit zu setzen, und die politisch getheilte Welt unter der Fahne der Wahrheit und Schönheit wieder zu vereinigen.

Diess ist der Gesichtspunkt, aus welchem die Verfasser dieser Zeitschrift dieselbe betrachtet wissen möchten. Einer heitern und leidenschaftfreyen Unterhaltung soll sie gewidmet seyn, und dem Geist und Herzen des Lesers, den der Anblick der Zeitbegebenheiten bald entrüstet bald niederschlägt, eine fröhliche Zerstreuung gewähren. Mitten in diesem politischen Tumult soll sie für Musen und Charitinnen[162] einen engen vertraulichen Zirkel schliessen, aus welchem alles verbannt seyn wird, was mit einem unreinen Partheygeist gestempelt ist. Aber indem sie sich alle Beziehungen auf den *jetzigen* Weltlauf und auf die *nächsten* Erwartungen der Menschheit verbietet, wird sie über die vergangene Welt die Geschichte, und über die kommende die Philosophie befragen, wird sie zu dem Ideale veredelter Menschheit, welches durch die Vernunft aufgegeben, in der Erfahrung aber so leicht aus den Augen gerückt wird, einzelne Züge sammeln, und an dem stillen Bau besserer Begriffe, reinerer Grundsätze und edlerer Sitten, von dem zuletzt alle wahre Verbesserung des gesellschaftlichen Zustandes abhängt, nach Vermögen geschäftig seyn. Sowohl spielend als ernsthaft wird man im Fortgange dieser Schrift dieses einige Ziel verfolgen, und so verschieden auch die Wege seyn mögen, die man dazu einschlagen wird, so werden doch alle, näher oder entfernter, dahin gerichtet seyn, wahre Humanität zu befördern. Man wird streben, die Schönheit zur Vermittlerinn der Wahrheit zu machen, und durch die Wahrheit der Schönheit ein daurendes Fundament und eine höhere Würde zu geben. So weit es thunlich ist, wird man die Resultate der Wissenschaft von ihrer scholastischen[177] Form zu befreyen und in einer reizenden, wenigstens einfachen, Hülle dem Gemeinsinn verständlich zu machen suchen. Zugleich aber wird man auf dem Schauplatze der Erfahrung nach neuen Erwerbungen für die Wissenschaft ausgehen, und da nach Gesetzen forschen, wo bloss der Zufall zu spielen und die Willkühr zu herrschen scheint. Auf diese Art glaubt man zu Aufhebung der Scheidewand beyzutragen, welche die *schöne* Welt von der *gelehrten* zum Nachtheile beyder trennt, gründliche Kenntnisse in das gesellschaftliche Leben, und Geschmack in die Wissenschaft einzuführen.

Man wird sich, soweit kein edlerer Zweck darunter leidet, Mannichfaltigkeit und Neuheit zum Ziele setzen, aber dem frivolen Geschmacke, der das Neue bloss um der Neuheit willen sucht, keineswegs nachgeben. Übrigens wird man sich jede Freyheit erlauben, die mit guten und schönen Sitten verträglich ist.

Wohlanständigkeit und Ordnung, Gerechtigkeit und Friede werden also der Geist und die Regel dieser Zeitschrift seyn; die drey schwesterlichen Horen[178] *Eunomia, Dice* und *Irene* werden sie regieren. In diesen Göttergestalten verehrte der Grieche die welterhaltende Ordnung, aus der alles Gute fliesst, und die in dem gleichförmigen Rhythmus des Sonnenlaufs ihr treffendstes Sinnbild findet. Die Fabel macht sie zu Töchtern der *Themis* und des *Zeus*, des Gesetzes und der Macht; des nehmlichen Gesetzes, das in der Körperwelt über den Wechsel der Jahrszeiten waltet, und die Harmonie in der Geisterwelt erhält.

Die Horen waren es, welche die neugebohrene Venus bey ihrer ersten Erscheinung in Cypern empfingen, sie mit göttlichen Gewanden bekleideten, und so von ihren Händen geschmückt in den Kreis der Unsterblichen führten: eine reizende Dichtung, durch welche angedeutet wird, dass das Schöne schon in seiner Geburt sich unter Regeln fügen muss, und nur durch Gesetzmässigkeit würdig werden kann, einen Platz im Olymp, Unsterblichkeit und einen moralischen Werth, zu erhalten. In leich-

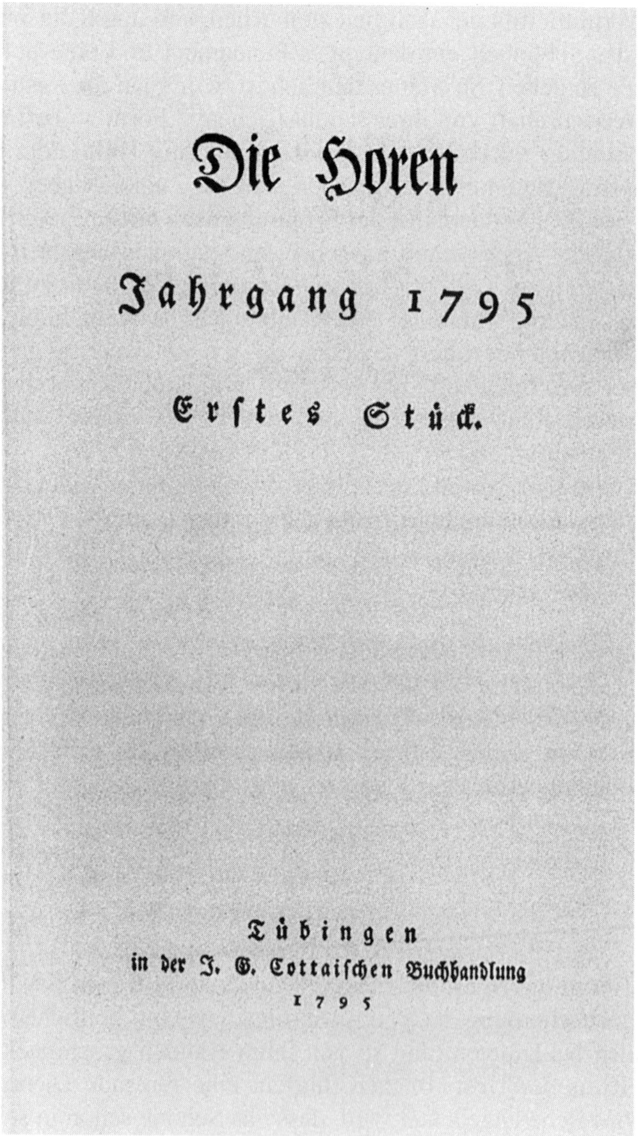

Die Horen

Jahrgang 1795

Erstes Stück.

Tübingen
in der J. G. Cottaischen Buchhandlung
1795

Abb. 6 Titelblatt von Friedrich Schillers Zeitschrift ›Die Horen‹ (Jahrgang 1795, Erstes Stück) ten Tänzen umkreisen diese Göttinnen die Welt, öffnen und schliessen den Olymp und schirren die Sonnenpferde an, das belebende Licht durch die Schöpfung zu versenden. Man sieht sie im Gefolge der Huldgöttinnen und in dem Dienst der Königin des Himmels, weil Anmuth und Ordnung, Wohlanständigkeit und Würde unzertrennlich sind.

Dass die gegenwärtige Zeitschrift des ehrenvollen Nahmens, den sie an ihrer Stirne führt, sich würdig zeigen werde, dafür glaubt der Herausgeber sich mit Zuversicht verbürgen zu können. Was ihm in seiner eignen Person nicht geziemen würde, zu versichern, das erlaubt er sich als Sprecher der achtungswürdigen Gesellschaft, die zu Herausgabe dieser Schrift sich vereinigt hat. Mit patriotischem Vergnügen sieht er einen Entwurf in Erfüllung gehen, der ihn und seine Freunde schon seit Jahren beschäftigte, aber nicht eher als jetzt gegen die vielen Hindernisse, die seiner Ausführung im Wege standen, hat behauptet werden können. Endlich ist es ihm gelungen, mehrere der verdienstvollesten Schriftsteller Deutschlands zu einem fortlaufenden Werke zu verbinden, an welchem es der Nation trotz aller Versuche, die von Einzelnen bisher angestellt wurden, noch immer gemangelt hat, und nothwendig mangeln musste, weil gerade eine solche Anzahl und eine solche Auswahl von Theilnehmern nöthig seyn möchte, um bey einem Werk, das in festgesetzten Zeiten zu erscheinen bestimmt ist Vortreflichkeit im Einzelnen mit Abwechslung im Ganzen zu verbinden.

Folgende Schriftsteller werden an dieser Monathschrift Antheil nehmen:

Hr. Hauptmann von *Archenholz* in Hamburg.
Seine Erzbischöffliche Gnaden Hr. Coadjutor von Mainz Freyherr von *Dalberg* in Erfurth.
Hr. Professor *Engel* aus Berlin.
– D. *Erhardt* in Nürnberg.
– Professor *Fichte* in Jena.
– von *Funk* in Dresden.
– Professor *Garve* in Bresslau.
– Kriegsrath *Genz* in Berlin.
– Canonicus *Gleim* in Halberstadt.

- Geheimer Rath von *Göthe* in Weimar.
- D. *Gros* in Göttingen.
- Vice-Consistorial-Präsident *Herder* in Weimar.
- *Hirt* in Rom.
- Professor *Hufeland* in Jena.
- Legations Rath von *Humboldt* aus Berlin.
- Oberbergmeister von *Humboldt* in Bayreuth.
- Geheimer Rath *Jacobi* in Düsseldorf.
- Hofrath *Matthison* in der Schweiz.
- Professor *Meyer* in Weimar.
- Hofrath *Pfeffel* in Colmar.
- Hofrath *Schiller* in Jena.
- *Schlegel* in Amsterdam.
- Hofrath *Schütz* in Jena.
- Hofrath *Schulz* in Mietau.
- Professor *Woltmann* in Jena.

Da sich übrigens die hier erwähnte Societät keineswegs als *geschlossen* betrachtet, so wird jedem deutschen Schriftsteller, der sich den nothwendig gefundenen Bedingungen des Instituts zu unterwerfen geneigt ist, zu jeder Zeit die Theilnahme daran offen stehen. Auch soll jedem, der es verlangt, verstattet seyn, anonym zu bleiben, weil man bey Aufnahme der Beyträge nur auf den Gehalt und nicht auf den Stempel sehen wird. Aus diesem Grunde, und um die Freyheit der Critik zu befördern, wird man sich erlauben, von einer allgemeinen Gewohnheit abzugehen, und bey den einzelnen Aufsätzen die Nahmen ihrer Verfasser, bis zum Ablauf eines jeden Jahrgangs verschweigen, welches der Leser sich um so eher gefallen lassen kann, da ihn diese Anzeige schon im Ganzen mit denselben bekannt macht.

Jena den 10. Dec. 1794.

Schiller.

Friedrich Schiller: Literarische Anzeigen. Die Horen eine Monatsschrift, von einer Gesellschaft verfasst und herausgegeben von Schiller. In: Intelligenzblatt der Allgemeinen Literatur-Zeitung. Numero 140. Mittwochs den 10ten December 1794, Sp. 1129–1136.

Friedrich Justin Bertuchs Kulturjournal
›London und Paris‹

Seine Zeitschrift ›London und Paris‹ (24 Bde., 1798 – 1810; danach unter wechselnden Titeln 1811 – 1815) plante der Weimarer Verleger und Großindustrielle Friedrich Justin Bertuch (1747 – 1822; vgl. Text 53) als ergänzendes Projekt zum eigenen ›Journal des Luxus und der Moden‹ (42 Jahrgänge, 1786 – 1827). Es galt, die Alltagskultur der als für die Mode richtungsweisenden Metropolen jener Zeit, London und Paris, auf höherem Niveau zu präsentieren, als dies im ›Journal des Luxus und der Moden‹ einer anderen Zielgruppe wegen der Fall sein konnte. Der programmatischen Vorrede zufolge (Text 83) bleibt das eigentlich politisch-diplomatische Zeitgeschehen zwar ausgeschlossen; über Klatschgeschichten, kommentierte Lokalereignisse, mitgeteilte Gassenhauer und aktuelle Komödienausschnitte rückt jedoch ein politischer Unterton ins Zentrum des neuen Kulturjournals, der die Zeitstimmung in beiden Hauptstädten trefflich charakterisiert. Zahlreiche kolorierte Kupfer des bekannten englischen Karikaturisten James Gillray (1757 – 1815; vgl. Abb. 7) verschärften das ebenso sozial- wie ideologiekritische Gepräge noch. Der noblen Ausstattung und des gehobenen Tones zum Trotz blieb das Bertuchsche Kulturjournal deshalb nicht lange ungeschoren: 1807 forderten die neuen französischen Zensurherren eine Mäßigung des Tones und die Umstellung der beiden Zeitschriften-Teile; ›Paris‹ rangierte nunmehr vor ›London‹. 1815 schließlich erzwingt das neue Hauptinteresse an ›altdeutscher Art und Kunst‹ (vgl. Einführung Text 38) die Einstellung der Zeitschrift.

83. Plan und Ankündigung

Nie ist das Neue so schnell alt, und das Alte aller Jahrhunderte so oft neu geworden, als in dem letzten Jahrzehend, seit Revolution die Losung des südwestlichen Europa ist. Die Zeitungsschreiberey ist in den cultivierten Staaten ein mächtiger Erwerbzweig, und in einigen Ländern, wie in Frankreich, und neuerlich auch in Batavien und Helvetien[179], die einzige nahmhafte Literatur geworden. Das papierne Zeitalter erstickt fast unter allen Journalen und Zeitungsblättern. Und alle diese Welt- und Zeitkunde, die sich in so viele größere und kleinere Canäle ergießt, strömt eigentlich nur aus zwey Hauptquellen. *London* und *Paris* haben sich, wie die zwey ältern Söhne des *Kronos*[180], in die Welt getheilt, und bevölkern nun das Reich des dritten Bruders um die Wette durch ihren Zwist. Alle übrigen Hauptstädte Europens sind freywillig in die zweyte Ordnung zurückgetreten. Von London und Paris gehen die Schläge aus, die in Philadelphia und Calcutta, an der Newa und in der Capstadt oft eher gefühlt werden, als der empfindlichste Electrometer den politischen Beobachtern ihr Ausströmen bemerkbar machen konnte. Was Wunder, daß nun auch auf diese zwey Mittelpuncte, um welche sich in entgegengesetzter Richtung alle Welthändel drehen, alle, die Augen zu sehen, und Hände zu schreiben haben, ihre Blicke eben so unverwandt heften, als jene Königscandidaten den ersten Sonnenstral bewachten, dessen frühester Anblick dem Späher eine Crone brachte. Nur ist das, was *gesehen* und *geschrieben* wird, oft sehr zweydeutiger Natur; Gaukelspiele der Fee Morgana[181]; politische Truggestalten, leere Tonnen, vom *Redacteur* oder dem *Star*[182] zur Belustigung der gaffenden Menge hingeworfen; um das geheime Spiel desto sicherer spielen zu können. Selbst die glaubwürdigsten Berichte officieller Tageblätter, wie unbefriedigend und abgerissen sind sie, da sie höchstens nur den letzten Erfolg, selten oder nie das eigentliche *Warum?* und *Wodurch?* angeben.

Dieß aufzufinden und aus dem tausendfach verschlungenen Knäuel schriftlicher und mündlicher Traditionen zu entwirren, sey das Geschäft der ernsten Geschichte, die ihren Griffel vielleicht jetzt noch nicht einmal anzusetzen wagt. Aber die Gemälde der Menschenmaßen, wie sie während diesen Folgeschwangern Weltbegebenheiten in London und Paris, von tausend Begierden und Bedürfnissen gepeitscht, im buntesten Gewühl sich täglich herumtreiben, eine mit jedem Morgen, der die Gallerie des Louvres und die gothischen Thürme der Westmünsterabtey röthet, erneuerte Scene des lebendigsten Menschenle-

Abb. 7 Karikatur James Gillrays (1757–1815)
aus Friedrich Justin Bertuchs Kulturjournal
›London und Paris‹

bens, kurz ein *Tableau mouvant*[183] dieser beyden Städte, von geübten Beobachtern an Ort und Stelle selbst, im Moment der regesten Bewegung aufgefaßt und niedergeschrieben, periodisch aufzustellen, und dadurch dem teutschen Zeitungsleser und Beobachter der laufenden Welthändel in schneller Aufeinanderfolge einen sich immer aufs neue verjüngenden, den Zeitläuften sich aufs neue anpaßenden Grundriß der zwey Theater in die Hand zu geben, wo jetzt auf Unkosten des übrigen Europa täglich neue Haupt- und Staatsactionen einstudiert werden, dieses ist kein vergebliches, und, könnte es nur recht ausgeführt werden, kein verwerfliches, und kein langweilendes Beginnen.

Mit welchem Heißhunger wurde *Merciers*[184] erstes Tableau von Paris verschlungen, und in vervielfältigten Ausgaben und Übersetzungen in Süden und Norden verbreitet? Mit welcher Begierde sieht man seit zwey Jahren seinem zweyten Tableau entgegen, das sich nur darum so verspätet, weil dem kundigen Scenenmahler seine neuesten Gemälde unter der Hand alt geworden sind? Wie reizte *Friedrich Schulz*[185] durch den Glanzfirniß, den er über Paris und die Pariser noch vor 8 Jahren herzog? Wie willkommen waren *Meiers* Fragmente?[186] Wie hastig greift man im Journale *Frankreich*[187] zuerst nach den Briefen teutscher Männer aus Paris, weil sie den Stempel an der Stirn tragen, daß sie in keiner teutschen Studierstube geschrieben sind? als Forster *Wendeborns* London zuerst namenlos erscheinen ließ,[188] und *Archenholz*[189] in seiner Länder- und Völkerkunde das stückweise austheilte, was später zu Einem Gemählde sein *England* vereinigte, und seine *Annalen* fortsetzten, wie fand man sich auf einmal so gern zu Londons Lust- und Trauerscenen, Spielplatzen, Wetten, Gerichtshöfen, Hinrichtungen, Ausgelaßenheiten und Kraftäußerungen hingezaubert? Und wie hat seitdem nicht die gährende Maße im Riesenkopfe jenes Koloßes, der mit dem einen Fuß in Bengalen, mit dem andern in Jamaica und den Antillen steht, zugenommen und in einander gebraußt? Welches Gemälde unaussprechlicher Sittenverderbniß, kämpfend mit dem angestammten, achten Edelmuthe der mehr, als andere Völker, selbstständigen Insulaner, stellt uns der Schotte *Colquhoun*[190] in seinem sachreichen Werke über die Polizey der

Hauptstadt Englands auf, wo allein 40,000 Buhlerinnen und 115,000 Menschen wohnen, die sich täglich durch *gesetzwidrige Mittel* erhalten und bereichern? wo 3,000 Trödelbuden und Diebslöcher sich eröffnen, um entwendete Güter zu verschlingen, und wo von einem auf 220 Millionen Pf. Sterling berechneten beweglichen Eigenthum jährlich nur der milde Abzug von 1 Procent oder $2\frac{1}{5}$ Million Pf. Sterling, Statt findet, den 21 Klaßen verschiedener Betrüger und Gauner in *einem* Jahre stehlen?

Aber wer könnte dieses Gähren und Brausen, Verpuffen und Verkohlen, Präcipitiren und Sublimiren[191] der ungleichartigsten Stoffe in diesem ungeheuren Retorten durch eine *feststehende* Beschreibung, und eine *geschloßene* Schilderung festzuhalten sich einfallen lassen? Ich kann wohl sagen: so ist es *heute*. Aber in wenig Wochen sind oft Schauspieler, Decorationen und Zuschauer neu, und das alte Stück wird mit neuen Umgebungen vor neuen Zuschauern neu aufgeführt. Wer ein *Buch* darüber schreibt, setzt nur Grabsteine. Aber eine regelmäßig wiederkehrende *periodische* Schrift verjüngt sich mit dem verjüngenden, fliegt mit dem fliegenden Genius der Zeit, und liefert stets frische Gemälde, so wie sie selbst frisch ist.

Eine solche Zeitschrift soll von nun an unter der Aufschrift:

London und Paris

erscheinen. Ihr sind keine langen Ankündigungen vorausgegangen. Sie erfüllt den Wunsch vieler Einzelnen. Sie steht keinem andern Journale im Wege. Sie schließt sich an alle an, die statistischen, politischen oder weltbürgerlichen Inhalts sind. Sie will bloß *vergnügen, scherzen, erzählen*, was heute in Paris, gestern in London zu sehen war. Sie hütet sich vor der Politik, als vor einer Sphinx, die täglich die Söhne und Töchter der *Böotier*[192] frißt. Alle Staatsverhandlungen, alle politischen Raisonnements, alles, was in die zwey großen Hauptrubriken, *Krieg und Frieden*, gehört, liegt auf immer außer ihrem Plane. Aber was oft schon die geheime Triebfeder einer Kriegserklärung oder eines Friedensbruches wurde, die geheimere Anecdote, und wie sich der Volksgeist bey Kriegs- und Friedensbegebenheiten, bey

Wahlen und Zurüstungen, bey Siegen und Niederlagen, charakteristisch ausdrückt, dieses wird sie gern berichten. Sie wird eine Deputirtenwahl in Paris schildern, aber sich kaum die Mühe nehmen, die Deputirten, die gewählt wurden, zu nennen. Sie wird die Manöuvres der Londner Freywilligen auf St. Georgesfield, die Wachtparade der Londner Seifensieder und Kapaunenstopfer in den neuesten Associationen der Freywilligen nicht unberührt lassen, und vielleicht die neueste *Carrikatur* darüber urkundlich liefern, aber kaum im Vorbeygehen die Zahl angeben, wie viel London in seiner militärischen Begeisterung bewaffnet hatte. Sie wird nichts weniger, als *gelehrt* seyn, und könnte daher wohl die Scene schildern, wie *Buonaparte*[193] in der letzten Sitzung des Nationalinstituts die stundenlang getäuschte Erwartung endlich mit stolzer Bescheidenheit noch befriedigte; aber sie kann keine Nomenclatur und Inhaltsanzeige der Vorlesungen selbst geben. Sie wird die Blätter des Tags und die Schriften nennen, die, als ephemerische Lieblinge, die Stimmung des Publicums für diesen Augenblick bezeichnen, aber sie wird keine eigentlichen Auszüge und Critiken liefern. Ja, sie könnte uns in das häusliche Leben eines berühmten Schriftstellers, zu dem *literarischen Thee* einladen, den der Bürger *Millin*[194] jeden Septidi[195], den Sir *Joseph Banks*[196] jeden Morgen giebt: aber sie wird sich nicht auf's Ausspioniren der im Pulte verschlossenen Manuscripte, und aufs Auskrähen ungelegter Eier legen. Künste, Gewerbe, neue Patentartikel, neue Modewaaren, Ornamente, Costumes, alles liegt in ihrem Plane, aber nur in so fern es einen *Charakterzug* zum Ernst und Schimpf verschiedener Menschenklassen liefert, die sich dann im Kreise der genannten zwey Modepolen belustigen, langweilen, putzen, ruiniren. Darinn schließt sie sich schwesterlich an's *Journal des Luxus und der Moden* an, zu dem sie gleichsam den zweyten, ausländischen Theil macht, und das weiter ausführt, was dort nur angedeutet werden konnte; aber sie wird weder dieß, noch ein anderes Journal, das sich ähnliche Zwecke vorgenommen haben könnte, entbehrlich machen.

Sie macht nur Einen Anspruch, aber auf diesen hält sie auch, wie das arme Rosenmädchen zu Salancy[197] auf ihren Kranz. Sie will *wahr* seyn. Sie will treu geben, was ein Paar gesunde und nicht ganz ungeübte Augen an Ort und Stelle selbst, täglich wo anders herumgetragen sehen können. Zwey Männer, beyde Teutsche, beyde nicht seit heute oder gestern in jenen Tummelplätzen der weltbeherrschenden Mode, haben sich vereinigt, treue Berichte regelmäßig einzuschicken, und, wo ihnen selbst die Allgegenwart versagt ist, sich durch Wohlunterrichtete zu vervielfältigen. Unsere Zeitschrift liefert also lauter *Originalaufsätze*, zu welchen sich der *Herausgeber* nur hier und da eine auf nähere Beziehungen deutende Anmerkung und Erläuterung zu setzen erlauben wird, und als Belege zu diesen Aufsätzen die bedeutendsten *Plane* und *Zeichnungen*, die sinnreichsten *Carrikaturen* und *Spottbilder* und die gangbarsten *Songs* und *Vaudevilles*[198], die in beyden Hauptstädten die Neuigkeit des Tages ausmachen.

Ob nun gleich London und Paris immer das Hauptaugenmerk unsers Journals bleiben wird: so schließt dieß doch keineswegs die *Provinzen* und *Colonien* aus, wovon jene Städte der Mittelpunct sind. So wird gleich im ersten Stück eine Schilderung der ersten englischen Wettrennen in der *Capstadt*, und eines französischen Schauspiels in Amsterdam erscheinen.

Und wenn diese Zeitschrift nur die Hälfte von dem leistet, was sie nach den uns vorliegenden Papieren zu versprechen sich berechtigt zu seyn dünket: so wird das leselustige Publikum gewiß Lust daran haben, und durch fröhlichen Beyfall ein *kostbares* Unternehmen fröhlich gedeyhen lassen. Das erste Stück erscheint in wenigen Wochen, und wird mit dem nächsten Stück des Modenjournals zugleich versendet werden. Wegen seiner äußeren Form und der Zeit seiner Erscheinung ist folgendes zu bemerken:

1) Jedes Stück wird *fünf*, vielleicht auch noch mehrere Bogen, Text, und gewöhnlich 4 Kupfertafeln in 4to oder 8vo enthalten. Von den Kupfertafeln werden *zwey* gewöhnlich *colorirte* Carricaturen oder andere intereßante Gegenstände, die zur lebendigen Darstellung der Farben bedürfen, zwey hingegen andere Zeichnungen, Plane oder notirte Gesänge liefern.

2) *Alle sechs* Wochen erscheint regelmäßig ein Stück, in farbigen Umschlag geheftet, in groß Octav; Druck und äußere

Form werden dem im Journale des Luxus und der Moden gleich seyn.
3) *Acht* Stücke werden einen Jahrgang oder Band mit Haupt-Titel und Register ausmachen. Bey der Anhäufung der Materien und dem Reichthume des uns vorliegenden Stoffs wird es uns leicht seyn, den *ersten* Jahrgang, obgleich er später als mit Anfange des Jahres beginnt, mit Ende des Jahres 1798 sicher zu vollenden, und es werden also heuer die Stücke etwas schneller aufeinander folgen.
4) Das *Abonnement* auf den Jahrgang ist 1 *Carolin* oder 6 Rthlr. 8 gr. oder 11 fl.[199] Reichsgeld; und die Liebhaber können Ihre Bestellungen bey allen Postämtern, guten Buchhandlungen, oder Intelligenz- und Zeitungs-Comptoires, durch welche sie gewöhnlich ihre Zeitungen und Journale erhalten, machen; da die Verlagshandlung dieser Zeitschrift, das F. S. *privil. Industrie-Comptoir zu Weimar*, mit allen in Handelsverbindungen steht, sich selbst mit Versendung einzelner Exemplare aber nicht abgeben kann.

X* den 31sten May 1798.

Die Redaction des Journals:
London und Paris.

[*Friedrich Justin Bertuch, Karl August Böttiger:*] *Plan und Ankündigung. In: London und Paris. Erster Jahrgang. Erstes Stück 1798, S. 3–11.*

Die Welt der Sagen und Legenden.
Christian August Vulpius' ›Curiositäten‹-Zeitschrift

In den Horizont des aufkommenden Interesses an ›altdeutscher Art und Kunst‹ (vgl. Einführung Text 38) nach den erfolgreichen Befreiungskriegen gegen Napoleon (1813/14) gehört auch das Zeitschriftenprojekt ›Curiositäten der physisch-literarisch-artistisch-historischen Vor- und Mitwelt, zur angenehmen Unterhaltung für gebildete Leser‹ (10 Bde., 1811 – 1825) des Weimarer Schriftstellers, Bibliothekars und Goethe-Schwagers Christian August Vulpius

(1762 – 1827). Darin sammelte er Sagen- und Legendenmaterial seiner thüringischen Heimat in gut romantischer Manier. Tatsächlich ist seine Fassung der Tannhäuser-Sage (Text 84) durch Sprachgebrauch, Geist und Stilmitteleinsatz dem ›Wunderhorn‹-Ton Achim von Arnims und Clemens Brentanos (›Des Knaben Wunderhorn‹. 3 Bde., 1806 – 1808) ebenso verpflichtet wie den ›Kinder- und Hausmärchen‹ (2 Bde., 1812/1815) der Brüder Grimm. Vulpius wird dieser Imitationsfähigkeit wegen von alters her zu den herausragendsten Verfassern früher ›Trivialliteratur‹ gerechnet. Seinen größten Publikumserfolg feierte er mit ›Rinaldo Rinaldini, der Räuberhauptmann‹ (1799) bezeichnenderweise noch im Gewande der galanten Literatur des 18. Jahrhunderts. Solche Verwandlungskünste hielten auch Vulpius' ›Curiositäten‹-Zeitschrift 15 Jahre am Leben.

84. Christian August Vulpius:
Frau Venus und ihr Hof im Venusberge

Die Dichter und Romanciers des Mittelalters in Teutschland hatten ihre Mythologie eben so gut, wie die der Spanier und Provenzalen. Die ihren Helden helfenden oder schadenden übernatürlichen Freunde und Feinde bewohnten die Elemente, verkörperten sich, kamen auf die Erde, wählten sich ihnen gefällige Wohnplätze, und lebten und webten unter den Menschen mit sichtbarer Kraft und Macht. Mit Wohlgefallen erblickten die Dichter die ihnen so nöthigen Geschöpfe ihrer Einbildungskraft von den Naturphilosophen ihrer Zeiten aufgenommen, in ihren ätherischen Sitzen befestiget, und, siehe da! was poetisch problematisch gewesen war, wurde philosophisch gewiß. So kamen die Elementarwesen aus der poetischen in die wirkliche Welt, und der Glaube zeigte sie geistigen Augen verkörpert.

Ein waltendes, gebietendes Wesen dieser Art, war die sogenannte *Frau Venus*; eine *Fey*, gleichsam *die Königin der Elementargeister*, die Gebieterin aller zärtlichen Nixen, Ondinen, Sylphiden, Gnomiden, und Salamandriden, welche unter dem menschlichen Geschlechte sich Liebhaber und Verehrer suchten, und sie fanden. Die Leser kennen ja die zärtlichen Abentheuer und Liebschaften einer *Melusina, Hulda, Erlinda, Marolla*,[200] deren Namen selbst in der Geschichte der Häuser *Lusignan, Ondino, Marino, Marolla* prangen, und wissen, wie so manche Zauberkehle unserer Zeit die Volkslieder von der Saal- und Ilm-Nixe lieblich sang.

Dieser liebefreundlichen Wesen schöne Herrin, Frau *Venus*, (eine teutsche Armida[201],) hielt in einem Zauber-Gebiete offenen Hof, wohin sie alle Freuden eines lustigen Wohllebens in einen fröhlichen Kreis bannte, innerhalb welchem die teutschen Romanciers die Stapelgerechtigkeit zärtlicher Abentheuer und wunderbarer Ereignisse etablirten. Die Wallenden zu diesem Freudenhofe, genannt der *Venusberg*, fanden sich ein, und die Dichter verherrlichten die Züge zu der freundlichen Herrin. Besonders wurden durch ihre Fahrten zum Venusberge die Ritter *Adelbert*, oder *Aribert, Sachsenheim*, und der edle *Tannhäuser* unter anderen, die dieses Abentheuer bestanden, berühmt. Durch Erzählungen und Lieder sind ihre Gefährlichkeiten, Leiden, Freuden und Ergötzlichkeiten verewigt worden, und bis auf unsere Zeiten gekommen. – Lange ist *das Lied vom Ritter Tannhäuser* gesungen worden, und soll in einigen Gegenden des Thüringer-Waldes noch immer bekannt seyn. Hier ist es:*

Das Lied vom edlen Ritter Tannhäuser.

Nun will ich aber heben an
Vom Tannhäuser zu singen,
Und was er wunders hat gethan
Mit Venus der Teufelinnen.[202]

---

* Nach den vor mir liegenden Originalen, nur mit Veränderung der Rechtschreibung, und einigen Sprachberichtigungen, was unsere jetzige Lesewelt wohl fordern darf: *Das Lyedt von dem Thanheuser. Gedruckt tzu Leyptzck 1520.* 8 Seiten in 8. mit einem kleinen Holzschnitte. *Das Lied von dem Danhewser.* Gedruckt zu Nürnberg durch Jobst Gutknecht. o. J. 8. S. 8. mit einem Holzschnitte.

Tannhäuser war ein Ritter gut,
Und wollte Wunder schauen,
Da zog er in Frau Venus Berg
Und zu den schönen Frauen.

„Herr Tannhäuser, ihr seyd mir lieb,
Daran sollt ihr gedenken;
Ihr habt mir einen Eid geschwor'n,
Ihr wollt von mir nicht wanken."

„Frau Venus mein, das hab' ich nicht,
Da will ich widersprechen,
Und spräch ein and'res das als ihr,
Gott hülf' mir's selber rächen."

„Herr Tannhäuser, wie sprecht ihr nun?
Ihr sollt hier bei mir bleiben,
Ich will euch mein Gespielin geben,
Zu einem steten Weibe."

„Und nähm ich nun ein and'res Weib,
Ich hab's in meinem Sinne,
So müßt' ich in der Hölle Gluth
Auch ewiglich verbrennen."

„Ihr sagt viel von der Hölle Gluth;
Die hab' ich nie empfunden.
Gedenkt an meinen rothen Mund,
Der lacht zu allen Stunden."

„Was hilft mir euer rother Mund?
Er ist mir gar unmehre.
Nun gebt mir Urlaub, Fräulein zart!
Durch aller Frauen Ehre."

„Was wollt ihr mit dem Urlaub thun?
Ich will euch keinen geben.
Bleibt, edler Ritter, nur bei mir,
Und fristet euer Leben."

„Mein Leben, das ist worden krank
Ich mag nicht länger bleiben;
Nun gebt mir Urlaub, Fräulein zart!
Von euerm stolzen Leibe."

„Herr Tannhäuser! nicht sprecht also,
Und thut euch wohl besinnen;
Wir gehen in ein Kämmerlein,
Und pflegen dort der Minne."

„Thu ich's mit einem fremden Weib,**
Hab' ich in meinem Sinne,
Frau Venus, edle Fraue zart,
Ihr seyd ein Teufelinne."

„Ei, Tannhäuser! was sprecht ihr nun,
Daß ihr mich wollet schelten?
Ihr sollt nun länger bei mir seyn,
Das müßt ihr dick entgelten."

„Frau Venus, und das will ich nicht;
Ich will nicht länger bleiben.
Maria Mutter, reine Magd,
Nun hilf mir von dem Weibe!"

„Nun wohl, so sollt ihr Urlaub han!
Mein Lob das sollt ihr preisen.
Und wo ihr in dem Land umfahrt,
Nehmt Urlaub von den Greisen." –

Da ging er wieder aus dem Berg,
In Jammer und in Reuen.
„Ich will gen Rom wohl in die Stadt,
Will mich dem Papst vertrauen.

** *Johann Prätorius*,[203] der in seinen Blocksbergs-Verrichtungen (Leipz. 1669) S. 21. dieses Lied mittheilt, liest:
      Euer Minne ist mir worden leid.
Er hat aber überhaupt, wie das ganze Lied zeigt, ein weit später gedrucktes Original vor sich gehabt als ich. Der vierzehnte Vers fehlt ihm ganz; was keinen Zusammenhang giebt.

Nun fahr' ich fröhlich auf der Bahn,
Gott wird es immer walten,
Zu einem Papst, der heißt Urban,
Ob er mich will behalten.

Ach! Papst und lieber Herre mein,
Ich klag' euch meine Sünde,
Die ich mein Tag begangen hab,
Wie ich euch will verkünden.

Ich bin gewesen auch ein Jahr
Bei Venus, einer Frauen;
Nun möcht' ich Beicht und Bus empfah'n,
Daß ich möcht' Gott anschauen."

Der Papst ein Stäblein in der Hand
Das war ganz weiß und dürre;
„So wenig dies begrünen mag,
Kömmst du zu Gottes Hulde."

„Und sollt' ich leben nur ein Jahr,
Ein Jahr auf dieser Erden,
So wollt' ich Beicht und Bus empfah'n,
Und Gottes Trost erwerben."

Da zog er wieder aus der Stadt,
In Jammer und in Leiden.
„Maria Mutter, reine Magd!
Von dir muß ich nun scheiden.

Ich zieh nun wieder in den Berg,
Auf ewig, ohne Ende,
Zu Venus meiner Frauen zart,
Wohin mich Gott will senden."

„Tannhäuser sey willkommen gut!
Dich mußt' ich lang' entbehren.
Willkommen sey, mein lieber Herr,
Zum Bulen[204] auserkohren."

Und aber an dem dritten Tag,
Der Stab hob an zu grünen.
Der Papst schickt aus in alle Land,
Wohin Tannhäuser kommen.

Da war er wieder in den Berg,
Und hatt' sein Lieb erkoren.
Des mußt der vierte Papst Urban
Nicht seyn an ihm verloren.

Seit dieser Zeit sitzt der *treue Eckart* an dem Berge, und warnet die Menschen, nicht hineinzugehen; auch zieht er dem *wüthenden Heere* voran,*** welches Thüringens Wälder durchtobt, und rathet den Wanderern, diesem jagenden Unwesen aus dem Wege zu gehen. Daher das Sprüchwort: *Du bist der treue Eckart, und warnest jedermann.*

Die Mönche, welche einen solchen Freudenhof für die Laien durchaus nicht leiden mochten, versicherten, ein ewiges Klagetön aus dem Berge erschallen zu hören,**** ein Jammern und Wehklagen ohne Ende. Aber die Dichter wollten nichts davon wissen, glaubten ganz andere Töne und Laute zu vernehmen, und schilderten, so gut sie es vermochten, das Wohl- und Hochleben in dem Berge ganz anders. – Wir wollen hören, was sie davon zu sagen wissen.

„Mitten in einem schönen, buntbeblumten Thale lag der Berg, bewachsen mit himmelanstrebenden Fichten, die Zierde und der Stolz der freundlichen, lieblichen Gegend. Ein silberhelles Bächlein durchmurmelte das stille Thal und schön gefiederte

---

*** Von dem *wüthenden Heere* und seinem wunderbar schrecklichen Aufzuge findet man eine lebhaft gezeichnete Nachricht in der Bibliothek des Romantisch-Wunderbaren 1. Th. S. 222. Bei uns durchstürmt dasselbe in den sogenannten 12 Nächten, der Sage nach die Buchfahrter und Berka'er Forste, den Ettersberg und das Webicht mit ganz besonderem Vergnügen. In einem alten Volksliede heißt es: Durch Feld und Wald / Das Horn erschallt. / Frau Holda kömmt. Huh, huh! / Ihr Schätzlein, das bist Du.

**** *Bange* und *Binhard* Thüring. Chronik. S. 234 und 128. Deshalb wurde der *Hörselsberg* bei *Eisenach*, in welchen man die Hofhaltung der Frau Venus verlegte, *Mons horrisonus* genannt. C. *Schneider's* Beschreib. des alten Sachsenlandes. S. 30. *Olearii* Syntagm. rer. Thuring. T. 1. p. 58.

Sangvögel wiegten sich, durch ihre sanften Stimmen die Gegend belebend, auf schwankenden fruchtbeladenen Zweigen der Bäume einer schönen Aue. An der ostlichen Seite des Berges strahlten dem Erkohrenen, der den Eingang finden sollte, (denn Allen war es nicht vergönnt die Freuden jener schönen Unterwelt zu schauen,) die goldenen Worte von einer azurblauen Marmortafel entgegen:

Hier hält Frau Venus Hof.

Einer der Erkohrenen war der Thüringische Ritter *Adelbert*, der zu dem Berge kam. Gutmüthig trat der *treue Eckart* ihm entgegen und sprach: „Ich bin der treue Eckart, und warne jedermann." – Der Ritter stutzte und zögerte zurückzugehen. Der treue Eckart warnte wieder; Der Ritter hörte, ach! gar zu lieblich singen, und blieb. Seufzend verlies ihn der treue Warner.

Drei luftig gekleidete Jungfräulein, Blütengewinde in den braunen Haaren, Maienzweige in den weißen Händchen, traten dem Ritter entgegen, und sangen gar lieblich und fein:

> Der Lenz ist angekommen!
> Habt ihr es nicht vernommen?
> Es sagen's euch die Vögelein,
> Es sagen's euch die Blümelein:
> Der Lenz ist angekommen!

> Ihr seht es an den Feldern,
> Ihr seht es an den Wäldern;
> Der Kukuk ruft, der Finke schlägt,
> Es jubelt was sich froh bewegt:
> Der Lenz ist angekommen!

> Hier, Blümlein auf der Haide,
> Dort, Schäflein auf der Weide.
> Ach! seht doch, wie sich Alles freut.
> Es hat die Welt sich schön verneut.
> Der Lenz ist angekommen.

Nach dem Ritter zurücksehend, gingen sie in den Berg. Er folgte den Sängerinnen nach.

Ein schmaler, hellerleuchteter Gang führte ihn auf einen schönen, mit Rosenbüschen umzogenen Platz. Blumen und Bäume standen in voller Blüte. Freundliche Jungfrauen mit goldgelben Haaren, bekränzt mit duftenden Blumen, gingen freudig und fröhlich singend umher. Den Rosenzaun verschloß eine rothe Pforte, an der abermals die goldenen Worte zu lesen waren:

Hier hält Frau Venus Hof.

Die Pförtnerin, ein artiges, rundes Mädchen, einen Kranz flechtend, nickte dem Ritter freundlich ihren stillen Gruß zu. Er dankte ihr, sehr verbindlich fragend: Wird hier des Maimonds Freudenfest gefeiert? Sie sprach: Dem edlen Ritter Tannhäuser zu Ehren, hält hier Frau Venus Hof; und öffnete die Pforte.

Feierlich trat der Ritter ein, und ging langsam auf ein schönes großes Gezelt zu, das zwischen Blumenhecken aufgeschlagen war. Und als er demselben nahe kam, trat eine schöne Freundliche ihm aus demselben entgegen, gekleidet in ein rosenfarbenes Gewand, mit Perlen wohl verziert und geschmückt, umhängt mit duftenden Blumengewinden. Eine Krone von strahlenden Edelsteinen zierte ihr Haupt.***** Sie trug ein weißes, mit Gold gesticktes Tüchlein in der rechten, und eine Laute in der linken Hand. Indem sie sich auf einen goldenen Sessel setzte, legte sie mit zärtlich schmachtendem Blick ihr Haupt auf die linke Schulter, und griff mit Rosenfingern in die goldenen Saiten. Da trat eine ihrer Jungfrauen herzu, lispelte ihr etwas in's Ohr, und zeigte auf den sich nahenden Ritter. Sie bewegte die Lippen. Die Jungfrau ging auf den Ritter zu, streckte ihre weiße Hand ihm entgegen, und sagte:

> Frau Venus läßt Euch grüßen,
> Und läßt Euch freundlich wissen,
> Daß dem, der Spiel und Damen liebt,
> Sie gerne die Erlaubniß giebt,
> An ihren Hof zu kommen.

***** Die Leser werden sich der schön geschmückten *Dame vom Brunnen* erinnern, als sie in ihrer ganzen Zierde ihrem Ritter entgegen trat. S. dies. Journ. 3. St. S. 239.

Der Ritter ergriff die Hand des freundlichen Mädchens drückte sie sanft, und fühlte noch sanfter die seinige wieder gedrückt. Dann nahte er sich der schönen Königin des Platzes, nahm seinen Helm ab, und lies sich vor ihr auf ein Knie nieder. Sie reichte ihm freundlich die Hand, die er ehrfurchtsvoll küßte und hies ihn aufstehen. Auf ihren Wink trat eine Jungfrau herbei mit einem goldenen, mit Weine gefüllten Horne, ihm den Ehrentrunk zu reichen. Die Königin aber rief ihm zu: „Ritterlich leere den Becher, auf die Gesundheit aller schönen Frauen, die lieben und geliebt werden." Der Ritter lächelte: „Der Minne, schöne Frau!" und that wacker Bescheid. So, war er gefangen, und verblieb am Hofe der Frau Venus, ihr treuer Diener, Hofherr, ihr und ihrer zärtlichen Jungfrauen Liebhaber, gar lange Zeit, bis es endlich einem frommen Einsiedler gelang, als Frau Venus nicht daheim und ausgezogen war die Gegend zu beschauen, in den Berg zu dringen, den Ritter mit sich zu nehmen, durch Bußen und Weihen ihn wieder zu sich zu bringen, und zu den Seinigen zurückzuführen."

Wie nach damaliger Sitte Fürsten und Herren an ihren Hoflagern es hielten, so wurde alles auch im *Venusberge* gehalten. Es wechselten daselbst Feste mit Festen, Turniere mit Tänzen, Jagden mit Gastmalen und allen erdenklichen Lustbarkeiten. Es wurde geritten, gerennt, gejagt, geschmaußt, gezecht, getanzt, gelebt, und geliebt. Dies erzählten die Dichter und Sänger der lauschenden Menge, und erzählten und sangen es derselben nicht vergebens vor.

Bei glänzenden Hoffesten, öffentlichen Aufzügen ect. wurde der *Venushof* repräsentirt mit allen seinen Freuden, und gewährte den Schauenden viel Unterhaltung und Vergnügen. *Der sitzt im Venusberge*, hies sprichwörtlich: der lebt hoch, in allen Lustbarkeiten des Lebens und der Liebe. Daher sang der alte Dichter *Hornbeck*:

    Laßt uns mit frohem Leben
    Zum Venusberge schweben,
    Das Gute wohl genießen,
    Es dankbarlich verschließen,
    Und nichts verrathen nicht.

Dieser Warnung eingedenk, wollen wir weiter nichts sagen, und die Glücklichen süßen Selbsterfahrungen überlassen. Wer Lust hat den frohen Hof zu besuchen, weiß nun, daß der Berg in welchem es so lieblich und lustig hergeht, bei *Eisenach* liegt.

Christian August Vulpius: Frau Venus und ihr Hof im Venusberge. In: Curiositäten der physisch-literarisch-artistischhistorischen Vor- und Mitwelt, zur angenehmen Unterhaltung für gebildete Leser. Erster Band. Weimar 1811/12. Ersten Bandes. VI. Stück. Weimar 1812, S. 545–557.

Eine Auswahl politischer Zeitschriften Thüringens

Die landständische Verfassung des Großherzogtums Sachsen-Weimar-Eisenach garantierte seit ihrer Einführung am 5. Mai 1816 (vgl. Text 9) auch das Recht der Pressefreiheit. Damit kam das neue Großherzogtum einer grundlegenden Forderung der liberalen Verfassungsbewegung weiter entgegen als viele andere Mitglieds-Staaten des Deutschen Bundes. Obwohl das Wartburgfest des Jahres 1817 (vgl. Texte 10 – 12) schließlich allenthalben rigorose Zensurbeschränkungen zeitigte, hielt das Großherzogtum Sachsen-Weimar-Eisenach bis zu den Karlsbader Beschlüssen des Jahres 1819 (vgl. Text 13 – 17) grundsätzlich an der einmal zugestandenen Pressefreiheit fest. Für zwei Jahre avancierte Thüringen zum Mittelpunkt der emanzipatorisch gesinnten politischen Publizistik des deutschen Sprachraums. In Zeitschriften wie der ›Nemesis‹ (12 Bde. 1814 – 1818; vgl. Text 85), dem ›Volksfreund‹ (1 Bd., 1818; vgl. Text 86), dem ›Oppositions-Blatt‹ (16 Tle., 1817 – 1820; vgl. Text 87) u. a. erprobten Anhänger progressiver Kräfte die Möglichkeiten und Grenzen der politischen Diskussion über Staatsform, Grundrechte und aktuelle Tagesfragen. Mit dem Mordanschlag auf den Schriftsteller August von Kotzebue (1819), welchem eine erbitterte Pressefehde in thüringischen Zeitschriften vorausgegangen war (vgl. Texte 13 – 15), sollte das Schicksal der Pressefreiheit vorläufig besiegelt sein. Am 27. November 1820 erscheint die letzte Nummer des ›Oppositions-Blattes‹ (Text 88).

85. Heinrich Luden: Nemesis. Ankündigung und Plan

Seit einer Reihe von Jahren schien das Leben der Menschen und Völker alle alten Grundfesten verloren zu haben; ein wunderlicher Geist trieb dasselbe durch Nebel und Luft, ohne Halt, ohne Aussicht, ohne Hoffnung, unvermeidlichem Verderben entgegen. Was im Ablaufe der Jahrhunderte im regen Menschen- und Völkergetreibe für Geist und Bildung errungen war, das große, heilige Resultat des Lebens aller Geschlechter der Vorzeit blieb ungebraucht liegen, wie eine unnütze Erbschaft; es zerfiel in sich selbst, und drohete den Untergang. Gemeinere Menschen beklagten den allgemeinen Verfall des Wohlstandes und die einreißende Armuth; sie wiesen hin auf die Leichen unserer Städte, auf die Verödung unserer Straßen, auf die Leere unserer Häven und Märkte; edlere Naturen fürchteten die Vernichtung aller Wissenschaft und Kunst, das Verschwinden aller guten Ordnung und Zucht, aller Sitte und Schaam, aller Rechtlichkeit und Tugend: und die Unterdrückung jeder Geistesregung, das Lauern und Lauschen auf Alles Ausgezeichnete, die Gesetzmäßigkeit der Unzucht, die Begünstigung der Zügellosigkeit und Frechheit, endlich die Zerrüttung im Innern der Familien und der einzelnen Menschen und der entsetzliche Widerspruch, der zwischen Wollen und Handeln erzwungen ward, schienen diese Furcht zu rechtfertigen. Freilich blieben Viele ihrer selbst gewiß, weil sie wußten, was in ihnen war: aber für die kommenden Geschlechter wagten sie kaum zu stehen. Andere mochten die Hoffnung nicht aufgeben: aber sie suchten dieselbe nur an Zufälle zu knüpfen, etwa an den Tod Eines Mannes; dieser und jener hing sich auch wohl an die Zerstörer, aus eigenthümlicher Nichtswürdigkeit, oder aus Verzagtheit und Schwäche; selbst Manchem der Besten schien Unterwerfung die höchste Weisheit; hin und wieder wurde in sinnlichen Genüssen jeder Gedanke an die Würde und den Werth des Lebens erstickt; und nur Wenige mögen, ohne zu wanken und zu weichen, im heiligen Glauben an den Gott, der von Alters her die Schicksale der Völker bestimmt hat, und an den Menschengeist, dem die Nothwendigkeit nach Tugend und Weisheit zu streben inwohnt, festgehalten haben an dem kühnen Vertrauen zu sich selbst, und an der Zuversicht eines erneuerten Lebens und eines wiederkehrenden Glücks.

Diese Wenigen haben sich nicht getäuscht. Vom Norden her, wo die Stärke wohnt, ist die Rettung gekommen. Die Jahre 1812 und 1813 haben gezeigt, daß die Gesetze der Natur nicht altern, daß das Leben noch in der alten, wohl begränzten, Bahn läuft, daß derselbe Geist, der in alten Tagen die Verhältnisse der Menschen bestimmte, auch jetzt noch unverändert durch das Leben waltet; sie haben gezeigt, daß Trotz und Übermuth, Frechheit und Frevel ins Verderben führen, daß, wie der heilige Seher[205] sich ausdrückt, „der Zerstörer, nachdem er Alles zerstört hat, selbst zerstört, der Verächter, nachdem er Alles verachtet hat, selbst verachtet wird," daß „über den Fall dessen, der die Gränzen der Völker zusammenrafft, Keiner trauert, sondern Jedermann mit den Händen klappt," daß, „wer Wind säet, nur Sturm ärndtet," und daß, „der Stecken Holz ist." Aber sie haben auch gezeigt, daß Freiheit, Ordnung, Ehre, Glück, und jedes Schöne und Große des Menschenlebens nach denselben großen und einfachen Grundsätzen noch gewonnen und erhalten werden, nach welchen sie im grauesten Alterthume gegründet und bewahrt wurden, und daß Volkssinn in den Fürsten, und Fürstenliebe in den Völkern, in beiden aber, in Fürsten und Völkern, Ein und derselbe Geist der Gottergebenheit, der Ehre und Freiheit, der zur Anstrengung aller Kraft, und zur Aufopferung jedes Gutes um Freiheit und Recht treibt, dieses heilige Ziel gewiß erreicht, und Ruhm gewinnt und Ehre. Also ist die Hoffnungslosigkeit geendet; die Niedergeschlagenheit, das Klagen und Jammern, die Ungewißheit und die Verzagtheit haben aufgehört, Vertrauen und Liebe sind wiedergekehrt, und ein freies, frisches, heiteres und kraftvolles Leben hat begonnen. –

Wir Teutschen können wohl nicht sagen, daß der gegenwärtige Augenblick der schönste sey in unserer Geschichte, aber gewiß

ist er der wichtigste. Wir hatten sehr schwere Sünden auf uns geladen durch Selbstversäumniß und durch Vernachlässigung aller der großen Grundsätze, deren Befolgung, nach der Erfahrung der Jahrtausende, allein dem Leben Ehre und Freude geben kann. Wir haben diese Sünden schwer gebüßt. Unsere Väter hatten das Höchste der Ehre und Freiheit erreicht, wir sind bis auf den tiefsten Grund der Schande und Knechtschaft hinabgewürdigt worden. Nunmehr aber scheint das Schicksal versöhnt. In den großen Tagen der Schlachten bei Leipzig[206] sind unsere Ketten gesprengt, und wir haben das beispiellose, von uns wahrhaftig nicht verdiente, Glück, daß die ersten Monarchen der Welt, die erhabenen Sieger in jenen großen Tagen, zugleich die edelsten Menschen sind; daß Sie, bei der Erhabenheit ihrer Gesinnung, den schönen Ruhm: *die Völker befreiet, die alte Ordnung hergestellt und die Ruhe der Welt gegründet zu haben*, höher achten, als den verführerischen, aber jammervollen Glanz, welchen Gewalt und Herrschaft bieten. Wir Teutsche sind uns selbst zurückgegeben; von nun an ruht unser Schicksal in unsrer eignen Hand; wir haben schönere Gelegenheit, als je ein Volk, zu zeigen was wir werth sind; was wir künftig sind, das werden wir zu seyn verdienen. Wir werden elend seyn und armselig und nichtswürdig, und früher oder später werden wir zurückfallen in fremde Gewalt, und ausgesetzt seyn jeder Mißhandlung und jeder Schmach, wenn wir die Selbstversäumniß fortsetzen und auf dem Wege der alten Sünden weiter wandern; wir werden hingegen ein großes Volk werden, gefürchtet, geachtet, geehrt, frei, stark, gebildet, keinem andern nachstehend, wenn wir uns Alle zu großer Gesinnung erheben, wenn wir uns des göttlichen Geschenks der Freiheit, welches uns der hohe Edelmuth unserer Retter gegeben hat, werth zeigen, wenn wir das große Beispiel von Gottergebenheit, von Aufopferung und Anstrengung befolgen, welches uns die Völker dieser großen Fürsten auf so bewunderungswerthe Weise vorhalten, und wenn wir in Krieg und Frieden die Grundsätze treu bewahren, die solche Anstrengungen und Aufopferungen möglich und leicht machen. –
Man wird dem Unterzeichneten in einer Zeit, wo Wechsel der Verhältnisse auch Wechsel der literarischen Bestrebungen er-

zeugen wird, nicht verargen – denn er sagt es, wie die alten Römer ihr Leben zu erzählen pflegten, *sine gratia aut ambitione, bonae tantum conscientiae pretio ductus*,[207] – wenn er hier bemerkt, daß er seit einer Reihe von Jahren nichts gewollt und erstrebt hat, als solche Gesinnungen und Grundsätze, nach seinen Kräften, zu verbreiten und festzuwurzeln. Dafür können nicht nur seine Schriften[208] den Beweis liefern, wie seine „Ansichten des Rheinbundes", seine „Vorlesungen über das Studium der vaterländischen Geschichte", sein „Handbuch der Staatsweisheit", seine, bald erscheinende, „allgemeine Geschichte der Völker und Staaten des Alterthums" und a., die alle in einem Geist und Sinn, über welchen kein Verständiger ungewiß bleiben kann, geschrieben sind, wenn sie gleich alle Spuren der schweren, gefahrvollen Zeit an sich tragen, sondern auch tausend Jünglinge, die seine Vorträge gehört haben, und von welchen sehr viele für die große Sache des Vaterlandes kämpfen, werden einstimmig dafür zeugen. Wie sollte er also in diesem großen Augenblicke dem Drange seines Herzens widerstehen, wie sollte er schweigen und aufhören können, nach seinen Kräften und auf die Weise, die ihm allein vergönnt ist, mitzuwirken zur Begründung eines ächt teutschen Volksgeistes und eines wahrhaftigen Volkslebens, für das Glück seines Vaterlandes und für die Freiheit der Welt! Also hat sich der Unterzeichnete entschlossen, unterstützt von einer Anzahl der ehrwürdigsten, edelsten, gelehrtesten und einsichtsvollsten Männer unsers Volks, eine *Zeitschrift* herauszugeben, die dem angegebenen Zwecke geweiht, unter dem Titel:

Nemesis [209]

mit Anfange des nächsten Jahres erscheinen und in zwanglosen Heften herauskommen wird.

Die Verhältnisse Teutschlands sind noch nicht bestimmt; und es würde Vermessenheit seyn, der Weisheit unserer Befreier auf irgend eine Weise vorzugreifen. Aber, was auch in politischer Rücksicht aus Teutschland werden mag: das wird immer unsere Ehre vor Gott und Menschen seyn, es wird allein unser Glück begründen, und den Fürsten und Völkern, denen wir unsere Befreiung verdanken, die Verbindung mit uns, die nicht wir, wohl aber Sie entbehren können, werth machen, daß wir Teutschen sammt und sonders alle alten Zwiste vergessen, daß wir ohne Mißtrauen, ohne Zweifel, ohne Groll, ohne Fehde, von Einer großen Gesinnung für Freiheit und Recht, von Einer kindlichen Liebe für das gemeine Vaterland, von Einem Geiste der Ordnung, der Mäßigung, der Besonnenheit und Tapferkeit durchdrungen, uns eng aneinanderschließen und die Kräfte zur Kraft vereinen; daß wir Unterthanen mit altgewohnter Treue zu unsern Fürsten stehen, unsere Fürsten aber redlich und fest aneinanderhalten, und daß auf solche Weise Eine Seele aus allen Gliedern, wie groß oder klein auch ihre Zahl sey, Einen Leib mache. Und dafür durch Wort und That mitzuwirken, wird zu jeder Zeit eben so heilsam als erlaubt seyn.

Am besten aber glauben wir in diesem Sinne mitwirken zu können, wenn wir einmal im Allgemeinen die großen Grundsätze, auf welchen, nach der Erfahrung der Jahrtausende, das Leben der Menschen nur allein fest und sicher ruhen kann, nach und nach darlegen, und die Ideen über Volk und Vaterland, deren Befolgung uns für Fürsten und Unterthanen nothwendig scheint, aussprechen; wenn wir ferner auf mannichfaltige Weise zeigen, was aus Völkern und Staaten geworden ist, wenn diese Grundsätze beachtet und befolgt oder versäumt und verachtet wurden; und wenn wir endlich den möglich klarsten Überblick über die Verhältnisse unserer Zeit, des Vaterlandes zu andern Staaten und der andern Staaten unter sich, zu geben suchen, damit dem Streben die Richtung nicht fehle und die Einsicht ins Handeln gewiesen werde. Deßwegen denken wir folgenden *Plan* bei unserer Zeitschrift dergestalt zu befolgen, daß am Ende des Jahres kein Abschnitt gefunden werden dürfte, für welchen nicht irgend etwas Bedeutendes geliefert worden wäre.

I. Zeitgeschichte:

1. Darstellung der Kriegsereignisse und überhaupt aller bedeutenden Staatshändel, erzählend, mit Anführung der Quellen. Plane und Charten werden, wo es nöthig ist, die Erzählung erläutern.

2. Ausführlicher Abdruck aller Staatsverträge vom Anfange des gegenwärtigen Kriegs an – als *Beilagen.*
3. Mittheilung solcher Verfügungen im Innern der Staaten, welche entweder eine Veränderung der Verhältnisse bezwecken, oder wenigstens als charakteristisch für die Zeit erscheinen – als *Beilagen.*
4. Merkwürdige Züge aus der Geschichte unserer Zeit von Augenzeugen. – Berichte von interessanten Ereignissen; Erläuterungen und Aufklärungen der Ereignisse etc.
5. Nachrichten von dem, was teutsche Länder und Völker von den Franzosen gelitten haben.
6. Nachrichten von dem, was teutsche Länder und Völker für die Befreiung geleistet haben.
7. Anekdoten zur Charakteristik von Fürsten, Feldherren, Staatsmännern unserer Zeit. Zuweilen mit ihren Porträts.

II. Abhandlungen:

1. Politische Betrachtungen:
   a) Allgemeine, sowohl über die Verhältnisse des Staats zu andern Staaten, als des einzelnen Staats im Innern.
   b) Besondere, an die Begebenheiten und Verhältnisse unserer Zeit geknüpft; also

   α) Bemerkungen über die Verhältnisse unserer Zeit im Allgemeinen; über die Verhältnisse einzelner Staaten, besonders des Vaterlandes; über Fürsten und andere bedeutende Menschen.

   β) Bemerkungen über einzelne Ereignisse und Begebenheiten der Zeit und deren Folgen.

   γ) Bemerkungen über amtliche Berichte – Zusammenstellungen etc.

   δ) Vollständige Übersetzungen vorzüglicher, politischbedeutender Reden im Engländischen Parlamente.

2. Literarische Beobachtungen:
   a) Recensionen bemerkenswerther historischer und politischer Schriften, kurz und deutlich.
   b) Anmerkungen über den Volksgeist, der sich in andern literarischen und Kunst-Werken ausspricht – (ein literar.

Schauamt und Rügegericht, von namhaften Männern gebildet.)
3. Historische Darstellungen:
 a) Züge aus der vaterländischen Geschichte, die ächten Volksgeist, oder die traurigen Folgen des Mangels an ächtem Volksgeiste zeigen können.
 b) Züge von Heldenmuth, Edelsinn etc. aus der vaterländischen Geschichte.
 c) Parallelen und Erläuterungen der Gegenwart aus der Vergangenheit.

III. Gedichte, *in welchen sich Volksgeist und Freisinn ausspricht, oder die sonst bedeutend für unsere Zeit zu seyn scheinen.*

Schließlich empfehlen wir diese Zeitschrift allen wohlgesinnten Männern und Frauen unsers Volks zu günstiger Aufnahme und thätiger Beförderung.
Jena, im November 1813. *Luden.*

[Heinrich] Luden: Ankündigung und Plan. In: Nemesis. Zeitschrift für Politik und Geschichte. Ersten Bandes I. Stück. 1814, S. 3–10.

86. Ludwig Friedrich August Wieland: *Was heißt Volk und wer ist Volksfreund?*

Die Entartung der bürgerlichen Einrichtungen hat die Menschen so sehr von ihrem wahren Interesse und innerem Wesen entfremdet, daß gegenwärtig gerade über die einfachsten Grundbegriffe des öffentlichen Lebens die gröbsten Mißverständnisse herrschen.
Unter *Volk* verstehen Viele nur den sogenannten *dritten Stand*, oder, genauer bezeichnet, Bürger- und Bauerschaft, und weil diese den *Adel* zwischen Fürst und Volk zu stellen gewohnt sind, so würden sie den Schluß ziehen, ein *Volksfreund* müsse ein *Adelsfeind* seyn.
Wir verstehen dagegen unter Volk die *Regierten* im Gegensatz zu den *Regierenden*, und zwar, weil wir größtentheils in Monar-

chien leben, den Gegensatz der *Unterthanen* zu der *bleibenden Gewalt* im Staate.

In Democratien, wo die Regierten in ihrer Gesammtheit auch die höchste Staatsgewalt bilden, umfaßt der Begriff Volk das Ganze des Staates, und die jedesmalige Regierung steht nur den *Einzelnen* im Volke, nicht diesem selbst gegenüber. Hier giebt es keine andere bleibende höchste Staatsgewalt, als der *Wille der Mehrheit*, dessen Vernünftigkeit vorausgesetzt wird. Daher das Unstatthafte dieser Verfassungsform, so lange die *Selbstsucht* im Volke vorherrscht.

In aristokratischen Staaten bildet eine *höhere Classe* (Adel, Patrizier) die *bleibende* (positive) Gewalt, und wer zu dieser nicht gehört, der gehört zum *Volke*.

In der Monarchie ist die bleibende Gewalt beim *Fürsten*. Es kann aber nicht *zwei* bleibende, zwei positive Gewalten im Staate geben, denn entweder wäre die eine der andern untergeordnet, dann wäre sie keine höchste Gewalt, oder eine erkennte die andere nicht an, dann ständen sie *feindselig* einander gegenüber. Wer hier also nicht Fürst ist, der gehört zum Volke, und selbst der Erbe des Thrones ist nur der erste Unterthan.

In diesem wichtigen Sinne kann ein Volksfreund auch der Freund des Adels seyn, insofern letzterer eine *besondere* Volksklasse ausmacht, und doch mit den übrigen Klassen nicht im *Widerspruche* steht.

Das Vorhandene, das *historisch* Entstandene darf allerdings nur dann abgeändert oder aufgehoben werden, wenn es die natürlichen, unverlierbaren menschlichen oder bürgerlichen Rechte Anderer verletzt, wodurch der Staat mit sich selbst in innern, das Wohl des Ganzen hemmenden, Widerstreit gerathen würde.

Leibeigenschaft z. B. verstößt wider ein Menschen-Recht, Steuerfreiheit einer Klasse aber wider den ersten bürgerlichen Rechtsgrundsatz: daß Jeder verhältnißmäßig nach seinen Kräften an den Lasten des Staats Theil nehme.

Dergleichen nöthige Abänderungen sind auf gütlichem Wege zu treffen, und es ist daher die erste Pflicht eines Volksfreundes, dahin zu streben, daß das *Ungerechte* in den Verhältnissen zwischen den verschiedenen Klassen aufhöre, und *alle* zur Anerkennung und Beförderung ihrer *gemeinsamen* Rechte, ihres wahren Interesse, hingeleitet werden.

Der Volksfreund ist aber auch der beste Freund des *Fürsten*, weil er beide durch das *Rechtsband*, das sicherste von allen, eng und fest an einander knüpfen möchte.

Hierunter verstehen wir aber nicht ein systematisch durchgeführtes Verhältniß, wie die Vernunft einzelner Denker es nach innern Regeln zusammensetzt, sondern das Anerkennen *gegenseitiger* Forderungen, das Einverständniß, es gäbe auf beiden Seiten ein nicht zu überschreitendes *Maaß* von Rechten und Pflichten, worüber beide Theile *Wächter* aufzustellen hätten.

Das natürliche Gefühl des Menschen sagt ihm: er sey kein bloßes Werkzeug in der Hand eines Andern, solle er etwas leisten, so müsse ihm wiederum etwas gewährt werden, und *Gewalt* könne zwar *zwingen*, aber Niemand *verpflichten*.

Der gemeine Verstand, wenn er erst am vielseitigen Leben sich geübt hat, beginnt, die *Last*, die der Staat auferlegt, mit dem durch denselben erwachsenden *Vortheil* abzuwägen. Was sich ihm bei diesem durch Vergleichen mit Andern berichtigten Erwägen als *Verlust* aufdringt, das begehrt er als ihm *gehörig*.

Ist der Verlust bei der *Mehrheit* zu unverhältnißmäßig, und der Gewinn der Minderzahl zu groß, so spricht sich das *Bedürfniß* einer Ausgleichung oder Annäherung zu derselben laut aus, und dieß nennt man die *öffentliche Stimme*.

Diese Stimme, nicht schreiend, aber mit Nachdruck, nicht verstimmt, sondern rein, wiederzugeben, und sie zusammengehalten in sich zu verstärken, damit sie zu Denen hindurchdringe, wo sie *Erhörung* finden soll, dieß ist das undankbare, aber verdienstliche Geschäft eines dem *Volke* gewidmeten Tageblattes.

Selbst da, wo Rechtsverhältnisse zwischen Fürst und Volk, und unter den verschiedenen Klassen desselben, bestehen, verrückt sich allmählig durch Irrthümer und Fehler der Verwaltung, das natürliche Maaß der *Leistungen* und *Verbindlichkeiten*.

Die *Vollzieher* der Staatsgewalt nehmen mit der Zeit einen Corporationsgeist an, und bilden eine besondere Klasse, die sie zu begünstigen suchen.

Ferner suchen die im Staate *Bevorrechteten* dem angemeßne *Vortheile* zu erlangen. Die *Reichen* endlich bedienen sich ihres verführerischen Einflusses, nicht nur ihre Habe festzuhalten, sondern durch künstliche, dem gemeinsamen Umtrieb schädliche, Kanäle stets zu vermehren.

Sey der Fürst eines Staates daher gütiger als Titus, und weiser als Mark Aurel,[210] so bedarf es doch immer einer Opposition, die von dem Einzelnen auf das Ganze, von dem Zufälligen auf das Nothwendige hinweiset. Selbst die Opposition eines im Leben erstarkten Parlamentes, weil sie leicht in Partheikampf oder Streben nach Plätzen ausartet, ist kein zureichendes Organ der *öffentlichen Meinung.*

Diese Meinung drückt sich am deutlichsten in den Blättern des Tages ab, in ihrem Kampfe untereinander, so wie in dem allmäligen Ausgleichen über die dringendsten Forderungen des Augenblicks.

Ein Blatt, das vom *Alten* nur das *Gute* vertheidigte, und vom *Neuen* nur das *Nothwendige* aufnähme, das mit dem Ganzen es hielte, und den Einzelnen doch schonend behandelte, ein solches Blatt, wie wir zu geben uns bemühen wollen, dieß könnte man *Fürsten-* und auch *Volksfreund* heißen.

[Ludwig Friedrich August Wieland:] Was heißt Volk und wer ist Volksfreund? In: Der Volksfreund. [Erster Jahrgang.] Nro. 1. Januar 1818, Sp. 1–3.

87. Oppositions-Blatt. Vorwort der Redacteurs

So wie die Preßfreiheit, deren wir uns in Weimar erfreuen,[211] ein gemeines Wesen und einen gesetzlichen Zustand voraussetzt, so kündigt auch unser Oppositions-Blatt schon durch seinen Titel an, daß es gegen die Willkühr und das Partheiwesen jeglicher Art in öffentlichen Angelegenheiten, innerhalb der Schranken des Rechts, einen offenen Kampf beginnen will. Wenn wir daher den ehrgeizigen Neuerungssüchtigen und den systematischen Luftbaumeister eben so nachdrücklich angreifen, als die Herrschsucht blinder Anhänger der Willkühr und den verstockten Castengeist, glauben wir die Sache der Regierungen und der guten

Ordnung zu führen. Man wird sich in dieser, nicht sowohl ritterlichen, als bürgerlichen Fehde aller erlaubten und unter Gesitteten üblichen Waffen bedienen, zu Ernst und Schimpf[212], zu Trutz und Schutz, zum Schirm der Bedrängten, und zur Niederschlagung aller hochtrabenden, unglimpflichen Anmaßungen.

Um die Würde der freien Mittheilung der Gedanken, die unserm sich erst gesetzlich bildenden Vaterlande so nothwendig ist, aufrecht zu erhalten, werden wir selbst eine Censur ausüben, und wider jeden Mißbrauch der Presse, der bloß in Verletzung der Wahrheit und der Sitte bestehen kann, mit der Schärfe eindringender Gründe, und der leichten, aber tief verwundenden Lanze des Spottes zu Felde ziehen.

Wir haben es mehr mit der Sache, als mit den Personen zu thun. Wo aber das Persönliche nothwendig in's Spiel tritt, wird unser Bestreben dahin gehen, nicht Jeden nach seinem Maaße zu messen, was leicht zu weit führen möchte, auch nicht über jedes Vergehen gleich den Stab zu brechen, sondern bloß die That oder das Wort genau auf der Schaale des Rechtes abwägend, wollen wir der Person die menschliche Schonung und Rücksicht nicht versagen, die wir selbst dem Schuldigen, geschweige dem Fehlenden und Irregeleiteten, zu erweisen verpflichtet sind.

Das Oppositions-Blatt zerfällt in zwei Felder, in das der *Politik*, und in das Feld der *Literatur*. In beiden wird es von dem Neuesten Nachricht geben, im Einzelnen, wie im Ganzen, durch faßliches Aufstellen der Erscheinungen und Thatsachen, so wie durch klare Übersichten dessen, was einen inneren Zusammenhang darbietet. Auswärtige Politik und Literatur werden ein wichtiges Augenmerk dabei seyn, weil, wer das Ausland nicht kennt, auch das Einheimische weder versteht, noch zu schätzen im Stande ist.

Unser Blatt wird Geschehenes getreulich erzählen, und gelegentlich durch heitere Darstellungen unterhalten, aber auch vergleichen, prüfen und beurtheilen. Daher wird man hier, außer literarischen Notizen aller Art, die Neuigkeiten des Tages neben den ernsten Verhandlungen der gesetzgebenden Versammlungen finden, und über beide Bemerkungen, Hoffnungen und Wünsche, so wie Lob und Tadel; denn wenn der Verstand nur über

die Zweckmäßigkeit der Mittel entscheidet, so ist es das Gemüth, das innere Gefühl des Rechten und Guten, was die Absichten und Gesinnungen der in der Welt handelnden Hauptfiguren nach ihren Werken beurtheilen soll.
Ohne hier durch glatte Verheißungen und durch anziehende Namen von Personen oder Sachen den Gaumen der Leselustigen reizen zu wollen, laden wir das neugierige sowohl, als das nach Wahrheit strebende, und vorzüglich das am Wohle der Menschen und ihrer Entwickelung Theil nehmende Publicum ein, sich hier zu zerstreuen, zu unterhalten, Stoff zu Betrachtungen zu sammeln, und die wichtigsten Angelegenheiten des Menschen mit uns gemeinschaftlich zu beherzigen.

Vorwort der Redacteurs des Oppositions-Blatts an das Publicum. In: Beilage zum Oppositions-Blatte. Mittewoch. Nro. I. 1. Januar 1817, Sp. 4.

88. Schluß des Oppositionsblatts.
Abschiedsworte an das Publikum

Die bisherige Redaction des Oppositionsblattes hat bei dessen Unterdrückung nur wenig zu sagen.
Sie ist hart angeklagt, als „habe sie recht geflissentlich und frevelhaft Beschwerden veranlaßt," und als „sey die Tendenz des Blattes so gefährlich, daß von jedem neuen Stücke sich weitere Gesetzwidrigkeit oder Gefährdung des Gemeinwohls erwarten lasse." Es ist der Redaction nicht mehr vergönnt sich zu rechtfertigen, indem ihr die Gründe, worauf jene Anklage ruht, unbekannt sind, und wenn sie ihr bekannt werden sollten, das Blatt aufgehört hat zu erscheinen. Es bleibt ihr also jetzt nur übrig, heilig zu versichern, daß ihr Gewissen sie völlig freispricht; daß sie, bei übrigens unbefangen angestellten Betrachtungen und Untersuchungen, sich immer bemüht hat zu Beschwerden keinen Anlaß zu geben; und daß sie „absichtlich versteckte Angriffe" unter der Würde eines rechtlichen Mannes und eines ehrenhaften Schriftstellers gehalten.
Die Tendenz des Oppositionsblatts ist wahr und aufrichtig in seinem Plane ausgesprochen, und wesentlich redlich gewesen. Hat

die Redaction sich in ihren Ansichten, Urtheilen und Vorschlägen auch mal geirrt, oder in der Wahl des Ausdrucks vergriffen – und das ist, da irren überhaupt menschlich, sehr möglich, – so ist sie doch stets *bona fide*[213] zu Werke gegangen.
Sie legt daher die Feder ruhig, und mit dem Bewußtseyn nieder: nur das Gute, nach bester Überzeugung, gewollt und die Ausführung desselben nur auf gesetzmäßigen Wegen gewünscht zu haben!
Weimar, den 25sten November 1820.
Die bisherige Redaction des Oppositions-Blatts.

Schluß des Oppositionsblatts. Abschiedsworte an das Publicum. In: Oppositions-Blatt, Weimarische Zeitung (unpaginiertes Blatt; vor: Montag Nro. 282. 27. November 1820.)

Erläuterungen

1. Fernrohr zur Zeitbestimmung.
2. Meridian.
3. französische Stadt in der Provence.
4. Thomas Hornsby (1733 – 1810), englischer Astronom.
5. altes Längenmaß; auch: Fuß (ca. 31 cm).
6. Präzisionsuhr.
7. Winkelmeßinstrument (zur geographischen Lagebestimmung).
8. unmittelbar.
9. 7 Grad, 0 Gradminuten.
10. astronomisches Instrument zur Anvisierung der Gestirne.
11. gesenkt.
12. auf dem Scheitelpunkt ihrer Bahn anzuvisierende Sonne.
13. astronomisches Instrument zur Bestimmung des Winkels am Scheitelpunkt der Gestirnbahn.
14. Uhren mit Perpendikel.
15. Durchgang durch den Meridian.
16. astronomisches Instrument zur Zeitmessung.
17. Kreiskonstruktion mit etwa 2,4 m Durchmesser.
18. Anmaßung, Aufwand.
19. Herzog Ernst II. Ludwig von Sachsen-Gotha-Altenburg (1745 – 1804; Herzog seit 1772).
20. Zwischenboden.
21. abgesonderte.
22. Nordwind.
23. Kolossalstatuen des ägyptischen Pharaos Amenophis III. (1402 – 1364 v. Chr.) bei Luxor.
24. Herzog Karl August von Sachsen-Weimar-Eisenach (1757 – 1828; regierte seit 1775).
25. Abendgesellschaft.
26. Sylvan. Ein Jahrbuch für Forstmänner, Jäger und Jagdfreunde (1813 – 1826). Darin erschien auch der Aufsatz Heinrich Cottas.
27. Der Forstwirtschaftler und Ornithologe Johann Matthäus Bechstein (1757 – 1822; vgl. Text 55) hatte 1794 in Waltershausen bei Gotha eine Forstschule gegründet.
28. Vorrecht des höheren Alters.
29. König Friedrich August I. von Sachsen (1750 – 1827; regierte seit 1763).
30. Johann Georg Ortmann (1727 – 1799), Superintendent in Kaltennordheim.
31. Johann Adolf Randel: Annalen der Staatskräfte von Europa. Nach den neuesten physischen, gewerblichen und politischen Verhältnissen der sämmtlichen Reiche und Staaten. Berlin 1792.
32. französische Münzeinheit; Pfund.
33. Luxusgüter.
34. zugesteht.
35. vorübergehende Verstimmung zwischen Liebenden.
36. wirtschaftlicher Wohlstand.
37. Örtlichkeit.
38. Unternehmung.
39. Kenntnis der Handels- und Gewerbesituation.

Erläuterungen   *Kultur in Thüringen 1772–1819*

40 kalkhaltiges Sedimentgestein; Düngemittel.
41 Ausfuhr und Einfuhr.
42 Reisekutschen.
43 kaufmännischer.
44 Ämter ohne eigentliche Aufgaben.
45 Fürstbischof Franz Ludwig von Erthal (1730 – 1795); seit 1779 Fürstbischof von Würzburg und Bamberg.
46 Michael Feder (Hg.): Magazin zur Beförderung des Schulwesens im katholischen Teutschlande. Bd. 1. Würzburg 1791.
47 Vorsteckärmel, Pulswärmer.
48 Strafrechtswissenschaftler.
49 Peinliche Halsgerichtsordnung Kaiser Karls V. Dieses Strafgesetzbuch war seit 1532 in Gebrauch.
50 Revier.
51 Eintagsfliegen.
52 Daines Barrington (1727 – 1800), englischer Jurist und Naturkundler.
53 Singvögel.
54 Bezugspunkt.
55 Friedrich Wilhelm J. Schelling: Ideen zu einer Philosophie der Natur. Jena u. a. 1797.
56 Besonderheiten.
57 Herzogin Louise Auguste von Sachsen-Weimar-Eisenach (1757 – 1830; regierte seit 1775).
58 Steinart: Bor-Silikat; die Enden des Turmalinsteins sind nach dem Erhitzen positiv und negativ elektrisch geladen.
59 seit der Renaissance (16. Jahrhundert).
60 Fälle von Lichtbrechung.
61 Säure und Lauge.
62 optischer Fachausdruck: Freiheit von Farbabweichungen im Falle der Lichtbrechung.
63 eigentliche, materiale, wahre, dauernde Farben.
64 Isaac Newton (1643 – 1727) hatte sein Hauptwerk zur Optik (›Opticks‹) 1704 publiziert; es enthielt die von Goethe im Anschluß skizzierte ›Korpuskulartheorie des Lichts‹.
65 Georges Louis Leclerc Graf von Buffon (1707 – 1788) erklärte in seiner ›Histoire naturelle générale et particulière‹ (44 Bde., 1749 – 1804) klimatische Veränderungen zum eigentlichen Motor naturgeschichtlicher Veränderungen.
66 Nachteil.
67 medizinische Heilmethode der Frühen Neuzeit: Ansaugen von Blut unter die Haut mittels einer Glasglocke (Schröpfkopf) oder Ableitung von Blut durch einen Aderlaß.
68 zum Einen, zum Beispiel.
69 Ausschweifungen.
70 Beweise, die mit Mitteln der bloßen Vernunft nicht widerlegt werden können.
71 hochkomplex-theoretischer und leichtfaßlich-praktischer Religion.
72 Immanuel Kant: Kritik der reinen Vernunft (1781). Riga 1787.
73 Quintus Horatius Flaccus (65 – 8 v. Chr.), römischer Schriftsteller.
74 Schlachtroß.
75 Erkennungszeichen, Losungswort.
76 Verbannung, Ächtung.
77 Rudolf Zacharias Becker (1752 – 1822), Volksaufklärer; das angesprochene Zitat findet sich in Text 23.

78 Wiedergeburt.
79 Gerichtshof.
80 Vorschlag zur Beratung.
81 im Zweifelsfalle.
82 feierliche Hinrichtung, Ketzergericht, Ketzerverbrennung.
83 strafrechtliche Untersuchung.
84 Moses Mendelssohn (1729 – 1789), Aufklärungsphilosoph. M. hatte sich häufig zu ästhetischen Fragen geäußert; vgl. seine Beiträge in den ›Briefe[n] die neueste Literatur betreffend‹ (1760 – 1765).
85 Vgl. auch Text 41 vorliegender Sammlung.
86 dauert fort.
87 geometrische Fachausdrücke: weder die Näherungslinie, noch das Oval und die Kreislinie.
88 Berechnung.
89 ›Das ist mein Glaubensbekenntnis. Laßt uns darauf hoffen und danach handeln.‹
90 Hinweis auf die Napoleonischen Kriege (1800 – 1802).
91 Anspielung auf den allmählichen Zerfall des alten Deutschen Reiches.
92 Im Jahre 1798 hatte der Einmarsch Napoleons den Krieg nach Ägypten getragen; 1796 hatten französische Revolutionstruppen den Rhein überschritten.
93 Frankreich und Großbritannien.
94 Sinnbilder der Macht zu Lande (Blitz) und zur See (Dreizack).
95 Die französischen Truppen erhoben in besetzten und verbündeten Gebieten Kontributionen; die englische Regierung erhöhte zur Finanzierung des Krieges die Steuern.
96 Gestalt der römischen Frühgeschichte: Der gallische Feldherr Brennus hatte nach der Eroberung Roms Kontributionen gefordert, falsche Gewichte benutzt und nach Beschwerden sein Schwert noch zusätzlich auf die Waagschale geworfen (Livius: Ab urbe condita 5,38-48).
97 Gestalt des griechischen Mythos: Gattin des Meergottes Poseidon.
98 Hinweis auf die Restriktion der internationalen Schiffahrt durch Großbritannien während der Napoleonischen Kriege.
99 Anspielung auf die zweite Erdumsegelung James Cooks (1728 – 1779) in den Jahren 1772 – 1775.
100 Spielarten.
101 Michelangelo Buonarotti (1475 – 1564), berühmter italienischer Maler, Bildhauer und Architekt.
102 Vorlesungssaal Karl Leonhard Reinholds (1757 – 1823), Philosoph; vgl. Text 62.
103 Johann Jakob Griesbach (1745 – 1812), evangelischer Theologe.
104 niedrige Zuhörersitze, Notsitze.
105 Fassung, Haltung.
106 Er soll leben!
107 frei sprechen, aus dem Stegreif sprechen.
108 Meine hochverehrten Herren!
109 Hauptgott des griechischen Mythos (im Epos des sagenhaften Sängers Homer; 8. Jh. v. Chr.)
110 Papst Gregor VII. (ca. 1019 – 1085; Papst seit 1073) stürzte die mittelalterliche Welt durch seinen Kampf gegen das Kaisertum in eine tiefe Legitimationskrise.
111 Der englische Politiker Oliver Cromwell (1599 – 1658) ließ 1649 den englischen König Charles I. hinrichten.

Erläuterungen   *Kultur in Thüringen 1772–1819*

[112] Alexander der Große (356 – 323 v. Chr.; König seit 336 v. Chr.) begründete ein griechisches ›Weltreich‹.
[113] Princeps Gaius Octavius Augustus (63 v. Chr. – 14 n. Chr.) beendete die römischen Bürgerkriege und befriedete das römische ›Weltreich‹.
[114] Auseinandersetzung zwischen den griechischen Stadtstaaten Athen und Sparta (431 – 404 v. Chr.).
[115] Der attische Komödiendichter Eupolis (gest. nach 412 v. Chr.) verfaßte eine Vielzahl politischer Komödien; seine Stücke sind nur in Fragmenten erhalten.
[116] Frauen der griechischen Halbinsel Peloponnes.
[117] Unter den Mitgliedern der Philosophenschule des Pythagoras von Samos (ca. 570 – 500 v. Chr.) befanden sich mehrere hochgebildete Frauen.
[118] Der griechische Historiker Xenophon (ca. 430 – 355 v. Chr.) verfaßte ein Werk ›Über den Staat der Spartaner‹; daraus stammt das sinngemäße Zitat.
[119] Hydra; Ungeheuer des griechischen Mythos, dessen abgeschlagene Köpfe immer wieder nachwuchsen.
[120] Netzhaut.
[121] Gottheit des griechischen Mythos: Gott des regenreichen Westwindes.
[122] antikes Saiteninstrument, das im Luftzug erklingt. Äolsharfen waren im 18. Jahrhundert sehr beliebt.
[123] antike Völkerschaft am Schwarzen Meer; gegen persische Eroberungsversuche wehrte sie sich erfolgreich (6./5. Jh. v. Chr.).
[124] griechische Göttin des Streits.
[125] griechische Göttin der Anmut.
[126] Gottheiten (im feindlichen wie im freundlichen Sinne).
[127] die menschliche Natur.
[128] lange, weite Männerhosen; Kleidung der Jakobiner.
[129] Erklärung von der Abstammung des Wortes her.
[130] Friedrich Schiller: Über die ästhetische Erziehung des Menschen, in einer Reihe von Briefen (1795).
[131] Hinweis auf Johann Wolfgang Goethes Aufsatz ›Philostrats Gemälde‹ in der gleichen Zeitschrift (Kunst und Alterthum II/1. 1818, S. 27-144).
[132] Der Altphilologe Karl Ernst Schubarth (1796 – 1861) hatte 1817 in Breslau die Schrift ›Zur Beurtheilung Goethes‹ veröffentlicht.
[133] ›Das ist ein Mann, der großen Kummer ausgestanden hat.‹
[134] Daniel Nikolai Chodowiecki (1726 – 1801), bekannter Kupferstecher.
[135] bildende Künstler, die bestimmte Züge bewußt übertreibend darstellen; vgl. Johann Wolfgang Goethes Aufsatz ›Einfache Nachahmung der Natur, Manier, Styl‹ (1789).
[136] Archäologische Funde aus den Städten Herculaneum und Pompeij (bei Neapel), die beim Ausbruch des Vulkans Vesuv (79 n. Chr.) verschüttet worden waren.
[137] Raffaelo Santi (1483 – 1520), italienischer Maler.
[138] Pietro Vanucci, genannt Perugino (1446 – 1524), italienischer Maler; Lehrer Raffaels.
[139] Leonardo da Vinci (1452 – 1519), italienischer Maler und Erfinder.
[140] Marmorstatue Michelangelo Buonarottis; entstanden 1515/16.
[141] Perikles (um 495 – 429 v. Chr.), athenischer Politiker.
[142] Bologneser Malerfamilie: Annibale Caracci (1560 – 1609), Ludovico Caracci (1555 – 1619), Agostino Caracci (1557 – 1602).
[143] Peter Paul Rubens (1577 – 1640), belgischer Maler.
[144] metaphorische Redeweise Goethes: kein Genie, das keine Vorbilder gehabt hätte.
[145] Scharfsinn.

146 Bibel-Zitat: Matthäus 10,29 f.
147 Johann Wolfgang Goethe (1749 – 1832). Das folgende Zitat entstammt ›Faust. Eine Tragödie‹ (1790; Szene: ›Marthens Garten‹).
148 Friedrich Schiller (1759 – 1805). Das folgende Zitat entstammt dem Gedicht ›Worte des Glaubens‹ (Friedrich Schiller [Hg.]: Musenalmanach auf das Jahr 1798. Tübingen 1798, S. 21 f.).
149 Tätigkeit.
150 bedingungslos geltenden und unmittelbar gewissen Erkenntnis.
151 Immanuel Kant (1724 – 1804), Philosoph.
152 Antonio Allegri, genannt Il Coreggio (1489 – 1534), italienischer Maler.
153 Die französische Literatur- und Kulturzeitschrift ›Mercure de France‹ existierte mit Unterbrechungen von 1724 bis 1965. Sie diente C. M. Wielands Zeitschriftengründung zum Vorbild.
154 Übersichten.
155 schriftstellerische Arbeiten C. M. Wielands: ›Geschichte des Agathon‹ (Roman in 2 Bde. 1766/67; 4 Bde. 1773); ›Der Sieg der Natur über die Schwärmerey, oder die Abentheuer des Don Sylvio von Rosalva‹ (Roman 1764); ›Musarion oder die Philosophie der Grazien‹ (Versdichtung 1768).
156 Biberach.
157 Johann Georg Zimmermann (1738 – 1795), Schweizer Arzt und Philosoph.
158 Anspielung auf die antik-griechische Stadt Abdera, deren Bewohner für Problemlösungen nach Art der Schildbürger bekannt waren; C. M. Wieland verfaßte später einen satirischen Roman mit dem Titel ›Geschichte der Abderiten‹ (1781).
159 Lehrgedicht mit dem Titel ›An essay on criticism‹ (1711) des englischen Dichters Alexander Pope (1688 – 1744); es gilt als ein wichtiges Manifest des europäischen Klassizismus.
160 lateinische Redewendung; etwa: ›deren Werke mit viel Brimborium den Unverständigen angedreht werden.‹
161 ehrfürchtigen Anhänger; der kleinasiatische Grieche Herostratos hatte 356 v. Chr. den Artemistempel von Ephesos in Brand gesteckt, um berühmt zu werden.
162 Schutzgottheiten der Dichtkunst.
163 Intrigen.
164 Vertreter barocker Formen- und Literatursprache: Christian Heinrich Postel (1658 – 1705), Librettist; Christian Friedrich Hunold (Pseudonym: Menantes; 1681 – 1721), Lyriker.
165 Vertreter eines frühaufklärerischen Klassizismus: Benjamin Neukirch (1665 – 1729), Lyriker und Übersetzer; Johann Christoph Gottsched (1700 – 1766), Gelehrter und Schriftsteller.
166 berühmte römische Schriftsteller der ›klassischen‹ Periode: Quintus Horatius Flaccus (65 – 8 v. Chr.); Publius Vergilius Maro (70 – 19 v. Chr.).
167 berühmte englische Schriftsteller: John Milton (1608 – 1674); William Shakespeare (1564 – 1616).
168 indirekte Steuer (etwa auf Waren).
169 alles in allem betrachtet.
170 die neuesten Nachrichten.
171 Zwangsvollstreckung.
172 Geldeintreiber.
173 Bittschriften.
174 Rechtsverdrehern.
175 und dergleichen.

176 Anspielung auf den ersten Koalitionskrieg zwischen dem revolutionären Frankreich und den übrigen europäischen Mächten (1792 – 1797).
177 schulmäßigen, wissenschaftlichen.
178 griechische Gottheiten der ethischen Kräfte: Eunomia (gesetzliche Ordnung), Dike (Gerechtigkeit), Eirene (Frieden). Sie galten als Töchter des griechischen Hauptgottes Zeus und der Themis (Göttin des unverletzlichen, göttlichen Rechts).
179 Holland und der Schweiz.
180 griechische Urgottheit und Vater des griechischen Hauptgottes Zeus. Dieser entmachtete Kronos und teilte die Welt zwischen sich und seinen Brüdern auf: Zeus selbst behielt die Macht über das Festland, Poseidon avancierte zum Gott der Weltmeere und Hades bekam das Totenreich zugesprochen.
181 Gestalt des keltischen Mythos; Gegenspielerin des Zauberers Merlin.
182 führende politische Zeitschriften Frankreichs und Großbritanniens.
183 Bild mit beweglichen Figuren.
184 Louis Sébastien de Mercier (1740 – 1814) veröffentlichte zunächst ›Tableau de Paris‹ (12 Bde. 1781 – 1788), später ›Le nouveau Paris‹ (1796/1800).
185 Friedrich Schulz (1762 – 1798) publizierte u. a. ›Geschichte der großen Revolution in Frankreich‹ (1789) und ›Über Paris und die Pariser‹ (1791).
186 Friedrich J. Meyer (1760 – 1844) veröffentlichte ›Fragmente aus Paris‹ (2 Bde. 1797).
187 Frankreich im Jahre ... . Aus den Briefen deutscher Männer in Paris. 16 Bde. Altona 1795 – 1805.
188 Gebhard Friedrich August Wendeborn (1742 – 1811) verfaßte ›Beyträge zur Kentniß Großbritanniens vom Jahre 1779‹ (Hg. Georg Forster. Lemgo 1780).
189 Johann Wilhelm von Archenholtz (1743 – 1812) gab heraus: ›Literatur und Völkerkunde (1782-1791)‹; ›England und Italien‹ (5 Bde. 1787); ›Annalen der brittischen Geschichte‹ (20 Bde. 1789 – 1800).
190 Patrick Colquhoun (1745 – 1820) veröffentlichte ›A treatise on the police of the metropolis‹ (1797).
191 ausfällen und verflüchtigen.
192 Bewohner Mittelgriechenlands. Böotien galt als Heimat der sagenhaften Sphinx.
193 Napoleon I. Bonaparte (1769 – 1821; von 1804 – 1814/15 Kaiser der Franzosen).
194 Aubin Louis Millin (1759 – 1818), französischer Archäologe und Liebhaber deutscher Literatur.
195 jeden siebten Tag (nach der Zeitrechnung der Französischen Revolution).
196 Joseph Banks (1743 – 1820), englischer Naturforscher und Begleiter James Cooks bei dessen erster Weltumsegelung.
197 Anspielung auf ein Singspiel Egidio Dunis (1709 – 1775) mit dem Titel ›La rosière de Salenci‹ (dt. 1772).
198 Schlager, Gassenhauer.
199 Gulden.
200 sagenhafte Frauengestalten des germanischen Mythos.
201 Name einer verführerisch schönen Zauberin in Torquato Tassos (1544 – 1595) Epos ›Das befreite Jerusalem‹ (1570 – 1575).
202 Zauberin.
203 Johannes Praetorius (1630 – 1680), Historiker.
204 Liebhaber.
205 biblischer Prophet. Das Folgende bildet eine Kette von Bibel-Zitaten (Hos 8,7 u. a.).
206 Völkerschlacht bei Leipzig (16. – 19. Oktober 1813).
207 ohne Parteilichkeit oder Ehrgeiz, allein geleitet vom Lohn eines guten Gewissens.

[208] Veröffentlichungen Heinrich Ludens (1778 – 1847) aus den Jahren 1808, 1810, 1811, 1814 – 1821 (in der Reihenfolge ihrer Nennung).
[209] griechische Göttin der gerechten Rache und Wiedergutmachung.
[210] römische Kaiser: Flavius Titus Vespasianus (39 – 81 n. Chr., Kaiser seit 79 n. Chr.); Marcus Aurelius Antoninus (121 – 180 n. Chr., Kaiser seit 161 n. Chr.)
[211] Vgl. Text 9 vorliegender Sammlung.
[212] Tadel.
[213] in gutem Glauben.

Weiterführende Literatur

Einführung

Bimmer, Andreas C. (Hg.): Hessen und Thüringen. Kulturwissenschaftliche Bilanz und Perspektive. Marburg 1992
Dietl, Walter (Hg.): Thüringen. Geschichte und Geschichten. 2 Bde. Gotha 1990
Geertz, Clifford: Dichte Beschreibung. Beiträge zum Verstehen kultureller Systeme. Frankfurt/M. 1983
Hansen, Klaus P.: Kulturbegriff und Methode. Der stille Paradigmenwechsel in den Geisteswissenschaften. Tübingen 1993
Hansen, Klaus P.: Kultur und Kulturwissenschaft. Eine Einführung. Tübingen 1995
Heckmann, Hermann (Hg.): Thüringen. Historische Landeskunde Mitteldeutschlands. 3. Aufl. Würzburg 1991
Hitzler, Ronald: Sinnwelten. Ein Beitrag zum Verstehen von Kultur. Opladen 1988
Ignasiak, Detlef (Hg.): Herrscher und Mäzene. Thüringer Fürsten von Hermenefried bis Georg II. Rudolstadt 1994
John, Jürgen (Hg.): Kleinstaaten und Kultur in Thüringen vom 16. bis 20. Jahrhundert. Weimar u. a. 1994
Leich, Tina: Bibliographie zu Thüringen. Zwischen 1989 und 1997 erschienene Titel. Erfurt 1997
Lindner, Rolf (Hg.): Die Wiederkehr des Regionalen. Über neue Formen kultureller Identität. Frankfurt/M. 1994
Mast, Peter: Thüringen. Die Fürsten und ihre Länder. Graz u. a. 1992
Patze, Hans u. a. (Hg.): Bibliographie zur thüringischen Geschichte. 2 Bde. Köln 1965/66
Patze, Hans u. a. (Hg.): Geschichte Thüringens. 8 Bde. Köln u. a. 1967 – 1984
Patze, Hans u. a. (Hg.): Thüringen (Handbuch der historischen Stätten Deutschlands 9). Stuttgart 1989
Pleticha, Heinrich: Kulturlandschaft Thüringen. Freiburg u. a. 1991
Schlichting, Rainer (Hg.): Genius huius loci, Weimar. Kulturelle Entwürfe aus fünf Jahrhunderten. Ausstellungskatalog. Weimar 1992
Thüringen-Bibliographie. Regionalbibliographie. Jena 1969 ff.
Wilpert, Gero von: Goethe-Lexikon. Stuttgart 1998

Naturwissenschaftlich-ökonomische Kultur

Astronomie

Baasner, Rainer: Das Lob der Sternkunst. Astronomie in der deutschen Aufklärung. Göttingen 1987
Brosche, Peter (Hg.): Astronomie der Goethezeit. Textsammlung aus Zeitschriften und Briefen Franz Xaver von Zachs. 2. Aufl. Thun u. a. 1998
Brosche, Peter: Paris 1831. Die letzten Monate der Herzogin Luise in Briefen Franz Xaver von Zachs. In: Jahrbuch der Coburger Landesstiftung 31 (1986), S. 295-314
Kiefer, Jürgen: Die Astronomie an der Erfurter Akademie der Wissenschaften von ihren Anfängen bis zu Peter Andreas Hansen. In: Historische Sternwarte Gotha (Hg.): Peter Andreas Hansen (1795 – 1874). Erfurt 1995, S. 41-55
Wattenberg, Diedrich u. a. (Hg.): Archivalische Quellen zum Leben und Werk von Franz Xaver von Zach. Göttingen 1993

Geologie

Busch, Werner: Der Berg als Gegenstand von Naturwissenschaft und Kunst. Zu Goethes geologischem Begriff. In: Sabine Schulze (Hg.): Goethe und die Kunst. Ausstellungskatalog. Ostfildern 1994, S. 485-497

Engelhardt, Wolf von: Goethe und die Geologie. In: Günter Schnitzler u. a. (Hg.): Ein unteilbares Ganzes. Goethe, Kunst und Wissenschaft. Freiburg 1997, S. 245-273

Görner, Rüdiger: Granit. Zur Poesie eines Gesteins. In: Aurora 53 (1993), S. 126-138

Hölder, Helmut: Goethe als Geologe. In: Goethe-Jahrbuch 111 (1994), S. 231-245

Laub, Gerhard: Zu Goethes geologischen Studien im Klippengebiet des Okertals (Harz). In: Harz-Zeitschrift 46/47 (1994/95), S. 67-89

Wagenbreth, Otfried: Goethes Stellung in der Geschichte der Geologie. In: Helmut Brandt (Hg.): Goethe und die Wissenschaften. Jena 1984, S. 59-77

Bergbau

Dürler, Josef: Die Bedeutung des Bergbaus bei Goethe und in der deutschen Romantik. Frauenfeld u. a. 1936

Gothe, Rosalinde (Hg.): Julius Voigt. Goethe und Ilmenau. Unter Benutzung zahlreichen unveröffentlichten Materials dargestellt (Erstdr. 1911). Leipzig 1990

Laue, Günter: Goethe, von Reden und die Dampfmaschine. Industriespionage im 18. Jahrhundert. In: Lippische Mitteilungen aus Geschichte und Landeskunde 65 (1996), S. 227-267

Linnemann, Irene: Der Ilmenauer Bergbau in seiner Bedeutung für Goethes geistiges Selbstverständnis. In: Helmut Brandt (Hg.): Goethe und die Wissenschaften. Jena 1984, S. 103-108

Steenbuck, Kurt: Silber und Kupfer aus Ilmenau. Ein Bergwerk unter Goethes Leitung. Hintergründe, Erwartungen, Enttäuschungen. Weimar 1995

Wagenbreth, Otfried: Goethe und der Ilmenauer Bergbau. Weimar 1983 / Weinheim 1984

Wenzel, Manfred: Der Ilmenauer Bergbau und sein Einfluß auf Goethe. In: Medizinhistorisches Journal 22 (1987), S. 3-27

Forstwirtschaft

Burkhardt, Hartmut: Das Walddorf Zillbach und Heinrich Cotta. Gotha 1997

Fröhlich, Joachim (Hg.): Heinrich Cotta. Briefwechsel, Biographie, Erinnerungen. Tharandt 1994

Kirchgässner, Bernhard (Hg.): Wald, Garten und Park. Vom Funktionswandel der Natur für die Stadt. Sigmaringen 1993

Richter, Albert: Heinrich Cotta. Leben und Werk eines deutschen Forstmannes. Radebeul u. a. 1950

Schäfer, Ingrid: Ressourcenmanagement an der Schwelle zur Neuzeit. Einführung der wissenschaftlichen Forstwirtschaft. In: Saeculum 42 (1991), S. 271-276

Thomasius, Harald: Heinrich Cotta (1763 – 1844). Erfurt 1997

Varchim, Doris: Holz- und Waldwirtschaft. Der Wald im 18. Jahrhundert. Nutzen und Nutzung. In: Neithard Bulst (Hg.): Die Grafschaft Lippe im 18. Jahrhundert. Bevölkerung, Wirtschaft und Gesellschaft eines deutschen Kleinstaates. Bielefeld 1993, S. 221-250

Betriebs- und Volkswirtschaft

Eberhardt, Hans: Weimar zur Goethezeit. Gesellschafts- und Wirtschaftsstruktur. Weimar 1988

Heinemann, Albrecht von: Ein Kaufmann aus der Goethezeit. Friedrich Justin Bertuchs Leben und Werk. Weimar 1955
Hohenstein, Siglinde: Friedrich Justin Bertuch (1747 – 1822). Bewundert, beneidet, umstritten. Ausstellungskatalog. Mainz 1985
Kaiser, Paul: Das Haus am Baumgarten. Bd. 1: Friedrich Justin Bertuch, sein Haus ›Am Baumgarten‹ und die Wirksamkeit seines Landes-Industrie-Comptoirs. Weimar 1980
Kühn-Stillmark, Uta: Friedrich Justin Bertuch. Ein Leben für Weimar. Weimar 1998
Macher, Heinrich: Friedrich Justin Bertuchs Armenschrift von 1782. Bürgerliches Reformdenken im Spannungsfeld von sozialer Praxis, aufgeklärter Humanität und ökonomischem Rationalismus. In: Internationales Archiv für Sozialgeschichte der deutschen Literatur 20 (1995). H. 2, S. 1-55
Seifert, Siegfried: Der Weimarer Verleger Carl Bertuch und der Wiener Kongreß. In: Mark Lehmstedt (Hg.): Beiträge zur Geschichte des Buchwesens im frühen 19. Jahrhundert. Wiesbaden 1993, S. 25-51

Ornithologie
Bechstein, Ludwig: Dr. Johann Matthäus Bechstein und die Forstakademie Dreißigacker. Meiningen 1855
Farber, Paul L.: The emergency of ornithology as a scientific discipline 1760 – 1850. Dordrecht u. a. 1982
Johann Matthäus Bechstein (1757 – 1822). Meiningen 1972
Knorre, Dietrich von: Ornithologische Veröffentlichungen aus Thüringen 1945 – 1981. Jena 1984
Semmler, Willi: Ornithologische Veröffentlichungen aus Thüringen. Von den Anfängen bis 1944. Jena 1992
Stresemann, Erwin: Die Entwicklung der Ornithologie. Berlin 1951 (Nachdr. Wiesbaden 1996)

Naturgeschichte
Bräuning-Oktavio, Hermann: Oken und Goethe im Lichte neuer Quellen. Weimar 1959
Busse, Günther: Philosophische und geistesgeschichtliche Grundzüge der Lehre Okens. Freiburg 1950
Engelhardt, Dietrich von: Naturforschung im Zeitalter der Romantik. In: Walther C. Zimmerli (Hg.): ›Fessellos durch die Systeme‹. Frühromantisches Naturdenken im Umfeld von Arnim, Ritter und Schelling. Stuttgart 1997, S. 19-48
Jahn, Ilse (Hg.): Geschichte der Biologie. Theorien, Methoden, Institutionen, Kurzbiographien. 2. Aufl. Jena 1985, S. 310-316
Klumbies, Gerhard: Okens Naturphilosophie. In: Erich Lange (Hg.): Philosophie und Natur. Beiträge zur Naturphilosophie der deutschen Klassik. Jena 1985, S. 221-226
Köchy, Kristian: Ganzheit und Wissenschaft. Das historische Fallbeispiel der romantischen Naturforschung. Würzburg 1997
Meyer-Abich, Adolf: Biologie der Goethezeit. Stuttgart 1949
Mischer, Sibille: Der verschlungene Zug der Seele. Natur, Organismus und Entwicklung bei Schelling, Steffens und Oken. Würzburg 1997
Pfannenstiel, Max: Lorenz Oken. Sein Leben und Wirken. Freiburg 1953
Wenig, Klaus: Lorenz Oken. Naturphilosoph und spiritus rector der Wissenschaftsentwicklung anfangs des 19. Jahrhunderts in Deutschland. In: Wissenschaftliche Zeitschrift der Friedrich-Schiller-Universität Jena. Naturwissenschaftliche Reihe 37 (1988). H. 2, S. 217-222

Naturphilosophie

Bonsiepen, Wolfgang: Die Begründung einer Naturphilosophie bei Kant, Schelling, Fries und Hegel. Mathematische vs. spekulative Naturphilosophie. Frankfurt/M. 1997
Botsch, Walter: Die Naturphilosophie zur Zeit Friedrich Wilhelm Schellings. In: Ders.: Die Bedeutung des Begriffs Lebenskraft für die Chemie zwischen 1750 und 1850. Stuttgart 1997, S. 165-184
Gloy, Karen u. a. (Hg.): Die Naturphilosophie im deutschen Idealismus. Stuttgart 1993
Gloy, Karen: Die Naturauffassung bei Kant, Fichte und Schelling. In: Helmut Girndt (Hg.): Realität und Gewißheit (Fichte-Studien 6). Amsterdam 1994, S. 253-275
Henderson, Fergus: Romantische Naturphilosophie. Zum Begriff des ›Experiments‹ bei Novalis, Ritter und Schelling. In: Herbert Uerlings (Hg.): Novalis und die Wissenschaften. Tübingen 1997, S. 121-142
Küppers, Bernd-Olaf: Natur als Organismus. Schellings Naturphilosophie und ihre Bedeutung für die moderne Biologie. Frankfurt/M. 1992
Müller, Lothar: Die ›Feuerwissenschaft‹. Romantische Naturwissenschaft und Anthropologie bei Johann Wilhelm Ritter. In: Hans-Jürgen Schings (Hg.): Der ganze Mensch. Anthropologie und Literatur im 18. Jahrhundert. Stuttgart u. a. 1994, S. 260-283
Richter, Klaus (Hg.): Der Physiker des Romantikerkreises. Johann Willhelm Ritter in seinen Briefen an den Verleger Carl Friedrich Ernst Frommann. Weimar 1988
Schlette, Heinz R.: Weltseele. Geschichte und Hermeneutik. Frankfurt/M. 1993
Wetzels, Walter D.: Johann Wilhelm Ritter. Physik im Wirkungsfeld der deutschen Romantik. Berlin 1973
Zimmerli, Walther C.: ›Fessellos durch die Systeme‹. Frühromantisches Naturdenken im Umfeld von Arnim, Ritter und Schelling. Stuttgart 1997

Farbenlehre

Buchheim, Wolfgang: Der Farbenlehrestreit Goethes mit Newton in wissenschaftsgeschichtlicher Sicht (1986). In: Helga Bergmann (Hg.): Abstand und Nähe. Berlin 1996, S. 233-237
Burwick, Frederick: The damnation of Newton. Goethe's color theory and romantic perception. Berlin u. a. 1986
Burwick, Frederick: Goethes ›Farbenlehre‹ und ihre Wirkung auf die deutsche und englische Romantik. In: Goethe-Jahrbuch 111 (1994), S. 213-229
Gloy, Karen: Goethes und Hegels Kritik an Newtons Farbentheorie. Eine Auseinandersetzung zwischen Naturphilosophie und Naturwissenschaft. In: Dies. u. a. (Hg.): Die Naturphilosophie im deutschen Idealismus. Stuttgart 1993, S. 323-359
Höpfner, Felix: Wissenschaft wider die Zeit. Goethes Farbenlehre aus rezeptionsgeschichtlicher Sicht. Heidelberg 1990
Höpfner, Felix: ›Wirkungen werden wir gewahr (...)‹. Goethes ›Farbenlehre‹ im Widerstreit der Meinungen. In: Goethe-Jahrbuch 111 (1994), S. 203-211
Käuser, Andreas: Goethes Redeweise über die Farbe. In: Zeitschrift für Germanistik N. F. 7 (1997), S. 249-261
Lütkehaus, Ludger (Hg.): Arthur Schopenhauer. Johann Wolfgang von Goethe. Der Briefwechsel mit Goethe und andere Dokumente zur Farbenlehre. Zürich 1992
Schöne, Albrecht: Goethes Farbentheologie. München 1987
Sepper, Dennis L.: Goethe contra Newton. Polemics and the project for a new science of colour. Cambridge u. a. 1988

Medizin

Bitz, Matthias: Badewesen in Südwestdeutschland 1550 bis 1840. Zum Wandel von Gesellschaft und Architektur. Idstein 1989

Brednow, Walter: Christoph Wilhelm Hufeland. Arzt und Erzieher im Lichte der Aufklärung. Berlin 1964
Busse, Helmut: Christoph Wilhelm Hufeland. Der berühmte Arzt der Goethezeit. St. Michael 1982
Ewers, Hans: Christoph Wilhelm Hufeland. Ein Freund Goethes und der Menschen. In: Goethe-Jahrbuch 104 (1987), S. 383-386
Genschorek, Wolfgang: Christoph Wilhelm Hufeland. Der Arzt, der das Leben verlängern half. 5. Aufl. Leipzig 1984
Goldmann, Stefan: Christoph Wilhelm Hufeland im Goethekreis. Eine psychoanalytische Studie zur Autobiographie und ihrer Topik. Stuttgart 1993
Marcuse, Julian: Bäder und Badewesen in Vergangenheit und Gegenwart. Eine kulturhistorische Studie. Stuttgart 1903
Martin, Alfred: Deutsches Badewesen in vergangenen Tagen (1906). München 1989
Mayer, Peter: Christoph Wilhelm Hufeland und der Brownianismus. Diss. Mainz 1993

Rechtswissenschaft
Bloching, Karl-Heinz: Jakob Friedrich Fries' Philosophie als Theorie der Subjektivität. Diss. Münster 1971
Gysin, Arnold: Zur Rechtsphilosophie von Jakob Friedrich Fries und Leonard Nelson. In: Ratio 10 (1968), S. 94-115
Hogrebe, Wolfgang (Hg.): Jakob Friedrich Fries. Philosoph, Naturwissenschaftler und Mathematiker. Frankfurt/M. 1999
Hubmann, Gerald: Ethische Überzeugung und politisches Handeln. Jakob Friedrich Fries und die deutsche Tradition der Gesinnungsästhetik. Heidelberg 1997
Kraft, Hans: Jakob Friedrich Fries (1773 – 1843) im Urteil der Philosophiegeschichtsschreibung. Diss. Düsseldorf 1980
Thiel, Manfred: Methode. Bd. 5a: Jakob Friedrich Fries. Heidelberg 1991
Thielenhaus, Erwin: Jakob Friedrich Fries' Philosophische Rechtslehre in ihren Grundzügen. Köln 1923
Westermann, Christoph: Recht und Ethik bei Fries und Nelson. In: Jürgen Blüdorn u. a. (Hg.): Recht und Ethik. Zum Problem ihrer Beziehung im 19. Jahrhundert. Frankfurt/M. 1970, S. 113-143

Geisteswissenschaftlich-philosophische Kultur
Aufklärung
Alt, Peter-Andre: Aufklärung. Stuttgart 1996
Bondeli, Martin: Das Anfangsproblem bei Karl Leonhard Reinhold. Eine systematische und entwicklungsgeschichtliche Untersuchung zur Philosophie Reinholds in der Zeit von 1789 bis 1803. Frankfurt/M. 1995
Ciarfadone, Raffale: Die Philosophie der deutschen Aufklärung. Texte und Darstellung. Stuttgart 1990
Dülmen, Richard van: Die Gesellschaft der Aufklärer. Zur bürgerlichen Emanzipation und aufklärerischen Kultur in Deutschland. Frankfurt/M. 1996
Frank, Manfred: ›Unendliche Annäherung‹. Die Anfänge der philosophischen Frühromantik. Frankfurt/M. 1997
Fuchs, Erich: Reinhold und Fichte im Briefwechsel zweier Jenenser Studenten 1793/94. In: Klaus Hammacher (Hg.): Subjektivität (Fichte-Studien 7). Amsterdam u. a. 1995, S. 141-171

Kopper, Joachim: Einführung in die Philosophie der Aufklärung. Die theoretischen Grundlagen. 3. Aufl. Darmstadt 1996
Schneiders, Werner: Hoffnung auf Vernunft. Aufklärungsphilosophie in Deutschland. Hamburg 1990
Schönborn, Alexander von: Karl Leonhard Reinhold. Eine annotierte Bibliographie. Stuttgart 1991
Teicher, Wilhelm: Rekonstruktion oder Reproduktion des Grundes. Die Begründung der Philosophie als Wissenschaft durch Kant und Reinhold. Bonn 1976
Timm, Hermann: Gott und die Freiheit. Studien zur Religionsphilosophie der Goethezeit. 3 Bde. Frankfurt/M. 1974 – 1978
Voß, Jürgen: Zur deutschen Aufklärungsdiskussion im späten 18. Jahrhundert (1985). In: Ders.: Deutsch-französische Beziehungen im Spannungsfeld von Absolutismus, Aufklärung und Revolution. Bonn 1992, S. 215-239

Humanität und Klassizität
Borchmeyer, Dieter: Weimarer Klassik. Portrait einer Epoche. Weinheim 1994
Borsche, Tilman: Wilhelm von Humboldt. München 1990
Chiarini, Paolo: Krisen und Wandlungen des ›römischen Klassizismus‹ bei Goethe und Wilhelm von Humboldt. In: Helmut Pfotenhauer (Hg.): Kunstliteratur als Italienerfahrung. Tübingen 1991, S. 84-98
Costazza, Alessandro: Schönheit und Nützlichkeit. Karl Philipp Moritz und die Ästhetik des 18. Jahrhunderts. Bern u. a. 1996
Fontius, Martin u. a. (Hg.): Karl Philipp Moritz und das 18. Jahrhundert. Tübingen 1995
Gaier, Ulrich: Von nationaler Klassik zur Humanität. Konzepte der Vollendung bei Herder. In: Regine Otto (Hg.): Nationen und Kulturen. Würzburg 1996, S. 49-64
Glazinski, Bernd: Antike und Moderne. Die Antike als Bildungsgegenstand bei Wilhelm von Humboldt. Aachen 1992
Gleissner, Roman: Die Entstehung der ästhetischen Humanitätsidee in Deutschland. Stuttgart 1988
Irmscher, Hans D.: Nationalität und Humanität im Denken Herders. In: Orbis litterarum 49 (1994), S. 189-215
Menze, Clemens: Kunst und Bildung in Wilhelm von Humboldts ›Ästhetischen Versuchen‹. In: Annemarie Gethmann-Siefert (Hg.): Philosophie und Poesie. Festschrift Otto Pöggeler. Bd. 1. Stuttgart 1988, S. 159-191
Noetzel, Wilfried: Humanistische ästhetische Erziehung. Friedrich Schillers moderne Umgangs- und Geschmackspädagogik. Weinheim 1992
Otto, Wolf D.: Fremderfahrung als Bildungsprozeß. Gelenkte Fremderfahrung. Wilhelm von Humboldts Konstruktion der Antike. In: Eijiro Iwasaki (Hg.): Begegnung mit dem ›Fremden‹. Grenzen, Traditionen, Vergleiche. Bd. 7. München 1991, S. 27-34
Pfotenhauer, Helmut: Anthropologie, Transzendentalphilosophie, Klassizismus. Begründungen des Ästhetischen bei Schiller, Herder und Kant. In: Jürgen Barkhoff u. a. (Hg.): Anthropologie und Literatur um 1800. München 1992, S. 72-97
Sautermeister, Gert: Ästhetische Erziehung im Zeitalter der Klassik am Beispiel Schiller. In: Mitteilungen des Deutschen Germanisten-Verbandes 40 (1993). H. 4, S. 8-15
Secker, Wilfried: ›Wiederholte Spiegelungen‹. Die klassische Kunstauffassung Goethes und Wilhelm von Humboldts. Frankfurt/M. 1985
Simonis, Annette: ›Das Schöne ist eine höhere Sprache‹. Karl Philipp Moritz' Ästhetik zwischen Ontologie und Transzendentalphilosophie. In: Deutsche Vierteljahrsschrift für Literaturwissenschaft und Geistesgeschichte 68 (1994), S. 490-505

Stern, Martin: Goethes weniger glücklicher Bruder. Karl Philipp Moritz. Leben, Werk, Ästhetik. In: Heide Hollmer (Hg.): Karl Philipp Moritz. München 1993, S. 13-35
Voßkamp, Wilhelm: Klassik als Epoche. Zur Typologie und Funktion der Weimarer Klassik. In: Reinhart Herzog u. a. (Hg.): Epochenschwelle und Epochenbewußtsein. München 1987, S. 493-514
Voßkamp, Wilhelm (Hg.): Klassik im Vergleich. Normativität und Historizität europäischer Klassiken. Stuttgart 1993
Watrak, Jan u. a. (Hg.): Herders Idee der Humanität. Grundkategorie menschlichen Denkens, Dichtens und Seins. Szczecin 1995
Werner, Hans-Georg: Literarische ›Klassik‹ in Deutschland. Thesen zum Gebrauch eines Terminus. In: Jahrbuch des Freien Deutschen Hochstifts 1988, S. 358-366

Geschichte
Dann, Otto u. a. (Hg.): Schiller als Historiker. Stuttgart 1995
Echterkamp, Jörg: Erinnerung an die Freiheit. Zum Verhältnis von Frühliberalismus und Nationalismus in der Geschichtsschreibung Karl von Rottecks und Heinrich Ludens. In: Jahrbuch zur Liberalismus-Forschung 8 (1996), S. 69-88
Goebel, Karl: Heinrich Luden. Sein Staatsbegriff und sein Einfluß auf die deutsche Verfassungsbewegung. In: Darstellungen und Quellen zur Geschichte der deutschen Einheitsbewegung im 19. und 20. Jahrhundert 8 (1970), S. 9-125
Hahn, Karl-Heinz: Schiller und die Geschichte. In: Weimarer Beiträge 16 (1970). H. 1, S. 39-69
Hahn, Karl-Heinz: Schillers Beitrag zur Theorie der Geschichtswissenschaft. In: Helmut Brandt (Hg.): Friedrich Schiller. Angebot und Diskurs – Zugänge, Dichtung, Zeitgenossenschaft. Berlin u. a. 1987, S. 78-91
Lange, Erhard: Geschichte, Vernunft, Sittlichkeit. In: Ernst Schmutzer (Hg.): Schiller unser Kollege. Jena 1990, S. 21-24
Marks, Ralph: Die Entwicklung nationaler Geschichtsschreibung. Luden und seine Zeit. Frankfurt/M. 1987
Muhlack, Ulrich: Schillers Konzept der Universalgeschichte zwischen Aufklärung und Historismus. In: Otto Dann u. a. (Hg.): Schiller als Historiker. Stuttgart 1995, S. 5-28
Real, Willy: Geschichtliche Voraussetzungen und erste Phasen des politischen Professorentums. In: Darstellungen und Quellen zur Geschichte der deutschen Einheitsbewegung im 19. und 20. Jahrhundert 9 (1974), S. 64-69
Rüsen, Jörn: Bürgerliche Identität zwischen Geschichtsbewußtsein und Utopie. In: Dirk Grathoff u. a. (Hg.): Schiller. Frankfurt/M. u. a. 1991, S. 178-193
Schieder, Theodor: Schiller als Historiker. In: Historische Zeitschrift 190 (1960), S. 31-54
Ueding, Gert: Redende Geschichte. Der Historiker Friedrich Schiller. In: Friedrich Strack (Hg.): Evolution des Geistes. Jena um 1800. Stuttgart 1994, S. 156-174
Wahl, Volker (Hg.): Was heißt und zu welchem Ende studiert man Universalgeschichte. Jena 1996
Žmegač, Viktor: Zur Geschichtsphilosophie und Ästhetik der Goethezeit. In: Zagreber germanistische Beiträge 3 (1994), S. 1-12

Frau-Sein
Arend, Helga: Vom ›süßen Rausch‹ zur ›stillen Neigung‹. Zur Entwicklung der romantischen Liebeskonzeption. Pfaffenweiler 1993
Becker-Cantarino, Barbara: Der lange Weg zur Mündigkeit. Frau und Literatur 1500 – 1800. Stuttgart 1987

Brandt, Helmut: Angriff auf den schwächsten Punkt. Friedrich Schlegels Kritik an Schillers ›Würde der Frauen‹. In: Aurora 53 (1993), S. 108-125
Bürger, Christa: Leben Schreiben. Die Klassik, die Romantik und der Ort der Frauen. Stuttgart 1990
Domoradzki, Eva: Und alle Fremdheit ist verschwunden. Status und Funktion des Weiblichen im Werk Friedrich Schlegels. Zur Geschlechtlichkeit einer Denkform. Innsbruck 1992
Eichner, Hans: Das Bild der Frau in der Frühromantik. Theorie und Wirklichkeit. In: Hartwig Schultz (Hg.): Salons der Romantik. Berlin u. a. 1997, S. 1-19
Hagemann, Karen: Nation, Krieg und Geschlechterordnung. Zum kulturellen und politischen Diskurs in der Zeit der antinapoleonischen Erhebung Preußens 1806 – 1815. In: Geschichte und Gesellschaft 22 (1996), S. 562-591
Hoock-Demarle, Marie-Claire: Die Frauen der Goethe-Zeit. München 1990
Korff, Friedrich W.: Der Philosoph und die Frau. Zur Geschichte einer Mesalliance. Tübingen 1994
Kubes-Hofmann, Ursula: Das unbewußte Erbe. Weibliche Geschichtslosigkeit zwischen Aufklärung und Frühromantik. Wien 1993
Lange, Sigrid: Die Utopie des Weiblichen im Drama Goethes, Schillers und Kleists. Frankfurt/M. 1993
Leierseder, Brigitte: Das Weib nach den Ansichten der Natur. Studien zur Herausbildung des bürgerlichen Frauenleitbildes an der Wende vom 18. zum 19. Jahrhundert. München 1981
Scholz, Hannelore: Widersprüche im bürgerlichen Frauenbild. Zur ästhetischen Reflexion und poetischen Praxis bei Lessing, Friedrich Schlegel und Schiller. Weinheim 1992
Simon-Kuhlendahl, Claudia: Das Frauenbild der Frühromantik. Diss. Kiel 1991
Westhoff-Krummacher, Hildegard: Als die Frauen noch sanft und engelsgleich waren. Die Sicht der Frau in der Zeit der Aufklärung und des Biedermeier. Ausstellungskatalog. Münster 1995

Bildende Kunst
Baumann, Gerhart: Goethe, Schriften zur Kunst. Vermittlungen einer Poetik. In: Günter Schnitzler u. a. (Hg.): Ein unteilbares Ganzes. Goethe, Kunst und Wissenschaft. Freiburg 1997, S. 89-116
Benz, Richard: Goethe und die romantische Kunst. München 1940
Einem, Herbert von: Carl Ludwig Fernow. Eine Studie zum deutschen Klassizismus. Berlin 1935
Einem, Herbert von: Beiträge zu Goethes Kunstauffassung. Hamburg 1956
Fernow, Irmgard: Carl Ludwig Fernow als Ästhetiker. Diss. Würzburg 1936
Lange, Victor: Goethe im Glashaus. Klassizistische Kunstmaßstäbe, altdeutsche Kunst und neudeutsches Künstlerwesen (1987). In: Ders.: Bilder, Ideen, Begriffe. Goethe-Studien. Würzburg 1991, S. 83-97
Luck, Georg: Carl Ludwig Fernow. Bern u. a. 1984
Manger, Klaus: Fernows Carstens. In: Ders.: (Hg.): Italienbeziehungen des klassischen Weimar. Tübingen 1997, S. 181-196
Osterkamp, Ernst: Die Geburt der Romantik aus dem Geist des Klassizismus. In: Goethe-Jahrbuch 112 (1995), S. 135-148
Schulze, Sabine (Hg.): Goethe und die Kunst. Ausstellungskatalog. Ostfildern 1994
Secker, Wilfried: ›Wiederholte Spiegelungen‹. Die klassische Kunstauffassung Goethes und Wilhelm von Humboldts. Frankfurt/M. 1985

Selm, Jutta van: Zwischen Text und Bild. Goethes Werdegang zum Klassizismus. New York u. a. 1986

Wagner, Annalise: Begegnung in Rom. In: Carolinum 36 (1970), S. 7-19; 41-47

Um Gott und Welt

Asmuth, Christoph: Das Begreifen des Unbegreiflichen. Philosophie und Religion bei Johann Gottlieb Fichte 1800 – 1806. Stuttgart 1999

Beyer, Waltraud: Der Atheismusstreit um Fichte. In: Hans-Dietrich Dahnke (Hg.): Debatten und Kontroversen. Literarische Auseinandersetzungen in Deutschland am Ende des 18. Jahrhunderts. Bd. 2. Berlin u. a. 1989, S. 154-254

Briese, Olaf: Querdenker Schopenhauer. Wechselhafte Wirkungen einer pessimistischen Philosophie. In: Helmut Bock u. a. (Hg.): Aufbruch in die Bürgerwelt. Lebensbilder aus Vormärz und Biedermeier. Münster 1994, S. 505-513

Düsing, Klaus: Die Entstehung des spekulativen Idealismus. Schellings und Hegels Wandlungen zwischen 1800 und 1801. In: Walter Jaeschke (Hg.): Transzendentalphilosophie und Spekulation. Der Streit um die Gestaltung einer ersten Philosophie 1799 – 1807. Bd. 1. Hamburg 1993, S. 144-163

Hammacher, Klaus (Hg.): Religionsphilosophie (Fichte-Studien 8). Amsterdam u. a. 1995

Jacobs, Wilhelm G.: Gottesbegriff und Geschichtsphilosophie in der Sicht Schellings. Stuttgart 1993

Kähler, Wilfried: Nichts. Würzburg 1997 [zu A. Schopenhauer]

Kamata, Yasuo: Der junge Schopenhauer. Genese des Grundgedankens der Welt als Wille und Vorstellung. Freiburg u. a. 1988

Meyer, Urs W.: Europäische Rezeption indischer Philosophie und Religion. Dargestellt am Beispiel Arthur Schopenhauers. Bern u. a. 1994

Röhr, Werner (Hg.): Appellation an das Publikum. Dokumente zum Atheismusstreit um Fichte, Forberg, Niethammer, Jena 1798/99. 2. Aufl. Leipzig 1991

Sandkaulen-Bock, Birgit: Ausgang vom Unbedingten. Über den Anfang der Philosophie Schellings. Göttingen 1990

Schmidt, Alfred: Die Wahrheit im Gewand der Lüge. Schopenhauers Religionsphilosophie. München 1986

Schmidt, Alfred: Religion als Trug und als metaphysisches Bedürfnis. Zur Religionsphilosophie Arthur Schopenhauers. In: Walter Buckl u. a. (Hg.): Das 19. Jahrhundert. Aufbruch in die Moderne. Regensburg 1996, S. 25-51

Schneider, Wolfgang: Ästhetische Ontologie. Schellings Weg des Denkens zur Identitätsphilosophie. Frankfurt/M. 1983

Scholz, Werner: Arthur Schopenhauer. Ein Philosoph zwischen westlicher und östlicher Tradition. Frankfurt/M. u. a. 1996

Wilhelm, Karl W.: Zwischen Allwissenheitslehre und Verzweiflung. Der Ort der Religion in der Philosophie Schopenhauers. Hildesheim u. a. 1994

Wittekind, Folkart: Religiosität als Bewußtseinsform. Fichtes Religionsphilosophie 1795 – 1800. Gütersloh 1983

Zahn, Manfred: ›Das Leben ist eine mißliche Sache‹. Schopenhauers Weltsicht. In: Acta Borussica 4 (1989/90), S. 200-218

Journal-Kultur

Christoph Martin Wielands ›Teutscher Merkur‹

Handke, Uwe: Christoph Martin Wieland als politischer Journalist. Die amerikanische Revolution im Spiegel des ›Teutschen Merkur‹. In: Wieland-Studien 3 (1996), S. 150-160

Jørgensen, Sven-Aage: Warum und zu welchem Ende schreibt man eine Vorrede? Randbemerkungen zur Leserlenkung, besonders bei Wieland. In: Text und Kontext. Kopenhagener Kolloquium zur Deutschen Literatur 4 (1976). H. 3, S. 3-20

Kofler, Peter: ›... Wanderschaften durch gedruckte Blätter ... ‹. Italien in Wielands ›Merkur‹. Bozen 1997

Manger, Klaus: Wielands kulturelle Programmatik als Zeitschriftenherausgeber. In: Friedrich Strack (Hg.): Evolution des Geistes. Jena um 1800. Stuttgart 1994, S. 294-305

Miquet, Claude: Christoph Martin Wieland. Directeur du Mercure allemand 1773 – 1789. Bern u. a. 1990

Schulz, Volker: Der Teutsche Merkur (1773 – 1810). In: Heinz-Dietrich Fischer (Hg.): Die Zeitschriften des 17. bis 20. Jahrhunderts. Pullach 1973, S. 87-102

Starnes, Thomas C.: Der ›Teutsche Merkur‹ in den österreichischen Ländern. Wien u. a. 1994

Starnes, Thomas C.: Der Teutsche Merkur. Ein Repertorium. Sigmaringen 1994

Stoll, Karin: Christoph Martin Wieland. Journalistik und Kritik. Bonn 1978

Wahl, Hans: Geschichte des Teutschen Merkur. Ein Beitrag zur Geschichte des Journalismus im 18. Jahrhundert (1914). New York 1967

Christian Gotthilf Salzmanns ›Bote aus Thüringen‹

Grosse, Roswitha: Christian Gotthilf Salzmanns ›Der Bote aus Thüringen, Schnepfenthal 1788 – 1816‹. Eine Zeitschrift der literarischen Volksaufklärung an der Wende vom 18. zum 19. Jahrhundert. Frankfurt/M. u. a. 1989

Kemper, Herwart u. a. (Hg.): Menschenbild und Bildungsverständnis bei Christian Gotthilf Salzmann. Weinheim 1995

Völpel, Annegret: Der Literarisierungsprozeß der Volksaufklärung des späten 18. und frühen 19. Jahrhunderts. Frankfurt/M. u. a. 1996

Friedrich Schillers ›Horen‹

Horn, Gisela: ›Horen‹, ›Propyläen‹, ›Athenäum‹. Zeitschriften im Widerstreit. In: Friedrich Strack (Hg.): Evolution des Geistes. Jena um 1800. Stuttgart 1994, S. 306-322

Raabe, Paul: Die Horen. Einführung und Kommentar. Stuttgart 1959

Scholz, Günter: Schillers Horen. Politik und Erziehung. Analyse einer deutschen Zeitschrift. Heidelberg 1960

Wald, James J.: The ›small club of connoisseurs‹ and the ›general public‹. Schiller's ›Horen‹ and Posselt's ›Europäische Annalen‹. In: Herbert Rowland u. a. (Hg.): The eighteenth century German book review. Heidelberg 1995, S. 113-135

Wildenburg, Dorothea: ›Aneinander vorbei‹. Zum Horenstreit zwischen Fichte und Schiller. In: Wolfgang H. Schrader (Hg.): Fichte und die Romantik (Fichte-Studien 12). Amsterdam u. a. 1997, S. 27-41

Friedrich Justin Bertuchs Kulturjournal ›London und Paris‹

Greiling, Werner: ›... dem gesellschaftlichen Leben der Menschen zur Aufnahme, Vortheil und Beförderung‹. ›Intelligenzblätter‹ in Thüringen. In: Martin Huber (Hg.): Literatur, Politik und soziale Prozesse. Studien zur deutschen Literatur von der Aufklärung bis zur Weimarer Republik. Tübingen 1997, S. 1-39

Hohenstein, Siglinde: Friedrich Justin Bertuch (1747 – 1822). Bewundert, beneidet, umstritten. Ausstellungskatalog. Mainz 1985

Riggert, Ellen: Die Zeitschrift ›London und Paris‹ als Quelle englischer Zeitverhältnisse um die Wende des 18. und 19. Jahrhunderts. Diss. Göttingen 1934

Die Welt der Sagen und Legenden.
Christian August Vulpius' ›Curiositäten‹-Zeitschrift
Lerche, Otto: Der Schwager. Eine Säkularerinnerung. Leipzig 1927
Plaul, Hainer: Trivialliteratur-Produzenten in Thüringen um 1800. In: Jürgen John (Hg.): Kleinstaaten und Kultur in Thüringen vom 16. bis 20. Jahrhundert. Weimar u. a. 1994, S. 305-313
Simanowski, Roberto: Die Verwaltung des Abenteuers. Massenkultur um 1800 am Beispiel Christian August Vulpius. Göttingen 1998
Vulpius, Wolfgang: Goethes Schwager und Schriftstellerkollege Christian August Vulpius. In: Helmut Holtzhauer u. a. (Hg.): Goethe-Almanach auf das Jahr 1967. Berlin u. a. 1966, S. 219-242

Eine Auswahl politischer Zeitschriften Thüringens
Ehrenstreich, Hans: Die freie Presse in Sachsen-Weimar von den Freiheitskriegen bis zu den Karlsbader Beschlüssen. Halle 1907
Marks, Ralph: Die Entwicklung nationaler Geschichtsschreibung. Luden und seine Zeit. Frankfurt/M. 1987
Tietz, Volkmar: Thüringische Zeitschriften- und Zeitungslyrik von 1740 bis 1815. Ein Beitrag zu den Literaturverhältnissen der Epochenwende im deutschen Partikularismus. Diss. Neubrandenburg 1990
Willner, Fritz: Ludwig Wieland. Ein liberaler Publizist. Diss. Greifswald 1915

Register

Alexander der Große (356–323 v. Chr.)
♦ 137
Anna Amalia von Sachsen-Weimar-Eisenach (1739–1807) ♦ 9, 80
Appelius, Wilhelm Karl Lorenz ♦ 36 f.
Archenholz, Johannes Wilhelm von (1743–1812) ♦ 199, 204
Arnim, Ludwig Achim von (1781–1831)
♦ 209
Augustus, Gaius Octavius Caesar (63. v. Chr.–14 n. Chr.) ♦ 137
Banks, Joseph (1743–1820) ♦ 206
Barrington, Daines (1727–1800) ♦ 61
Barth, Karl (1787–1853) ♦ 14
Bechstein, Johann Matthäus (1757–1822)
♦ 4, 12, 34, 38, 57–66
Becker, Rudolf Zacharias (1752–1822)
♦ 12, 107
Bertuch, Friedrich Justin (1747–1822)
♦ 41–55, 103, 106–109, 201–208
Boisserée, Sulpiz (1783–1854) ♦ 153
Bornschein, Johann Ernst Daniel (1774–1838) ♦ 12
Brehm, Christian Ludwig (1787–1864)
♦ 1, 57
Brennus, Keltenfürst (4. Jh. v. Chr.)
♦ 125
Brentano, Clemens (1778–1842) ♦ 9, 209
Büchner, Georg (1813–1837) ♦ 67
Carraci, Agostino (1557–1602) ♦ 163
Carraci, Annibale (1560–1609) ♦ 163
Carraci, Ludovico (1555–1619) ♦ 163
Chodowiecki, Daniel Nikolai (1726–1801) ♦ 160
Colquhoun, Patrick (1745–1820) ♦ 204
Coreggio, Il (eigentl. Antonio Allegri; 1489–1534) ♦ 179
Cotta, Heinrich (1763–1844) ♦ 12, 34–41
Cotta, Johann Friedrich (1764–1832)
♦ 195
Cotta, Ursula, geb. Schalbe (1483–1546)
♦ 40
Cromwell, Oliver (1599–1658) ♦ 137
Dalberg, Karl Theodor von (1744–1817)
♦ 199
Dunis, Egidio (1709–1775) ♦ 206
Eckermann, Johann Peter (1792–1854)
♦ 33 f.

Ekhof, Hans Konrad Dietrich (1720–1778) ♦ 10
Engel, Johann Jakob (1741–1802) ♦ 199
Erhardt, Johann Benjamin (1766–1827)
♦ 199
Ernst II. Ludwig, Herzog von Sachsen-Gotha-Altenburg (1745–1804)
♦ 17, 20, 22 f.
Fernow, Karl Ludwig (1763–1808)
♦ 109, 153–158
Fichte, Johann Gottlieb (1762–1814)
♦ 9, 103, 142–145, 165–171, 199
Forster, Georg (1754–1794) ♦ 204
Franz Ludwig von Erthal, Fürstbischof (1730–1795) ♦ 54
Friedrich August I., König von Sachsen (1750–1827) ♦ 38
Fries, Jakob Friedrich (1773–1843)
♦ 9, 95–102
Fröbel, Friedrich (1782–1852) ♦ 10 ff.
Funck, Karl Wilhelm Ferdinand von (1761–1828) ♦ 199
Garve, Christian (1742–1798) ♦ 199
Friedrich Gentz (1764-1832) ♦ 199
Georg I., Herzog von Sachsen-Meiningen (1761–1803) ♦ 10
Gillray, James (1757–1815) ♦ 201, 203
Gleim, Johann Wilhelm Ludwig (1719–1803) ♦ 199
Goethe, Johann Wolfgang (1749–1832)
♦ 9–12, 14 f., 24–34, 72, 79–87, 109, 153, 158–164, 180, 199
Gottsched, Johann Christoph (1700–1766)
♦ 186
Gregor VII., Papst (ca. 1019–1085) ♦ 137
Griesbach, Johann Jakob (1745–1812)
♦ 130
Grimm, Jacob (1785–1863) ♦ 209
Grimm, Wilhelm (1786–1859) ♦ 209
Gros, Karl Heinrich von (1765–1840)
♦ 200
Heinse, Gottlob Heinrich (1766–1812)
♦ 12
Herder, Johann Gottfried (1744–1803)
♦ 9, 11, 15, 109, 116–124, 200
Hirt, Alois Ludwig (1759–1837) ♦ 200
Hölderlin, Friedrich (1770–1843) ♦ 9
Hohnbaum, Karl (1780–1855) ♦ 12, 14

Register

Homer (8. Jh. v. Chr.) ♦ 136
Horatius Flaccus, Quintus (65–8 v. Chr.)
♦ 106, 186
Hornsby, Thomas (1733–1810) ♦ 20
Hufeland, Christoph Wilhelm
(1762–1836) ♦ 9, 87–94, 200
Humboldt, Alexander von (1769–1859)
♦ 200
Humboldt, Wilhelm von (1767–1835)
♦ 9, 109, 126 ff., 200
Hunold, Christian Friedrich –> Menantes
Jacobi, Friedrich Heinrich (1743–1819)
♦ 200
Jean Paul –> Richter, Jean Paul Friedrich
Kant, Immanuel (1724–1804)
♦ 103 ff., 176
Karl August, Großherzog von Sachsen-
Weimar-Eisenach (1757–1828)
♦ 9 ff., 30 ff., 38
Klopstock, Friedrich Gottlob (1724–1803)
♦ 11
Körner, Christian Gottfried (1756–1832)
♦ 129 f., 132
Kotzebue, August von (1761–1819)
♦ 10, 14, 95, 218
Leclerc, Georges Louis Graf von Buffon
(1707–1788) ♦ 88
Leibnitz, Gottfried Wilhelm (1646–1716)
♦ 77
Luden, Heinrich (1778–1847)
♦ 9, 129, 138–141, 219–225
Luther, Martin (1483–1546) ♦ 40
Mahr, Johann Heinrich Christian
(1787–1868) ♦ 12
Marcus Aurelius Antoninus (121–180)
♦ 228
Matthison, Friedrich (1761–1831) ♦ 200
Menantes (eigentl. Christian Friedrich
Hunold; 1681–1721) ♦ 186
Mendelssohn, Moses (1729–1789)
♦ 110–116
Mercier, Louis Sébastien (1740–1814)
♦ 204
Meyer, Friedrich J. (1760–1844) ♦ 204
Meyer, Johann Heinrich (1760–1832)
♦ 200
Michelangelo Buonarotti (1475–1564)
♦ 162 f.
Millin, Aubin Louis (1759–1818) ♦ 206
Milton, John (1608–1674) ♦ 187

Moritz, Karl Philipp (1756–1793)
♦ 109–116
Müller, Heinrich August (1766–1833)
♦ 12
Napoleon I. Bonaparte, Kaiser der
Franzosen (1769–1821) ♦ 208
Neukirch, Benjamin (1665–1729) ♦ 186
Newton, Isaac (1643–1727)
♦ 77, 79, 85 f.
Nietzsche, Friedrich (1844–1900) ♦ 165
Nonne, Johann Heinrich Christoph
(1785–1853) ♦ 12
Nonne, Karl Ludwig (1785–1854)
♦ 10, 12
Oken, Lorenz (1779–1851)
♦ 9, 66–72, 95
Ortmann, Johann Georg (1727–1799)
♦ 40
Otto I. der Große, Kaiser (912–973) ♦ 40
Perikles (um 495–429 v. Chr.) ♦ 163
Perugino, eigentl. Pietro Vanucci
(1446–1524) ♦ 162
Pfeffel, Gottlieb Konrad (1736–1809)
♦ 200
Platon (428–347 v. Chr.) ♦ 146
Pope, Alexander (1688–1744) ♦ 184
Postel, Christian Heinrich (1658–1705)
♦ 186
Praetorius, Johannes (1630–1680) ♦ 212
Raffaelo Santi (1483–1520) ♦ 162 f., 179
Randel, Johann Adolf (Friedrich)
(1738–1793) ♦ 42
Reichardt, Johann Friedrich (1752–1814)
♦ 149
Reinhold, Karl Leonhard (1757–1823)
♦ 9, 103–106, 129 f.
Richter, Jean Paul Friedrich (1763–1825)
♦ 9
Ritter, Johann Wilhelm (1776–1810)
♦ 72, 78 f.
Rubens, Peter Paul (1577–1640) ♦ 163
Salzmann, Christian Gotthilf (1744–1811)
♦ 9, 12, 180, 187–194
Scheler, Max (1874–1928) ♦ 95
Schelling, Friedrich Wilhelm Joseph
(1775–1854) ♦ 9, 72–77, 103, 165,
171–175
Schiller, Friedrich (1759–1805)
♦ 9, 109, 125 f., 128–138, 142,
147–153, 158, 180, 195–200

Schlegel, August Wilhelm (1767–1845)
 ♦ 142, 152, 200
Schlegel, Friedrich (1772–1829)
 ♦ 142, 146 f.
Schlegel–Veit–Brendel–Mendelssohn,
 Dorothea (1764–1839) ♦ 142
Schopenhauer, Arthur (1788–1860)
 ♦ 79, 165, 176
Schubarth, Karl Ernst (1796–1861) ♦ 159
Schütz, Christian Gottfried (1747–1832)
 ♦ 200
Schulz, Friedrich (1762–1798)
 ♦ 200, 204
Seuffert, Johann Michael (1764–1829)
 ♦ 54
Shakespeare, William (1564–1616) ♦ 187
Sigismund von Luxemburg, Kaiser
 (1368–1437) ♦ 40
Urban IV., Papst (um 1200–1264) ♦ 214

Vergilius Maro, Publius (70–19 v. Chr.)
 ♦ 186
Vinci, Leonardo da (1452–1519) ♦ 162
Vulpius, Christian August (1762–1827)
 ♦ 208–218
Wendeborn, Gebhard Friedrich August
 (1742–1811) ♦ 204
Wieland, Christoph Martin (1733–1813)
 ♦ 9, 11, 103, 180–187
Wieland, Ludwig Friedrich August
 (1777–1819) ♦ 225–228
Windelbrand, Wilhelm (1848–1915)
 ♦ 95
Woltmann, Karl Ludwig (1770–1817)
 ♦ 200
Wolzogen, Karoline von (1763–1847)
 ♦ 12
Zach, Franz Xaver (1754–1832)
 ♦ 12, 17–24

Abbildungsverzeichnis und Druckgenehmigungen

Abb. 1 (S. 83) *Temperamentenrose Friedrich Schillers (nach farbenpsychologischen Überlegungen Johann Wolfgang Goethes)*

Abb. 2 (S. 131) *Handschriftliche Vorlesungsankündigung von Friedrich Schillers ›Einführung in die Universalgeschichte‹*

Abb. 3 (S. 149) *Vertonung von Friedrich Schillers Gedicht ›Würde der Frauen‹ durch Johann Friedrich Reichardt (Beilage zu Schillers ›Musen-Almanach auf das Jahr 1796‹)*

Abb. 4 (S. 161) *Titelblatt zu Johann Wolfgang Goethes Zeitschrift ›Über Kunst und Alterthum‹ (Bd. 2. Heft 1. 1818)*

Abb. 5 (S. 189) *Titelblatt von Christian Gotthilf Salzmanns Zeitschrift ›Der Bote aus Thüringen‹ (Jahrgang 1793)*

Abb. 6 (S. 198) *Titelblatt von Friedrich Schillers Zeitschrift ›Die Horen‹ (Jahrgang 1795, Erstes Stück)*

Abb. 7 (S. 203) *Karikatur James Gillrays (1757–1815) aus Friedrich Justin Bertuchs Kulturjournal ›London und Paris‹*

Für die freundliche Genehmigung des Abdrucks der Texte 49 und 68 dankt der Herausgeber dem Verlag Hermann Böhlaus Nachfolger Weimar.

Für die freundliche Genehmigung des Abdruckes der Abbildungen 1–7 dankt der Herausgeber der Stiftung Weimarer Klassik, der Universitätsbibliothek Augsburg, der Universitätsbibliothek Jena und der Universitätsbibliothek München.